外国家庭法及妇女理论研究中心项目

家 事 法 研 究 学 术 文 库

U0722343

遗产债务清偿制度研究

刘宇娇 著

中国人民公安大学出版社

2024·北京

图书在版编目（CIP）数据

遗产债务清偿制度研究/刘宇娇著.--北京：中
国人民公安大学出版社，2024.5
（家事法研究学术文库）
ISBN 978-7-5653-4553-1

Ⅰ.①遗… Ⅱ.①刘… Ⅲ.①继承法-研究-中国
Ⅳ.①D923.54

中国版本图书馆 CIP 数据核字（2022）第 111076 号

遗产债务清偿制度研究

刘宇娇 著

责任编辑：	胡慕陶	
责任印制：	周振东	

出版发行：	中国人民公安大学出版社
地　　址：	北京市西城区木樨地南里
邮政编码：	100038
经　　销：	新华书店
印　　刷：	北京市科星印刷有限责任公司

版　　次：	2024 年 5 月第 1 版
印　　次：	2024 年 5 月第 1 次
印　　张：	11.5
开　　本：	880 毫米×1230 毫米　1/32
字　　数：	306 千字

书　　号：	ISBN 978-7-5653-4553-1
定　　价：	60.00 元

网　　址：	www.cppsup.com.cn　www.porclub.com.cn
电子邮箱：	zbs@cppsup.com　zbs@cppsu.edu.cn

营销中心电话：010-83903991
读者服务部电话（门市）：010-83903257
警官读者俱乐部电话（网购、邮购）：010-83901775
法律分社电话：010-83905745

丛书主编简介

　　陈苇　女，1987年于西南政法学院民法专业硕士研究生毕业，获法学硕士学位，留该校任教，主要研究方向为婚姻家庭继承法、妇女儿童老人权益保护。2003年12月至2004年12月，其受国家留学基金资助公派出国留学，作为访问学者到澳大利亚悉尼大学法学院进修外国家庭法。西南政法大学民商法学院教授、博士生导师，家庭法国际学会第十六届执行委员会副主席和学术委员会委员，中国法学会婚姻家庭法学研究会副会长，重庆市妇联法律顾问，重庆市儿童工作资源中心专家，重庆市高级人民法院家事审判方式和工作机制改革试点工作指导小组成员。

　　代表性成果包括：独著、主编、主持翻译的《中国婚姻家庭法立法研究》（2000年版、2010年第二版）、《外国婚姻家庭法比较研究》《当代中国内地与港、澳、台婚姻家庭法比较研究》《中国大陆与港、澳、台继承法比较研究》《当代中国民众继承习惯调查实证研究》《外国继承法比较与中国民法典继承编制定研究》《改革开放三十年（1978–2008）中国婚姻家庭继承法研究之回顾与展望》《中国继承法修改热点难点问题研究》《我国防治家庭暴力情况实证调查研究》《21世纪家庭法与家事司法：实践与变革》《中国妇女儿童权益法律保障情况实证调查研究》《中国遗产处理制度系统化构建研究》《当代中国民众财产继承观念与遗产处理习惯实证调查研究》《中国婚姻家庭法理论与实践研究》《中国继承法理论与实践研究》《当代外国婚姻家庭法律制度研究》《加拿大家庭法汇编》《澳大利亚家庭法（2008年修正）》《美国家庭法精要（第五版）》《澳大利亚法律的传统与发展（第三版）》等著作、译作20余部；在《中国法学》《法律科学》《法学》《法商研究》以及International Journal of Law, Policy and the Family；The International Survey of Family Law；US–China Law Review；21st Century Law Review等中外学术刊物发表中英文学术论文90余篇。此外，其主编出版《家事法研究》学术论文集刊六卷（2005年卷至2010年卷）和"家事法研究学术文库"其他著作20余部；应邀与美国、意大利学者合作撰写美国法学院比较家庭法英文教材1部：Practical Global Family Law——United States, China and Italy（2009年4月在美国出版）。

目　　录

CONTENTS

前　言

　　1978 年西南政法学院复办以后相当长时间，我国著名的婚姻法专家、中国法学会婚姻法学研究会副总干事杨怀英教授担任我校婚姻法研究方向的学科带头人。1985 年 3 月至 7 月，我校承担了司法部委托的全国法律专业婚姻法师资进修班的教学任务。当时全国著名的婚姻法专家巫昌祯、杨大文、王德意、李忠芳、任国钧等教授应邀前来我校，与杨怀英教授及胡平等教师共同为来自全国的婚姻法师资进修班学员上课，传授婚姻法学的理论知识和教学经验。如今，该进修班学员大部分都成为各高校婚姻法领域的知名专家学者和骨干教师，他们为国家培养了大批优秀的人才。因此，可以说我校是我国婚姻法学人才培养的摇篮。在科研方面，杨怀英教授先后主编出版《滇西南边疆少数民族婚姻家庭制度与法的研究》（法律出版社 1988 年出版）、《中国婚姻法论》（重庆出版社 1989 年出版，1991 年荣获重庆市社科优秀科研成果三等奖）、《凉山彝族奴隶社会法律制度研究》（四川民族出版社 1994 年出版，1996 年荣获四川省社科优秀科研成果二等奖）等专著和教材。1995 年杨怀英教授去世后，由中国法学会婚姻法学研究会常务理事邓宏碧教授担任我校婚姻法研究方向的学科带头人。

邓宏碧教授、胡平副教授等老教师带领讲授婚姻法课程的教师，继续努力进行教学和科研工作。尤其值得指出的是，邓宏碧教授主编的《中国少数民族人口政策研究》（重庆出版社 1998 年出版，国家社会科学"八五"规划重点科研项目）于 2001 年荣获重庆市社会科学优秀科研成果一等奖。

薪火相传。本人于 1979 年 9 月考入西南政法学院法律系本科进行学习，1983 年 6 月毕业任教 1 年后，于 1984 年 9 月考入西南政法学院攻读民法专业硕士研究生，师从杨怀英教授，主要研究方向为婚姻家庭继承法；1987 年 7 月本人硕士研究生毕业后留校任教，主要从事婚姻家庭继承法及妇女儿童老年人权益保护的教学和科研工作，至今已近 40 年。近 40 年里，在母校各级领导和老师的辛勤培养下，我由一名学生逐步成长为助教、讲师、副教授、教授、博士生导师、博士后合作导师；于 1996 年 5 月至 1999 年 4 月担任民法教研室副主任，于 1999 年 5 月至 2003 年 4 月担任民法教研室主任，于 2003 年 5 月至 2019 年 6 月担任婚姻家庭继承法教研室主任。在我国婚姻法学界老一辈专家的辛勤培养下，本人于 1996 年 7 月起担任中国法学会婚姻法学研究会理事；于 1999 年 7 月起担任中国法学会婚姻法学研究会常务理事；于 2004 年 7 月起担任中国法学会婚姻家庭法学研究会副会长；于 2011 年 11 月起担任家庭法国际学会第十四届执行委员会委员；于 2014 年 8 月起至 2017 年 6 月，担任家庭法国际学会第十五届执行委员会委员兼学术委员会委员；于 2017 年 7 月至 2020 年 9 月，担任家庭法国际学会第十六届执行委员会副主席兼学术委员会委员。必须说明的是，自 2011 年 11 月由第十四届家庭法国际学会主席、澳大利亚悉尼大学法学院 Patrick Parkinson 教授①提名，经家庭法国际学会执行委员会研究同意，受聘担任家庭法国际学会第十四届执行委员会委员以来，我每年积极撰写论文，"以文参会"，先后到意大利、韩国、法国、英国、巴西、荷兰等国出席家庭法国际学会召开的执委会、地区性会议和世界大会，在会上积极发言，发出中国声音，阐述中国观点，增进了其他国家学者对中国婚姻家庭领域新情况、新问题和最新修改立法的了解，扩大了中国婚姻家庭法学者在家庭法学术研究领域的国际影响力。2014 年 8 月，家庭法国际学会在巴西召开"第十五届家庭法世界大会"，会上我当选为家庭法国际学会第十五届执行委员会委员兼学术委员会委员。2017 年 7 月，家庭法国际学会在荷兰召开"第十六届家庭法世界大会"，会上我当选为家庭法国际学会第十六届执行委员会副主席并继续兼任学术委员会委员。作为中国婚姻家庭法专家，在家庭法国际学会中我是第一位来自中国的副主席。进入领导层之后，我在家庭法国际学会这一家庭法学术研究的最高平台上，可以更好地发出中国声音、讲述中国故事、贡献中国智慧。这有利于进一步促进中外婚姻家庭继承法研究领域的国际学术交流，为各国婚姻家庭继承法律制度的改革提供参考，以造福于全人类的婚姻家庭。

"谁言寸草心，报得三春晖。"我铭记杨怀英导师"老老实实做人，认认真真做事"的教诲，以杨怀英导师和其他婚姻法学界老一辈专家为榜样，带领团队教师努力做好教学、科研及立法研讨、法律咨询等社会服务工作。

在课程教学和教学团队建设以及社会服务方面，"教书育人"是教师的基本职责，高等院校法学教育的重心应当"以本为本"，

---

① Patrick Parkinson 教授是我受中国国家留学基金资助，以访问学者身份于 2003 年 12 月至 2004 年 12 月在澳大利亚悉尼大学法学院进修外国家庭法时的导师。

即以加强本科生教育作为基本出发点。为适应高等学校法学专业"婚姻家庭继承法学"本科课程教学和教学团队建设的需要，首先，我组织进行教材的编撰和修订工作。编撰出版教材并且适时更新教材内容是教学改革和创新的基础。在我国新时代法治国家建设的进程中，新的法律法规及其司法解释不断被制定和实施，为满足本校和其他高等院校的"婚姻家庭继承法学"本科课程的教师教学和学生自学之需要，我组织本校和外校讲授本门课程的教师积极开展教材编撰和适时修订工作。本人担任主编先后在四个出版社出版了以下教材：（1）法律出版社出版：全国重点政法院校系列教材《婚姻家庭继承法学》（2002 年第 1 版、2004 年第 2 次印刷）。（2）群众出版社出版：21 世纪高等院校法学精品课程的理论课教材《婚姻家庭继承法学》（2005 年第 1 版、2012 年第 2 版、2017 年第 3 版）及其配套的实践课教材《婚姻家庭继承法学案例教程》（2005 年第 1 版、2010 年第 2 版、2017 年第 3 版）。（3）中国政法大学出版社出版：21 世纪普通高等院校法学教材《婚姻家庭继承法学》（2011 年第 1 版、2014 年第 2 版、2018 年第 3 版、2022 年第 4 版）。必须说明，此《婚姻家庭继承法学》教材的第 3 版和第 4 版均入选"十二五"国家重点图书出版规划项目。（4）高等教育出版社出版：法学专业必修课、选修课系列教材《婚姻家庭继承法学》（2014 年第 1 版、2018 年第 2 版、2022 年第 3 版）。其次，我主持开展本门课程的教学改革工作。为适应我国新时代对法律应用型人才培养的需要，我们在教学中阐明基本概念、基本原则和基本原理的同时，注意理论联系实际，引导学生运用所学理论知识分析和研究现实案例，以培养和提高学生发现问题、分析问题和解决问题的能力。最后，我组织团队教师认真总结教学改革经验，撰写发表教学改革论文，及时交流教学改革经验，供学界同仁参考。我们讲授的西南政法大学"婚姻家庭继承法学"本科生课程于 2006 年被评为"西南政法大学校级精品课程"，于 2007 年被评为"重庆市市级精品课程"，同年本课程的教学团队被评为"重庆市市级优秀教学团队"。在注重教学内容和方式改革的同时，我们还加强教学资源建设，本课程于 2012 年被评为"重庆市市级精品资源共享课"。其间，我负责主持完成的教学改革成果："培养学生实践能力和创新能力的新方法——项目参与式社会调查"，于 2009 年荣获"重庆市教学成果壹等奖"。综上所述，本人担任责任教授的"婚姻家庭继承法学"课程，通过教学团队全体教师共同辛勤工作，在取得良好教学效果而受到学生的肯定的同时，也受到法学界同行和社会群众的好评，产生了良好的社会影响。自 2006 年 1 月起至 2019 年年底的十余年间，因工作业绩突出，我们获得了多项集体荣誉和个人荣誉，西南政法大学婚姻家庭继承法教研室和外国家庭法及妇女理论研究中心荣获"重庆市沙坪坝区三八红旗集体""重庆市教科文卫体系统 2011 年度五一巾帼标兵岗""重庆市三八红旗集体"和"全国三八红旗集体"等荣誉称号；本人被评为"西南政法大学优秀教师""西南政法大学研究生优秀指导教师""西政好老师""重庆市三八红旗手""重庆市五一巾帼标兵""重庆市十佳师德标兵""全国师德先进个人"和"全国模范教师"。为充分发挥劳模的示范引领作用，2014 年 12 月在西南政法大学校党政领导和校工会的指导下，本人担任负责人组织创立西南政法大学"陈苇劳模创新工作室"，在团队教师的共同辛勤工作下，在教学科研、立法研讨、法治宣传及法律咨询公益服务等工作中作出了突出成绩，2016 年该工作室被评为"重庆市教科文卫体工会首批产业级劳模创新工作室"，2017 年该工作室被评为"重庆市劳模创新示范工作室"。这些都提高和扩大了西南政法大学民商法专业婚姻家庭继承法学学科方向的声誉。

在校内学术研究和人才培养方面，2003年12月至2004年12月，本人受国家留学基金资助由教育部公派出国留学，作为访问学者到澳大利亚悉尼大学法学院进修外国家庭法1年。留学回国后，我于2005年1月向学校提出建立"西南政法大学外国家庭法及妇女理论研究中心"的书面申请。2005年4月1日，西南政法大学校长办公会议批准同意该研究中心成立，任命我担任主任。自2005年4月该研究中心成立以来，本人夙夜忧虑、恐负厚望，带领研究中心的教师和研究生组成科研创新团队，勤奋科研，不敢懈怠。至2022年12月的十余年里，我担任项目负责人主持、带领团队成员师生共同撰写完成并公开出版中文著作和译著20余部，主要有：《外国婚姻家庭法比较研究》（重庆市哲学社会科学"十五"规划项目成果著作，2006年1月出版）、《加拿大家庭法汇编》（译作，2006年1月出版）、《中国大陆与港、澳、台继承法比较研究》（重庆市教委人文社科项目成果著作，2007年1月出版）、《当代中国民众继承习惯调查实证研究》（国家社科基金项目子课题成果著作，2008年1月出版）、《澳大利亚家庭法（2008年修正）》（译作，重庆市教委人文社科重点项目成果，2009年1月出版）、《美国家庭法精要（第五版）》（译作，2010年3月出版）、《改革开放三十年（1978—2008）中国婚姻家庭继承法研究之回顾与展望》（西南政法大学重点项目成果著作，2010年1月出版）、《中国婚姻家庭法立法研究（第二版）》（2010年1月出版）、《外国继承法比较与中国民法典继承编制定研究》（国家社科基金项目结项成果著作，经专家匿名评审后被鉴定为"优秀"等级，2010年入选首届《国家哲学社会科学成果文库》。全国哲学社会科学办公室在其"出版说明"中指出：入选成果代表当前相关领域学术研究的前沿水平，体现我国哲学社会科学界的学术创造力，按照"统一标识、统一封面、统一版式、统一标准"的总体要求组织出版。该著作于 2011 年 3 月出版)、《澳大利亚法律的传统与发展（第三版）》（译作，2011 年 5 月出版)、《当代中国内地与港、澳、台婚姻家庭法比较研究》（中国司法部"法治建设与法学理论研究"课题成果著作，2012 年 5 月出版)、《中国继承法修改热点难点问题研究》（2013 年 10 月出版)、《我国防治家庭暴力情况实证调查研究——以我国六省市被抽样调查地区防治家庭暴力情况为对象》（中国法学会部级法学研究课题成果著作，2014 年 5 月出版)、《21 世纪家庭法与家事司法：实践与变革》（2016 年 10 月出版)、《中国妇女儿童权益法律保障情况实证调查研究——以中国五省市被抽样调查地区妇女儿童权益法律保障情况为对象（上卷、下卷）》（中国法学会部级法学研究课题成果著作，2017 年 3 月出版)、《中国家事审判改革暨家事法修改理论与实务研究》（2018 年 4 月出版)、《中国民法典编纂视野下家事审判改革暨家事法修改研究》（2019 年 5 月出版)、《中国遗产处理制度系统化构建研究》（中国司法部"法治建设与法学理论研究"课题成果著作，2019 年 5 月出版)、《中国继承法理论与实践研究》(2019 年 5 月出版)、《中国婚姻家庭法理论与实践研究》（2019 年 9 月出版)、《当代中国民众财产继承观念与遗产处理习惯实证调查研究（上卷、下卷）》（中国司法部"法治建设与法学理论研究"子课题成果著作，2019 年 10 月出版)、《中国家事审判改革暨家事法立法完善理论与实践研究》（2020 年 5 月出版)、《当代外国婚姻家庭法律制度研究》（2022 年 7 月出版）等。此外，本人应邀与美国、意大利学者合作撰写美国法学院比较家庭法英文教材

1 部：Practical Global Family Law——United States，China and Italy（2009 年 4 月在美国出版）。

在国内学术研究和人才培养方面，为促进婚姻家庭继承法学领域的学术研究和学术交流，本人于 2005 年创办并担任主编出版《家事法研究》学术论文集刊。自《家事法研究》2006 年首卷面世至 2011 年的 6 年期间，先后出版了 2005 年卷至 2010 年卷共计 6 卷，推出了一批具有前沿性的学术论文，培养了一批学术新人，受到国内学术界同仁和实务界人士的肯定和好评，产生了良好的社会影响。为进一步扩大《家事法研究》的学术影响，经本人提出申请，中国法学会婚姻家庭法学研究会常务理事会研究同意，《家事法研究》从 2011 年卷起始转为中国法学会婚姻家庭法学研究会的会刊。可以相信，在该研究会的精心主办下，《家事法研究》将在法学理论研究与司法实务探索相结合的沃土中更加茁壮成长，枝繁叶茂！

长江后浪推前浪。为推出婚姻家庭继承法学研究领域具有前沿性、创新性的学术著作，培养更多的学术新人，自 2012 年起本人主编出版"家事法研究学术文库"。此文库作为学术研究和学术交流的平台，遴选出版婚姻家庭继承法学研究领域具有前沿水平的博士学位论文和学术著作，每年拟出版 1~3 本。本文库旨在通过婚姻家庭继承法学研究领域最新学术著作的出版，推出一批前沿理论和实务问题研究的新作，促进我国婚姻家庭继承法学研究朝着更深、更广的方向发展，以更多的优秀研究成果为我国民众处理婚姻家庭继承问题提供参考，为推进法治国家建设之完善立法、改进司法服务。至 2023 年年底，本文库已出版 33 部，2024 年拟出版《中国民法典婚姻家庭编与继承编理论与实务研究》《遗产债务清偿制度研究》《遗产分割制度比较与适用研究》等，以飨读者。

　　最后，我衷心感谢编辑老师多年来对本文库出版所付出的辛勤劳动！

"家事法研究学术文库" 主编：陈　苇
2024 年 2 月 28 日

自　序

　　遗产继承法律制度关系着千家万户的切身利益，遗产债务的依法确定和清偿，既涉及继承人的利益保护，也涉及被继承人的债权人及其他利害关系人的利益和交易安全的维护。继承编是《民法典》的重要组成部分，遗产债务清偿制度是继承编的重要内容。随着身份继承到财产继承、无限继承到有限继承的转变，在现代国家的立法中，继承人的利益保护与遗产债权人的利益保护处于同等重要的地位。关于遗产债务清偿制度，《民法典》继承编增加了部分新规则，但仍存在不足之处。依据现有规则，存在一些被继承人的遗产债务无法查明、遗产债务范围界定不清的情况。本书收集了较为丰富的中外参考文献，在考察遗产债务清偿制度的基本理论与历史演进的基础上，从遗产债务范围制度、遗产债务申报的通知与公告制度、遗产债务清偿责任制度、遗产债务清偿顺序制度四个方面进行深入研究，结合我国相关的民众观念和民间习惯以及司法实践，指出我国现行立法的进步与有待完善之处，通过考察评析域外具有代表性的立法，汲取域外立法有益经验，参考我国立法学者观点，在前人研究成果的基础上，提出我国现行遗产债务清偿制度的补充完善构想。因此，对遗产债务清偿制度进行研究，既可以丰富和发展遗产债务清偿制度的基本理论，维护继承人与遗产债权人及其他利害关系人的权益，也可以为司法实践提供理论指导，保障司法的公平正义。

　　就遗产债务清偿制度的完善而言，本书主要提出如下完善构想：

关于遗产债务的范围，存在的主要问题：其一，遗产债务范围界定未细化；其二，丧葬费用是否属于遗产债务法律无明文规定；其三，继承开始时与开始后产生的债务是否属于遗产债务立法无规定。因此，应细化遗产债务的具体范围。即遗产债务，是指应当由遗产负担的债务。除被继承人生前所欠债务（包括医疗费用）外，必留份权利、遗产酌给请求权、遗赠扶养协议中应给付扶养人的标的等继承开始时所产生的债务，以及遗嘱执行费、遗产管理费等继承费用均属于遗产债务。

关于遗产债务申报通知与公告制度，应对已知的遗产债权人进行通知，对未知的遗产债权人发布公告。其一，明确遗产债务申报通知与公告制度的适用情况；其二，增补遗产债务申报通知与公告的义务主体与对象；其三，增加遗产债务申报通知与公告的要求；其四，细化遗产债务申报通知与公告的时间；其五，补充遗产债务的登记、查阅与异议；其六，增补遗产债务申报通知与公告的效力。

关于遗产债务清偿责任制度，首先，对于遗产债务的清偿责任主体，明确受遗赠人并非遗产债务的清偿责任主体。其次，关于遗产债务清偿责任类型，建议补充继承人协助遗产管理人制作遗产清单的义务，以弥补当前无条件的限定继承之不足；细化遗产清单制度；增设强制的无限清偿责任制度；增补共同继承人对遗产债务的连带责任。

关于遗产债务清偿顺序制度，一方面，遗产债务清偿顺序的原则是：（1）继承费用优先支付；（2）保护生存权益；（3）税收债务与普通私法债务应当平等受偿；（4）有偿之债优先于无偿之债；（5）惩罚性债务劣后于补偿性债务。另一方面，遗产债务的清偿顺序是：第一顺序：继承费用。第二顺序：与生存权益密切相关的债务，包括必留份之债、维持生存所需的遗产酌给之债、劳动者的报酬、社会保险费等劳动债务以及人身侵权之债。第三顺序：被继承人生前产生的合同之债、财产侵权之债、无因管理之债、非涉及生存权益的劳动债务、没有完全受偿的担保之债、不当得利之债与遗赠扶养协议之债等普通债务以及税收债务等。第四顺序：惩罚性债务，包括民事上的惩罚性赔偿金、行政罚款与刑事罚金。第五顺序：对被继承人尽扶养义务较多的遗产酌给之债。第六顺序：遗赠之债。若没有负担丧葬费用的继承人，则丧葬费用与继承费用从遗产中优先支付。遗产不足以清偿同一顺序的遗产债务的，按照债权的比例清偿。

　　清理遗产债务是遗产管理人的重要职责之一，也是遗产处理过程中的关键环节。遗产债务因继承而发生或转移的特性使其迥异于其他一般债务，故其应当有独立于债法之外的制度建构。在财产法的基本框架下，遗产债务的范围界定、遗产债务申报通知与公告程序、遗产债务清偿责任以及遗产债务清偿顺序等制度的设计均应体现遗产债务的特质。另外，遗产债务清偿制度实现外部与内部的体系化，既能避免立法上的重复，也能保障司法实践中的公平正义。而对于遗产债务如何在《民法典》内部与外部实现体系化，有待于未来的进一步研究。

刘宇娇

2024 年 2 月 1 日

引　言

一、选题意义

《中华人民共和国民法典》（后文简称《民法典》）于 2021 年 1 月 1 日起实施。正如习近平总书记所言，"民法典系统整合了新中国成立 70 多年来长期实践形成的民事法律规范，汲取了中华民族 5000 多年优秀法律文化，借鉴了人类法治文明建设的有益成果，是一部体现我国社会主义性质、符合人民利益和愿望、顺应时代发展要求的民法典……要坚持中国特色社会主义法治理论为指导，立足我国国情和实际，加强对民事法律制度的理论研究……"①我国《民法典》继承编调整因被继承人死亡后遗产转移的民事法律关系，在保证我国继承法律制度稳定的同时，细化完善内部逻辑体系，突出保护个人权利特征，强化对民事主体私有财产和意思自由的保护，契合时代发展和社会需求，填补了部分立法空白。②遗产债务清偿制度是《民法典》继承编的重要内容之一。在我国经济不断发展，民众财富日益增加的现代社会，研究遗产债务清偿制度，对于保护继承人的合法权益，维护遗产债权人和其他遗产利害关系人的合法权益具有重要的作用。本书以遗产债务

---

① 习近平：《充分认识颁布实施民法典重大意义　依法更好保障人民合法权益》，载《求是》2020 年第 12 期，http://www.qstheory.cn/dukan/qs/2020-06/15/c_1126112148.htm，发布日期：2020 年 6 月 15 日。

② 参见张鸣起：《民法典分编的编纂》，载《中国法学》2020 年第 3 期。

清偿制度为研究对象，以期丰富和发展其基本理论，进一步补充完善我国《民法典》的遗产债务清偿制度，具有一定的理论意义和实践价值。

（一）理论意义

1. 补充完善遗产债务清偿制度，丰富和发展遗产债务清偿制度的基本理论

本书对遗产债务清偿制度的主要内容进行了较为全面、系统的深入研究，包括涉及遗产债务清偿制度四个方面的内容：遗产债务范围制度、遗产债务申报通知与公告制度、遗产债务清偿责任制度、遗产债务清偿顺序制度。首先，考察遗产债务清偿制度的基本理论，界定遗产和遗产债务的概念，并分析我国完善遗产债务清偿制度现有的社会基础。其次，考察遗产债务清偿制度的历史沿革，总结中外历史演进的特点与异同。最后，针对遗产债务清偿制度前述四个方面的内容，分析我国民众观念与民间习惯实证调查数据，结合司法实践，评析我国《民法典》继承编涉及遗产债务清偿制度立法的进步发展与尚需完善之处。针对我国立法的不足，考察评析域外立法，汲取可供我国立法借鉴的有益经验，参考我国学者观点，结合我国民众观念与民间习惯，在前人研究成果的基础上，提出完善我国遗产债务清偿制度的构想。这对深化遗产债务清偿制度的理论研究具有重要意义。

2. 维护继承人与遗产债权人及其他利害关系人的权益，保障两者之间利益平衡

自然人始于出生，终于死亡，其民事主体资格也随着生命的终结而消解。但被继承人遗留的财产法律关系并不会随之湮灭。继承的法律大厦也正是建立在这个事实的基础上。马克思与恩格斯曾指出，"继承法最清楚地说明了法对于生产关系的依存性"①。

---

① 《马克思恩格斯全集》（第3卷），中共中央马克思恩格斯列宁斯大林著作编译局译，人民出版社1960年版，第420页。

在商品经济不发达、个人财产关系比较简单的时代，遗产债务可能显得无足轻重。反之，在经济发达、债权债务种类非常繁杂的社会，遗产债务便成为与遗产继承同等重要的内容。尤其在现实生活中继承人隐匿、转移、私吞、毁坏遗产的行为时有发生，这导致遗产债权人难以受偿，侵害了遗产债权人的合法权益。因此，保护遗产债权人的利益也应引起关注。而遗产债权人的保护主要依靠遗产债务清偿制度来实现。遗产债务清偿制度的完善，有利于保护继承人与遗产债权人的合法权益，实现两者之间利益的平衡。

（二）实践价值

1. 为遗产债务清偿制度提供实体和程序法律规范，提高遗产处理的效率

细化完善遗产债务清偿制度，界定遗产债务的范围，补充构建遗产债务申报通知与公告制度，明确遗产债务的清偿责任主体，完善遗产债务清偿责任类型，规定遗产债务清偿顺序，使得在现实生活中继承人和遗产债权人等利害关系人对遗产债务一目了然，有利于在法治社会建设过程中指导民众学法、知法、守法、用法。尤其是完善遗产债务清偿程序后，有利于引导遗产债权人在被继承人死亡后按时申报债权，而无须向法院提起被继承人债务清偿纠纷诉讼。即便当事人起诉到法院，由于已经有遗产清单，法院也无须再重新查明遗产的范围。此外，遗产债务清偿制度规则的完善也有利于遗产管理人按照规定制作忠实、准确的遗产清单，提高处理被继承人债权债务的效率。

2. 为司法实践提供理论指导参考，保证司法的公平正义

关于遗产债务清偿制度，目前我国法律规定得较为粗疏，存在某些不足，导致司法实践中法院的裁判不一。如对遗产债务范围的宽窄认识不同，遗产债务清偿主体认识不清，对侵害、转移遗产的继承人惩罚较轻，共同继承人的清偿责任是否连带存在分歧，遗产债务清偿顺序不一致等情况时有发生。正所谓法律的生

命在于实施，补充完善遗产债务清偿制度，可以为法院适用法律提供指导，减少法院因对法律理解不同而产生的同案不同判现象，以保障司法的公平正义，推动社会主义法治社会的建设。

综上所述，本书的研究目的在于，丰富和发展遗产债务清偿制度的基本理论，为我国遗产债务清偿制度的完善提供有益参考，并为司法实践提供理论指导，故本书具有较强的理论意义和实际应用价值。

二、研究现状

（一）国内研究现状

目前，在国内婚姻家庭继承法学领域，大部分学术著作将遗产债务清偿制度作为研究对象之一，专门以遗产债务清偿制度为研究对象的研究成果相对较少，具体研究状况为：

1. 遗产债务清偿制度的研究成果

（1）学术著作。刘春茂主编的《中国民法学·财产继承》（1990 年出版），该书作者在第一章第六节中主要介绍遗产债务的清偿责任，债务清偿中的公告，需要变卖遗产的标的物以清偿债务的问题，对于有争议的债务的清偿问题，对于附条件、附期限的遗产债务的清偿问题，债务的清偿和遗赠交付的时间，遗产债务的清偿和遗赠交付的顺序，遗产债务清偿中继承人的赔偿责任和不当受领人的返还义务以及遗产债务清偿的适用范围九个方面的内容。龙翼飞的《比较继承法》（1996 年出版），该书作者在第十章遗产分割与被继承人债务的清偿中介绍了《匈牙利民法典》的继承编关于遗产债务的范围、遗产债务的责任、继承人满足债权人、对遗产债权人的提醒、遗赠领受人在遗产债务方面的责任等内容的规定。张玉敏的《继承法律制度研究》（1999 年出版），该书作者在第十章遗产债权人利益的保护中分析了遗产债务的范围、遗产债务的清偿顺序。陈苇、宋豫主编的《中国大陆与港、澳、台继承法比较研究》（2007 年出版），该书作者在第十章中分别介绍了遗产债务清偿制度的概述和中国大陆、香港、澳门、台湾等地区的遗产债务清偿制度，并对中国四法域的遗产债务清偿制度进行比较评析，提出完善大陆立法的建议。陈苇主编的《外国继承法比较与中国民法典继承编制定研究》（2011 年出版），该书作者从遗产债务清偿制度的概述、大陆法系与英美法系国家的遗产债务清偿制度考察与评析、我国遗产债务清偿制度之不足及立法完善建议等方面进行研究。杜江涌的《遗产债务法律制度研究》（2013 年出版），该书从遗产范围、遗产债务的范围、遗产债务的清偿顺序、遗产债务的清偿责任四个方面进行研究，分析我国现行遗产债务清偿制度之不足，并提出了立法完善建议。刘文的《继承法律制度研究》（2016 年出版）第六章第六节主要介绍了遗产债务的清偿责任，债务清偿中的公告，需要变卖遗产的标的物以清偿债务的问题，对于有争议的债务的清偿问题，对于附条件、附期限的遗产债务的清偿问题，债务的清偿和遗赠交付的时间，遗产债务的清偿和遗赠交付的顺序七个方面的问题。安宗林等著的《继承法修订难点问题研究》（2017 年出版）第八章介绍了遗产继承与遗产债务清偿的法律关系，该书作者认为我国现行继承法偏重内部的遗产和分配，外部的遗产债务清偿被忽视，这不利于保护遗产债权人的利益。第九章从遗产债务范围的界定、遗产债务清偿顺序、共同继承人对遗产债务的责任三个方面介绍了遗产债务清偿中的实体法律问题。第十章从债权人利益保护、大陆法系国家遗产债务清偿中的典型程序、我国遗产债务清偿程序的立法现状三个方面阐述我国遗产债务清偿中的程序法律问题。陈苇主编的《中国遗产处理制度系统化构建研究》（2019 年出版）第六章介绍了遗产债务清偿制度的概述、国外立法现状与评析、我国立法现状与我国民众的观念和处理习惯及司法实践的考察与评析、学者建议稿的观点，在此基础上分析了现代遗产债务清偿制度的发展趋势，提出了关于遗产债务清偿制度的立法建议。陈苇主编的《当代中国民众财产继承观念与遗产处理习惯实证调查研究》（2019 年出版）抽取调查了我国十省市部分民众关于遗产债务清偿制度的财产继承观念与遗产处理习惯，并对其体现的特点与原因进行分析，阐明关于遗产债务清偿制度的我国十省市被调查民众的财产继承观念与遗产处理习惯对中国民法典制定的立法启示。

（2）学术论文。国内围绕遗产债务清偿制度的论文主要涵盖以下几个方面：第一，针对遗产债务范围、遗产债务清偿顺序与遗产债务清偿责任类型的研究。其一，针对遗产债务范围的研究。例如，麻昌华的《遗产范围的界定及其立法模式》（2012 年）；冯菊萍的《遗产债务的确定及清偿规则》（2012 年）；卢文捷的《论遗产债务的合理界定》（2015 年）；黎乃忠的《遗产范围界定的误区与修正》（2016 年）；汪洋的《遗产债务的类型与清偿顺序》（2018 年）。其二，针对遗产债务清偿顺序的研究。例如，张力的《遗产债务清偿的顺序》（2003 年）；马钰凤的《我国遗产债务清偿顺序之重构》（2011 年）；陈苇的《我国遗产债务清偿顺序的立法构建》（2012 年）；姜大伟的《我国遗产债务清偿顺序探析》（2012 年）；汪洋的《遗产债务的类型与清偿顺序》（2018 年）；王巍的《民法典编纂视阈下遗产债务清偿顺序制度的理论评析与路径重塑》（2019 年）。其三，针对遗产债务清偿责任的研究。例如，冯乐坤的《共同继承遗产的定性反思与制度重构》（2011 年）；薛宁兰、邓丽的《中国大陆遗产管理制度构建之探讨——兼论无条件限定继承原则的修正》（2012 年）；冯乐坤的《限定继承的悖理与我国〈继承法〉的修正》（2014 年）；陈汉的《限定继承刍议》（2014 年）。第二，从不同的角度进行研究。其一，针对司法实践中与被继承人债务清偿纠纷审判相关问题的研究。例如，徐文文的《被继承人债务清偿纠纷审判实务若干问题探讨——兼论遗产债务清偿制度的完善》（2013 年）；姚富国的《遗产债务清偿案件执行困境反思与法律应对》（2013 年）；北京市第三中级人民法院民一庭课题组的《被继承人债务清偿纠纷审判之疑难问题研究》（2018年）。其二，以债权人利益的保护为视角研究遗产债务清偿制度。例如，王丽萍的《债权人与继承人利益的协调平衡》（2008年）；王丽丽的《财产继承中债权人利益保护问题的法律思考》（2012年）；吴国平的《遗产继承中债权人利益保护问题探究》（2013年）；陈英的《遗产继承与遗产债务清偿法律关系之考察》（2015年）。其三，针对遗赠与遗产债务清偿的关系的研究。例如，房绍坤的《遗赠能够引起物权变动吗》（2012年）；庄加园的《试论遗赠的债物两分效力》（2015年）；汪洋的《中国法上基于遗赠发生的物权变动——论〈民法典〉第239条对〈物权法〉第29条之修改》（2020年）。

（3）博士学位论文。国内以遗产债务清偿制度为题的博士学位论文较少，笔者通过在知网上进行检索，目前仅有2006年杜江涌的《遗产债务制度研究》，较多的是硕士学位论文以此为选题，如徐启迪的《遗产债务清偿制度研究》（2014年）；李佳的《被继承人债务清偿制度研究》（2016年）；林英的《我国内地遗产债务清偿责任制度研究》（2017年）；杨超的《我国遗产债务清偿顺序制度研究》（2018年）；李亚南的《我国遗产债务清偿制度的反思与完善》（2019年）等。可见，以遗产债务清偿制度作为博士学位论文选题，是具有研究价值的。

2. 遗产债务清偿制度主要问题的观点梳理

（1）遗产债务范围制度。关于遗产债务的范围，因对遗产债务界定的标准不同，学界也存在争议。第一，认为遗产债务包括继承开始前的债务、继承开始时的债务和继承费用，如张玉敏、王利明、陈苇、杨立新、王歌雅等学者。第二，认为遗产债务包括被继承人生前所负的债务、继承开始后所产生的债务，如刘春茂、刘文等学者。第三，认为遗产债务仅包括被继承人生前所欠的债务，如梁慧星、夏吟兰、马忆南等学者。

（2）遗产债务申报通知与公告制度。关于遗产债务申报通知与公告制度，学者的观点主要分为两种：一是由法院发出公告的公示催告程序，如梁慧星、王利明、张玉敏、陈甦等学者；二是由继承人或遗产管理人通知已知的债权人，并公告通知可能存在的未知债权人，如杨立新、陈苇等学者。

（3）遗产债务清偿责任制度。一方面，关于遗产债务清偿责任主体，学界有两种观点：一是受遗赠人与遗嘱继承人是清偿主体，如杨立新、陈甦等学者；二是仅继承人是清偿责任主体，受遗赠人不是清偿责任主体，其只是受清偿的顺序靠后，如郭明瑞、房绍坤、关涛等学者。

另一方面，关于遗产债务清偿责任类型，主要分为有限清偿责任和无限清偿责任，其中无限清偿责任又分为自愿的无限清偿责任与强制的无限清偿责任。此外，还有继承人的共同清偿责任。对此问题，存在的争议是：第一，关于有限清偿责任，是否建立有条件的有限清偿责任，大部分学者认为我国现在的遗产债务清偿责任制度为无条件的有限清偿责任制度，应当建立有条件的有限清偿责任制度，将制作遗产清单作为承担有限清偿责任的首要前提条件。第二，关于无限清偿责任，我国目前只存在自愿的无限清偿责任，而没有强制的无限清偿责任，故大部分学者提出要建立强制的无限清偿责任制度，在继承人没有依法制作遗产清单、制作虚假的遗产清单时，要求继承人对遗产债务承担无限清偿责任。第三，关于继承人的共同清偿责任，共同继承人承担连带责任还是按份责任，学界存在争议。大部分学者赞同承担连带责任，如王利明、张平华、张玉敏、陈苇、陈甦等学者；有学者则认为应是按份责任，如冯乐坤。

（4）遗产债务清偿顺序制度。关于遗产债务的清偿顺序，主要存在以下争议：第一，"四顺序说"，如张玉敏、房绍坤等学者。第二，"五顺序说"，如王利明、杨立新、王歌雅、陈甦等学者。第三，"六顺序说"，如汪洋等学者。第四，"八顺序说"，如安宗林等学者。第五，"九顺序说"，如张力等学者。第六，"十顺序说"，如陈苇等学者。

（二）国外研究现状

关于域外立法的考察，笔者选取法国、德国、日本、瑞士、荷兰、埃塞俄比亚、加拿大魁北克省的立法作为研究对象，主要原因是：第一，法国、德国、日本、瑞士等国的民法典在大陆法系具有代表性。第二，对荷兰、埃塞俄比亚和加拿大魁北克省立法的研究相对较少，并且这三部民法典具有一定的特色。

关于国外研究现状，笔者主要掌握了以下资料：

1. 法国立法

关于法国立法，一方面，罗结珍翻译的《法国民法典》（2023年版）中涉及遗产债务清偿制度的内容。另一方面，罗结珍翻译的《法国商法典》（2015年出版）中的司法清算制度涉及法国遗产破产制度的内容。

2. 德国立法

关于德国立法，（1）王宠惠翻译的1900年英译本《德国民法典》（2019年出版）、陈卫佐翻译的中文版《德国民法典》（2020年出版），我国台湾地区学者翻译的《德国民法典》（2017年出版），杜景林、卢谌翻译的《德国民法典》（2015年出版）等三个版本中都涉及了遗产债务的范围、遗产债务的清偿责任制度。（2）王葆莳等翻译的德国《家事事件和非讼事件程序法》，该书第四章专门介绍了对遗产债权的公示催告制度。（3）2011年德国《破产法》（英文版）中涉及遗产债务的清偿顺序。[①]（4）德国学者乌尔里希·福尔斯特所著，我国学者张宇晖翻译的《德国破产法（第七版）》（2020年出版），该书对德国最新破产法的修改进行了说明，并介绍了德国的遗产破产制度。（5）德国学者莱茵哈德·波克所著，我国学者王艳柯翻译的《德国破产法导论（第六版）》（2014年出版），该书也涉及德国的遗产破产制度。（6）德国学者马蒂亚斯·施默克尔所著，我国学者吴逸越翻译的《德国

[①]　因语言的限制，无法对最新德文版本进行翻译。

继承法（第5版）》（2020年出版）第37章介绍了遗产破产程序，第41章介绍了遗产债务的范围，第45章介绍了共同继承人对遗产债务的责任。（7）德国学者雷纳·弗兰克、托比亚斯·海尔姆斯所著，我国学者王葆莳、林佳业翻译的《德国继承法》（2015年出版）第十八章介绍了遗产债务的定义、范围、遗产债权公示催告程序、继承人责任的限定、遗产清册的编造等内容。第十九章继承人共同体第七部分介绍了共同继承人对遗产债务的责任。（8）德国学者 Dieter Schwab，Peter Gottwald and Saskia Lettmaier 的 *Family and Succession Law in Germany（Third Edition）*（2017年出版）第四部分继承法第三章第四节介绍了德国的继承人承担的遗产债务责任类型，即继承人承担限定责任的可能性、限定责任的可能性损失、公示催告遗产债权人、遗产债务人、遗产责任的确定和执行。在限制遗产责任的可能性一部分中介绍了遗产的管理、破产财产的诉讼程序、遗产不足时的限制责任。在第五节共同继承中介绍了共同继承人在遗产债务中的责任，包括遗产分割前的责任和遗产分割后的责任。（9）英国学者 Ernest J. Schuster 所著的 *The Principles of German Civil Law*（2019年出版），作者在此书中主要介绍了遗产债务清偿责任，说明了德国继承人承担有限清偿责任的方法以及共同继承人承担清偿责任的特殊规则。

3. 日本立法

关于日本立法，（1）我国学者刘士国等翻译的《日本民法典》（2018年出版）、日本最新修改的《日本民法典（2020年版）》（日文版）① 中涉及遗产债务清偿制度的条文。（2）日本学者堂蘭干一郎、神吉康二编著的《继承法修改概说》一书中的新旧条文对照表中说明了《日本民法典》修改的主要内容是：①对"第七

---

① 参见日本司法部网站：https://elaws. e - gov. go. jp/search/elawsSearch/elaws_search/lsg0500/detail/129AC0000000089 _ 20220401 _ 430AC0000000059/0? revIndex = 10&lawId=129AC0000000089，最后访问日期：2020年10月15日。

章遗嘱"进行了修改；②对遗产分割制度进行了部分修改；③增加了"第八章配偶的居住权制度"；④原来的"第八章特留份"成为"第九章特留份"，并对特留份制度进行了大幅修改；⑤增加了"第十章特别贡献份额"。① 由此可知，对于涉及遗产债务清偿制度条文的修改较少。（3）日本学者潮见佳男所著的《详解继承法》（日文版）（2018 年出版），该书对日本最新修改的继承制度进行了详细介绍。（4）《日本破产法（英文版）》（2012 年修改）以及日本学者石川明所著，我国学者何勤华、周桂秋翻译的《日本破产法》（2000 年出版）中涉及遗产债务的清偿顺序。② （5）在日本学者 Satoshi Minamikata 的 *Family and Succession Law in Japan*（2015 年出版）中，作者在第四部分继承法第一章无遗嘱继承第五节中介绍了日本法中继承人承担的遗产债务清偿责任类型，包括无条件接受继承、接受遗产清单的利益，在第四章遗产的管理与取得第四节遗产的管理中分析了遗产债务的清偿责任，以及继承人如何清偿遗产债务。

4. 瑞士立法

关于瑞士立法：（1）《瑞士民法典（英文版）》（2020 年修改）中部分条文涉及遗产债务范围、遗产债务申报的公告制度、遗产债务清偿责任等内容。（2）《瑞士债务执行与破产法（法语版）》（2020 年修改）③ 以及我国学者刘汉富翻译的《瑞士联邦债

① 参见［日］堂薗干一郎、神吉康二编著：《继承法修改概说》，金融财政事情研究会 2019 年版，序言第 1-2 页，第 198-213 页。日文著作的翻译借助翻译工具，并咨询了日语专业的研究人员。

② 参见《日本破产法》（2019 年修改），https://elaws.e-gov.go.jp/search/elaws-Search/elaws_search/lsg0500/detail? lawId = 416AC0000000075＃1325，最后访问日期：2020 年 10 月 22 日。现官方发布的英文版为 2012 年版，最新的《日本破产法》为 2019 年日文版。其中本书中所涉及的条文，笔者进行了校对，没有进行修改。

③ 参见瑞士司法部网站：https://www.fedlex.admin.ch/eli/cc/11/529_488_529/fr，最后访问日期：2021 年 2 月 28 日。必须说明，该法的法文翻译借助翻译工具，并咨询了法语专业的研究人员。

务执行与破产法》（1994 年出版）中涉及遗产破产的程序和遗产债务清偿顺序。

5. 荷兰立法

关于荷兰立法，学者 Hans Warendorf, Richard Thomas 和 Ian Curry-Sumner 所翻译 2012 年修订、2013 年生效的《荷兰民法典（第二版）》（2013 年出版）的英文版本。选择《荷兰民法典》的原因是：（1）目前对《荷兰民法典》进行专门研究的非常少，尤其是其继承编，根据笔者所掌握的资料，笔者是首次进行专门翻译。（2）荷兰民法典具有包容性、时代性、法典与司法的互补性等特征，并进行了跨国界、跨法系的整合。① 新的《荷兰民法典》的修订历经 47 年，于 1992 年生效。此部法典吸收了包括两大法系各主要国家的最新立法成果和有益的判例、学说。作为 20 世纪末的民法典，其顺应了社会进步和法律发展之最新潮流，具有较强的现代性和适应性。② 此外，为了反映其最新立法，笔者在荷兰司法部官网查到了荷兰语版本的《荷兰民法典》第四编继承法，根据该网站所显示的信息，其最新修改的版本为 2018 年 9 月 19 日版，从 2013 年 1 月 1 日至 2018 年 9 月 19 日，共进行了 5 次修改，分别是 2014 年 1 月 1 日、2015 年 8 月 17 日、2016 年 9 月 1 日、2017 年 9 月 1 日和 2018 年 9 月 19 日。③ 在这五次修改中，根据笔者的统计，被修改的条文只有 10 个。而且笔者在本书中所考察的条文只有 1 个在此期间被修改，故笔者以 2013 年生效的英文版为研究对象，是具有时效性的。

---

① 参见王卫国：《民法再法典化：荷兰经验的启示（代序言）》，载王卫国主编：《荷兰经验与民法再法典化》，中国政法大学出版社 2007 年版，第 3-4 页。

② 参见焦富民、盛敏：《论荷兰民法典的开放性、融和性与现代性——兼及对中国制定民法典的启示》，载《法学家》2005 年第 5 期。

③ 参见荷兰司法部网站：https://wetten.overheid.nl/BWBR0002761/2018-09-19#Opschrift，最后访问日期：2020 年 11 月 28 日。

6. 埃塞俄比亚立法

关于埃塞俄比亚，笔者主要参考当前我国学者薛军所翻译的2013 年出版的《埃塞俄比亚民法典》一书。对于该国民事诉讼法中有关遗产不足以清偿债务时的规则，因条件的限制，笔者从多个数据库中都未找到该国的相关法律，并且该国的官网也无法进入。故对于该国的研究现局限于已经翻译的该民法典。

7. 加拿大魁北克省立法

关于加拿大魁北克省立法：(1)《魁北克民法典（英文版）》(2020 年修改) 和我国学者孙建江等翻译的《魁北克民法典》(2009 年出版) 继承编遗产清算制度中有涉及遗产债务清偿制度的条文。(2) 加拿大联邦《破产法》(2020 年修改) 遗产破产制度中涉及遗产债务的清偿顺序。(3) 有关遗产债务清偿的案例。笔者在学校的数据库网站 LexisNexis 中通过关键词搜索了该省部分有关遗产债务清偿的案例。需要说明的是，加拿大的财产法主要是以英国普通法为基础发展的，加拿大的继承法可以由各省议会制定和颁布。[1] 笔者选择加拿大魁北克省的立法作为研究对象，是因为魁北克省是加拿大唯一一个仿效大陆法系法国立法的地区，到现在依然深受法国制度的影响。正如有学者所言，魁北克省在很大程度上给比较法学者提供了观察不同法律风格相互影响进程的"活对象"。[2] 并且，《魁北克民法典》规定了较为系统的遗产清算制度。同时，该法典还规定遗产不足以清偿债务时的顺序，具有一定的特色。

---

[1]　参见刘艺工编著：《当代加拿大法律制度研究》，民族出版社 2008 年版，第 149 页。

[2]　参见［德］茨威格特、克茨：《比较法总论》（上），潘汉典译，中国法制出版社 2017 年版，第 216 页。

三、研究方法

1. 历史分析法

列宁曾指出，研究某个问题时，考察其基本历史是至关重要的，每个问题都要看某种现象在历史上如何产生、经历的主要发展阶段，并根据这种发展状况去考察这一事物现在的状态。[①] 本书运用历史研究法考察中外遗产债务清偿制度从古至今的历史沿革，通过对中外遗产债务清偿制度发展的历史脉络进行梳理，考察评析遗产债务清偿制度在演变中呈现的特征。

2. 实证分析法

首先，本书收集了司法实践中的部分案例，将部分典型案例与类案作为研究对象，以分析我国 1985 年《继承法》的适用情况，以及实施过程中出现的问题。其次，本书分析研究了学者对我国部分地区进行的民众观念与民间习惯的实证调查统计数据。因我国《民法典》中关于遗产债务清偿制度的立法大部分是建立在 1985 年《继承法》的基础上，故针对 1985 年《继承法》实施中出现的问题，结合我国民众观念与民间习惯，有针对性地寻求解决之道，避免《民法典》在实施的过程中再次出现相同问题。同时，也为完善《民法典》继承编指明了方向。

3. 比较研究法

"差异由接触而知，由比较而显。"[②] 国外有学者指出，比较法的目的分为理论目的和实践目的，理论目的是深化法的认识与扩大法学视野、确认法的发展趋势、认识各法律秩序的共同基础与

[①] 《列宁全集》（第二版增订版）（第 37 卷），中共中央马克思恩格斯列宁斯大林著作编译局编译，人民出版社 2017 年版，第 61 页。

[②] ［美］H. W. 埃尔曼：《比较法律文化》，贺卫方、高鸿钧译，清华大学出版社 2002 年版，"比较法学丛书"总序，第 2 页。

确定理想类型；实践目的则是为立法提供资料、辅助解释法律等。① 本书通过比较研究的方法，对法国、德国、日本、瑞士、荷兰、埃塞俄比亚、加拿大魁北克省等大陆法系法域的遗产债务清偿制度进行考察评析，以明确遗产债务清偿制度在世界范围内总体的立法趋势，并总结分析前述域外立法的异同，以汲取其有益立法经验。

四、研究路径

本书以遗产债务清偿制度为研究对象。首先，考察遗产债务清偿制度的基本理论，界定遗产债务的相关概念，分析遗产债务清偿关系的法律特征，剖析遗产债务清偿制度的体系构造与价值取向。其次，研究中外遗产债务清偿制度的历史演进历程，总结中外历史演进的特点与异同，以为补充完善我国遗产债务清偿制度奠定基础。最后，从遗产债务范围、遗产债务申报通知与公告、遗产债务清偿责任、遗产债务清偿顺序四个方面分别考察遗产债务清偿制度的具体内容，以我国民众观念与民间习惯为基础，针对司法实践中存在的问题，评析我国《民法典》继承编涉及有关遗产债务清偿制度立法的发展进步与不足之处，考察分析现代域外立法的异同，汲取域外立法有益经验，参考学者观点，在吸收前人研究成果的基础上，提出补充完善我国遗产债务清偿制度的构想。

五、研究创新与不足

（一）主要创新点

1. 域外法资料收集的新颖性

一方面，收集并翻译了部分国家的最新立法文献。笔者收集

---

① 参见［日］大木雅夫：《比较法》（修订译本），范愉译，法律出版社2006年版，第67—75页。

到德国 2011 年修改的《破产法》（英文版）、德国《家事事件和非讼事件程序法》（中文版）、日本 2019 年最新修改的《民法典》继承编及 2012 年的《破产法》（英文版）、瑞士 2019 年修改的《瑞士联邦债务执行与破产法》（法文版）、2012 年修改的《荷兰民法典》（英文版）、加拿大魁北克省 2020 年最新修改的《魁北克民法典》（英文版）以及加拿大联邦 2019 年最新修改的《破产法》等，并分别对相关条文进行了翻译。另一方面，笔者在学校的外文数据库中搜索了加拿大魁北克省的部分司法案例，以充实对域外立法的论证与分析。

2. 理论联系实际方面的创新

在此方面，一方面，笔者收集了我国法院的部分判决书，并对这些案例进行类型化研究，采用典型案例与类案分析相结合的方法，分析涉及遗产债务清偿制度的立法在法律适用中所出现的问题。另一方面，笔者参阅了我国学者进行的针对遗产债务清偿制度的民众观念与民间习惯的实证调查统计数据，分析其特点与原因。在理论联系实际的基础上，结合我国《民法典》继承编之规定，找出其不足，寻求解决途径。

3. 理论上的创新

在理论上的创新主要有以下五个方面：第一，丰富了域外继承法比较研究理论，首次对荷兰、埃塞俄比亚、加拿大魁北克省的遗产债务清偿制度立法进行考察。此外，还对法国、德国、日本、瑞士等国立法的遗产债务清偿制度的具体内容进行考察与评析。第二，在前人研究的基础上，提出了关于遗产债务的范围与顺序应采集中式立法。第三，在前人研究的基础上，提出完善遗产债务申报通知与公告制度的构想。第四，对遗产破产制度中的遗产债务清偿顺序进行研究，结合我国实际情况，以前人研究成果为基础，提出我国遗产债务立法的具体清偿顺序。第五，在遗产债务清偿责任中，在已有研究成果的基础上，提出完善我国遗产债务清偿责任制度的具体构想。

（二）研究不足之处

文章研究的不足之处在于：由于个人研究水平和研究时间有限，一是国外某些制度的研究可能存在局限性，关于遗产债务清偿顺序制度，因语言的限制，无法对荷兰破产法、埃塞俄比亚破产法中的遗产债务清偿顺序进行考察；二是由于本书篇幅所限，尚未对遗产破产制度进行深入研究，有待在今后的研究中进一步深入。

第一章 遗产债务清偿制度基本理论之考察

本章主要考察三方面内容：一是界定遗产债务与遗产的概念，分析遗产债务清偿关系的法律特征与遗产债务清偿制度的理论体系构造等。二是分析论证遗产债务清偿制度尚待完善的社会基础。三是研究遗产债务清偿制度的立法原则、功能与价值构造。

第一节 遗产债务清偿制度基本问题探讨

本节主要研究遗产债务与遗产的概念界定、遗产债务清偿关系的法律特征以及遗产债务清偿制度的理论体系构造等内容。经过分析，指出遗产债务清偿制度的理论体系主要包括遗产债务范围制度、遗产债务申报通知与公告制度、遗产债务清偿责任制度、遗产债务清偿顺序制度四个方面的内容。

一、涉及遗产债务的基本概念争议与界定

（一）遗产概念的争议与界定

在古罗马法中，遗产采广义概念，既包括被继承人遗留的积

极财产，也包括遗产债务。[①] 从现代域外立法看，在具有代表性的大陆法系国家立法中，遗产包括积极财产与消极财产。而在英美法系国家立法中，遗产是指在支付丧葬费用、遗嘱执行和遗产管理费用、遗产债务和负担后所剩余的财产，[②] 即遗产只包括积极财产，不包括遗产债务。在我国，对于遗产是否包括遗产债务，学界也存在争议。

1. 遗产概念之学者观点

在我国学界，从 1985 年《继承法》颁布之后学者对遗产范围的争论逐渐增多，但是，大部分学者的研究都局限在新出现的权利，如虚拟财产等是否可以纳入遗产范围，从而使继承人继承。[③] 随着研究的深入，也有学者开始对我国《继承法》中遗产概念的界定进行反思，主张遗产应该是财产权利与义务之和。但是，遗产债务是否包含在遗产的范围内，我国学者的意见并不统一，主要有以下两种观点：

（1）狭义说。遗产仅指财产权利，而将遗产债务排除在外。如刘春茂等学者认为，遗产包括被继承人的积极财产，遗产债务并不属于遗产。[④] 杨立新等学者认为，遗产是被继承人死亡时遗留的个人财产，包括不动产或动产的所有权、个人享有的土地承包

---

① 参见［意］彼得罗·彭梵得：《罗马法教科书》，黄风译，中国政法大学出版社 1992 年版，第 423 页。

② Sidney Ross, *Ross: Inheritance Act Claims（Third Edition）*, London: Sweet & Maxwell, 2011, p.61.

③ 参见杨立新：《民法总则规定网络虚拟财产的含义及重要价值》，载《东方法学》2017 年第 3 期；牛彬彬：《数字遗产：概念、比较法及制度建构》，载《华侨大学学报》（哲学社会科学版）2019 年第 5 期；和丽军：《虚拟财产及问题研究》，载《国家检察官学院学报》2017 年第 4 期；朱涛、张贞芳：《论社交性网络账号的"可继承性"》，载《重庆邮电大学学报》（社会科学版）2020 年第 2 期。

④ 参见刘春茂主编：《中国民法学·财产继承》（修订版），人民法院出版社 2008 年版，第 67 页。

经营权和承包收益等财产权益。[1] 王歌雅等学者认为，遗产是自然人死亡时遗留的个人合法财产和财产权利。[2] 陈苇等学者认为，遗产仅限定于积极财产。[3]

（2）广义说。积极财产与消极财产都被包括在遗产范围内。例如，梁慧星等学者认为，遗产是自然人死亡时遗留的个人合法财产，因其死亡而获得的保险金、补偿金、赔偿金，以及其他基于其生前行为而获得的财产利益。但是，与被继承人人身相关的权利等法律规定不得继承的财产除外。[4] 王利明等学者认为，遗产包括被继承人享有的财产所有权、用益物权和占有、债权、担保物权和债务等。[5] 夏吟兰等学者认为，遗产包括被继承人遗留的财产权利和义务，是一个统一体，它们只能同时依法转移给继承人或其他人，包括所有权、债权、债务、税款等。[6] 陈甦等学者认为，遗产是自然人死亡时遗留的个人合法财产上的权利义务，但法律规定或者依其性质不得继承的除外，即遗产包含遗产债务。[7] 麻昌华认为，在规定遗产范围时应明确其包括遗产债务。[8]

---

[1] 参见杨立新等：《〈中华人民共和国继承法〉修正草案建议稿》，载《河南财经政法大学学报》2012年第5期。

[2] 参见王歌雅主编：《婚姻家庭继承法学》（第二版），中国人民大学出版社2013年版，第183页。

[3] 参见陈苇、魏小军：《论我国遗产范围立法的完善》，载《河南财经政法大学学报》2013年第6期。

[4] 参见梁慧星主编：《中国民法典草案建议稿附理由：继承编》，法律出版社2013年版，第21页。

[5] 参见王利明主编：《中国民法典学者建议稿及立法理由·人格权编、婚姻家庭编、继承编》，法律出版社2005年版，第469页。

[6] 参见夏吟兰主编：《婚姻家庭与继承法学原理》，中国政法大学出版社1999年版，第323页。

[7] 参见陈甦主编：《中国社会科学院民法典分则草案建议稿》，法律出版社2019年版，第394页。

[8] 参见麻昌华：《遗产范围的界定及其立法模式选择》，载《法学》2012年第8期。

2. 遗产概念之界定

笔者认为，在我国，遗产的概念应采狭义。因为，第一，遗产与遗产债务的严格区分是我国自古以来的习惯。古代时期我国盛行父债子还，此时的债就是"债务"，其与遗产是相对立的。在被继承人死亡后，继承人必须同时继承其遗留的债务和财产。可见，从我国古代传统语言习惯看，遗产是与债务对立的死者遗留的积极财产。① 概言之，遗产仅指积极财产是具有历史和现实基础的。此外，从民众的角度看，若遗产采广义，则不利于民众的理解与司法实践中法律的适用。② 第二，根据《民法典》第1122条③、第1159条④和第1161条⑤规定，通过文义解释，遗产与遗产债务这两个概念应是并列关系，而非包含关系。因此，如果生硬地将遗产债务解释为遗产的组成部分则略显牵强。⑥ 故在本书中所提到的遗产均指积极财产，不包括遗产债务。

(二) 遗产债务概念的争议与界定

1. 遗产债务概念之争议

关于遗产债务的概念，我国学者的观点不尽一致，可概括为狭义说、折中说与广义说。

(1) 狭义说。主张狭义说的学者认为，遗产债务是被继承人

---

① 参见陈苇、宋豫主编：《中国大陆与港、澳、台继承法比较研究》，群众出版社2007年版，第193、221页。

② 参见陈苇、魏小军：《论我国遗产范围立法的完善》，载《河南财经政法大学学报》2013年第6期。

③ 《民法典》第1122条规定："遗产是自然人死亡时遗留的个人合法财产。依照法律规定或者根据其性质不得继承的遗产，不得继承。"

④ 《民法典》第1159条规定："分割遗产，应当清偿被继承人依法应当缴纳的税款和债务；但是，应当为缺乏劳动能力又没有生活来源的继承人保留必要的遗产。"

⑤ 《民法典》第1161条规定："继承人以所得遗产实际价值为限清偿被继承人依法应当缴纳的税款和债务。超过遗产实际价值部分，继承人自愿偿还的不在此限。继承人放弃继承的，对被继承人依法应当缴纳的税款和债务可以不负清偿责任。"

⑥ 参见陈甦、谢鸿飞主编：《民法典评注·继承编》，中国法制出版社2020年版，第19页。

生前所欠的债务。但是，此种学说中遗产债务概念的界定标准分为两种：

第一，以债务的成立时间和用途为标准。梁慧星等学者认为，遗产债务是指在被继承人生前依法应当由其缴纳的税款，以及因被继承人个人的生活生产需要所欠的债务。[①] 马忆南认为，"遗产债务是指被继承人生前个人依法应缴纳的税款，以及因个人生活需要所欠的债务"。[②]

第二，以债务产生的时间和责任主体为标准。夏吟兰、蒋月、孙若军等学者认为，遗产债务是指被继承人因个人需要以个人名义所欠的，或其他依法应当由其个人承担清偿责任的债务。遗产债务又称为被继承人的债务。[③]

（2）折中说。李明舜等学者认为，遗产债务有广义与狭义之分。广义的遗产债务是指被继承人生前所欠的债务以及被继承人死后所产生的丧葬费用、遗产管理和继承费用等。狭义的遗产债务仅指被继承人生前所负的债务，也称为被继承人的债务。[④]

（3）广义说。第一，以清偿债务的责任财产为标准。张玉敏、杨立新等学者认为，遗产债务是指应当由遗产负担的债务。[⑤]

第二，以债务的成立时间为标准。陈苇等学者认为，遗产债

---

① 梁慧星主编：《中国民法典草案建议稿附理由：继承编》，法律出版社 2013 年版，第 175 页。

② 参见马忆南：《婚姻家庭继承法学》（第四版），北京大学出版社 2019 年版，第 339 页。

③ 参见夏吟兰主编：《婚姻家庭继承法学》（第二版），中国政法大学出版社 2017 年版，第 280 页；蒋月主编：《婚姻家庭与继承法》（第三版），厦门大学出版社 2014 年版，第 387 页；孙若军：《继承法》（第二版），中国人民大学出版社 2008 年版，第 200 页。

④ 李明舜主编：《婚姻家庭继承法学》，武汉大学出版社 2011 年版，第 339-340 页。

⑤ 张玉敏：《继承法律制度研究》，法律出版社 1999 年版，第 160 页；张玉敏：《继承法律制度研究》（第二版），华中科技大学出版社 2016 年版，第 88 页；参见杨立新：《家事法》，法律出版社 2013 年版，第 543 页。

务是指被继承人的生前债务、继承开始时产生的债务和继承费用。[①]

综上所述，采狭义说的学者所持的观点也有所不同，如夏吟兰、蒋月、孙若军等学者认为，被继承人生前以个人名义所欠的债务即遗产债务，而梁慧星、马忆南等学者认为，该债务还必须用于其个人生活或生产需要。反之，即使用于被继承人的个人生活或生产需要，但以他人名义所欠的，或者以被继承人个人名义所欠而未用于被继承人个人的生产生活需要，也不能被认定为遗产债务。

2. 遗产债务概念的界定

关于遗产债务概念界定的争议，我国学者所持的不同观点即"广义说""折中说"与"狭义说"实质上并无对错之分，只是视角与界定的时间点不一致，故导致遗产债务范围的大小不同。然而，在我国立法中应当明确遗产债务的概念，以便于民众理解法律，也有利于指导司法实践。

笔者认为，遗产债务应采广义说，其原因是：首先，从法律逻辑学的角度看，概念是通过反映对象的特有属性来指称对象的思维形式，因此，概念既有内涵，也有外延。所谓内涵，是在概念中被指称的对象所特有的属性。概念的外延，是指具有内涵所呈现的特有属性的每一个对象，表明概念指称的对象范围。[②] 采用广义说，将遗产债务界定为从遗产中支付的债务，其不仅包括遗产债务的特有属性，也包括其所指的外延。其次，从债的概念看，债是特定当事人之间因合同、侵权行为、无因管理、不当得利以及法律的其他规定而产生的权利义务关系。[③] 在遗产转移给继承人

[①] 陈苇主编：《中国遗产处理制度系统化构建研究》，中国人民公安大学出版社2019年版，第288页。

[②] 参见雍琦：《法律逻辑学》，法律出版社2004年版，第29页。

[③] 参见崔建远：《债法总论》，法律出版社2021年版，第1页。

后，继承人成为遗产债务清偿责任主体。在遗产债务中，除被继承人生前所欠的债务外，遗产酌给债务、遗赠、遗赠扶养协议以及继承费用等，其遗产权利人享有对遗产的请求权，请求继承人按照规定支付相应的遗产份额。再次，"债务的本质是法律上应为之一定给付"。[①] 而遗产债务，则是从遗产中所进行的给付。遗赠、遗赠扶养协议中遗赠的标的、遗产酌给份、继承费用等都是需要从遗产中进行给付的，故应将其纳入遗产债务的范围。并且，从请求权基础而言，遗赠之债、遗赠扶养协议之债、遗产酌给份，甚至是继承费用，其权利人实际上都是基于债权请求权而行使权利。最后，古罗马时期，《学说汇纂》中就有规定："可以被发起遗产请求（之诉）的不仅有死者的债务人，还有遗产的债务人……"[②]据此可知，在古罗马时期，遗产债务不仅包括被继承人的债务，也包括因遗产而产生的债务。英国学者哈特指出，语词的定义可以使民众使用词语时的原则更加清晰，也可以为大家呈现出其与其他现象之间的关系。[③] 由此观之，只有对遗产债务进行准确定义，才有利于知法、用法，也更有利于明确遗产债务清偿制度与其他制度之间的关系。

二、遗产债务清偿关系的法律特征

遗产债务，实质上是债。在债的关系中，一方的义务对应的是另一方的权利。遗产债务也是一个债务群，在这些债务中，按照债的发生原因，分为意定之债与法定之债。然而，遗产债务清偿关系既具有一般债务的属性，又具有自身的特殊性。故遗产债

---

① 《我妻荣民法讲义Ⅳ——新订债权总论》，王燚译，中国法制出版社2008年版，第64页。

② ［古罗马］优士丁尼：《学说汇纂（第五卷）——遗产及其对物之诉保护》，吴鹏译，中国政法大学出版社2018年版，第143页。

③ ［英］H. L. A. 哈特：《法律的概念》（第二版），许家馨、李冠宜译，法律出版社2006年版，第14页。

务清偿关系具有下列特征：

（一）遗产债务是被继承人生前所负和死亡后所产生的债务

从发生时间看，遗产债务包括被继承人生前所负的债务、继承开始时产生的债务，以及继承开始后因遗产自身的损耗所产生的费用等内容。一是被继承人生前所负的债务，包括合同之债、遗赠扶养协议之债、侵权之债、无因管理之债、不当得利之债。二是继承开始时产生的债务，包括特留份之债、必留份之债、遗产酌给之债等。三是继承开始后因遗产自身的损耗所产生的费用，包括被继承人死亡后其遗产自身的损耗，以及因管理遗产所产生的费用等，如遗产管理费、遗嘱执行费等。

（二）遗产债务的清偿责任主体是继承人（概括受遗赠人）

遗产债务的清偿责任主体是继承人或受遗赠人。一般情况下，遗产债务是基于继承而发生，在继承后，遗产的权利和义务一并转移给继承人，即遗产债务实际上是经过了债的移转后而使继承人或者受遗赠人成为债的主体。因为有学者指出，"债之转移者，债之关系不失其同一性，而变其主体之谓也。……债权人或债务人之变更，有依法律行为而生者，亦称为法律行为上之移转。有依法律之规定而生者，亦称法律上之移转。……债权或债务为财产之一部移转于他人者，谓之概括承受。概括承受依法律之规定而生者，为继承"。① 盖尤斯在《论行省告示》第六编中指出："遗产继承（hereditas）不是别的，而是对已故者的权利之概括承受（succession in universumius）。"② 因此，继承人进行遗产继承，不但要承受积极遗产，还要负担遗产债务。遗产债务因继承而发生，在继承开始后，继承人取代被继承人承担全部债务，成为债务人。在实行概括遗赠的国家，除特定受遗赠人外，概括受遗赠

---

① 史尚宽：《债法总论》，中国政法大学出版社 2000 年版，第 703 页。

② ［意］桑德罗·斯奇巴尼选编：《民法大全选译——遗产继承》，费安玲译，中国政法大学出版社 1995 年版，第 1 页；［意］桑德罗·斯奇巴尼选编：《婚姻、家庭和遗产继承》，费安玲译，中国政法大学出版社 2001 年版，第 235 页。

人也要承担遗产债务。在区分遗嘱继承与遗赠的国家，一般情况下，只有遗嘱继承人或法定继承人才是遗产债务的清偿责任主体。[①]

（三）清偿遗产债务的责任财产是被继承人的遗产（概括继承时还包括继承人的固有财产）

一般情况下，继承人在遗产范围内对遗产债务承担清偿责任，此即有限清偿责任。但是，如果继承人对遗产债务承担无限清偿责任，在遗产不足以清偿债务时，继承人还需要用自己固有的财产承担清偿责任。故一般情况下，遗产债务的清偿责任财产的标的为被继承人所遗留的财产。在概括继承时，清偿遗产债务的责任财产包括被继承人的遗产和继承人的固有财产。

（四）遗产债务清偿关系的内容

遗产债务的内容，即权利义务关系。继承所规范的是被继承人死后其财产如何转移的问题，继承的实质是继承人接替被继承人的财产法律地位，因而继承人在继承法律地位关系中处于核心地位，各种继承法律关系都以继承人的权利义务为核心内容。[②] 在继承开始后，遗产债务转移给继承人，此时产生以下权利义务关系：（1）内部法律关系，是指当继承人有两人以上时，便会发生继承人相互间对于遗产债务如何承担的问题，即继承人之间的关系。（2）外部法律关系，包括三类：①继承人和受遗赠人间的权利义务关系。继承开始后，若被继承人指定了受遗赠人，则继承人和受遗赠人间便产生了特定的民事权利义务关系。②继承人和遗产酌给请求权人之间的关系。继承开始后，对于尽扶养义务较

---

① 在此必须说明的是，附负担的受遗赠主体并不是遗产债务的清偿主体，原因是：一方面，遗产债务指向的是已经发生的债务，附负担的遗赠指向的是未来可能发生的债务。另一方面，即使是附负担的遗赠，也是在已经清偿其他债务的前提才会有遗赠的交付，其不可能用自身的财产清偿债务。

② 参见张玉敏：《继承法律制度研究》（第二版），华中科技大学出版社2016年版，第12页。

多的人以及受被继承人扶养的人，其有权请求继承人分配给其一定数量的遗产。③继承人与遗赠扶养协议中的扶养人之间的关系。继承开始后，生前与被继承人签订遗赠扶养协议的扶养人，有权请求接受继承的继承人履行被继承人应当履行的义务。①

三、遗产债务清偿制度的理论体系构造

遗产债务清偿制度，是指在被继承人死亡后，继承人或遗产管理人按照法律规定和清偿程序，用被继承人遗留的财产（或继承人固有的财产）清偿被继承人生前的债务、继承开始时及开始后产生的债务的制度。所谓"清偿"，是指实现债务给付内容的债务人或其他人的行为。因该行为达到债权的目的，而使债权归于消灭。② 如前所述，遗产债务清偿法律关系具有自身的特征。有学者指出，"在现代法中，债权发生的主要原因有契约与不法行为……债权中依法律规定而产生的债权亦不少。但多数是物权、亲族法、继承法上因特殊地位而产生的，在债权法中没有必要作统一研究"。③遗产债务则属于继承法上因特殊地位而产生的，正因如此，债法的一般原理与制度无法调整这部分特殊债务，基于遗产债务的特殊性，就需要有自身的构成体系。

（一）遗产债务清偿制度构成体系之学者观点

关于遗产债务清偿制度的构成体系，学界主要有以下五种观点：

1. 三要件说

持"三要件说"的学者观点分为三种：（1）遗产债务清偿制

---

① 参见张玉敏：《继承法律制度研究》（第二版），华中科技大学出版社 2016 年版，第 13 页。

② 参见《我妻荣民法讲义Ⅳ——新订债权总论》，王燚译，中国法制出版社 2008 年版，第 190 页。

③ 参见《我妻荣民法讲义Ⅳ——新订债权总论》，王燚译，中国法制出版社 2008 年版，第 9 页。

度的主要内容包括遗产债务的范围、遗产债务的清偿顺序、债权人为保护自己的债权而采取的措施。[①]（2）遗产债务清偿制度的主要内容包括遗产债务的清偿责任、遗产债务清偿顺序、遗产债务清偿程序。[②]（3）遗产债务清偿制度的主要内容包括遗产债务的范围、遗产债务的清偿责任类型、遗产债务的清偿顺序。[③]

2. 四要件说

持"四要件说"的学者观点分为四种：（1）遗产债务清偿制度的主要内容包括遗产债务的范围、遗产债务的清偿责任、清偿程序以及清偿顺序等。[④]（2）遗产债务清偿制度的主要内容包括遗产债务的范围、遗产债务的清偿方式、共同继承人对于遗产债务的责任、遗产债务的清偿顺序等。[⑤]（3）遗产债务清偿制度的主要内容包括遗产债务的清偿顺序、清偿方式、清偿程序、清偿责任。[⑥]（4）遗产债务清偿制度的主要内容包括遗产债务的清偿程序、遗产债务的清偿顺序、遗产债务的清偿责任、违反规定清偿债务的损害赔偿责任和遗产债权人或受遗赠人的返还请求权。[⑦]

3. 五要件说

持"五要件说"的学者认为，遗产债务制度的主要内容包括

---

① 参见张玉敏：《继承法律制度研究》（第二版），华中科技大学出版社 2016 年版，第 88 页。

② 参见杨立新等：《〈中华人民共和国继承法〉修正草案建议稿》，载《河南财经政法大学学报》2012 年第 5 期。

③ 参见陈苇主编：《中国遗产处理制度系统化构建研究》，中国人民公安大学出版社 2019 年版，第 287 页。

④ 参见陈苇主编：《外国继承法比较与中国民法典继承编制度研究》，北京大学出版社 2011 年版，第 497 页。

⑤ 参见张平华、刘耀东：《继承法原理》，中国法制出版社 2009 年版，第 426-437 页。

⑥ 参见王利明主编：《中国民法典学者建议稿及立法理由·人格权编、婚姻家庭编、继承编》，法律出版社 2005 年版，第 624-630 页。

⑦ 参见陈甦主编：《中国社会科学院民法典分则草案建议稿》，法律出版社 2019 年版，第 424-427 页。

遗产的范围、遗产债务的范围、遗产债务的清偿顺序、遗产债务的清偿责任以及遗产债权人权益的法律保护。[①]

4. 六要件说

持"六要件说"的学者认为，遗产债务清偿制度的主要内容包括遗产债务的范围、遗产债务的清偿责任、遗产债务的清偿顺序、遗产债务的清偿方式、遗产债务的清偿程序、遗产债务清偿中继承人的赔偿责任和不当受领人的返还义务等。[②]

5. 七要件说

持"七要件说"的学者认为，遗产债务清偿制度的主要内容包括遗产债务的清偿责任、公告、清偿方式、遗赠交付的时间、顺序、继承人的赔偿责任和不当受领人的返还义务、遗产债务清偿的适用范围。[③]

综上所述，诸学者认为遗产债务清偿制度包含遗产债务的范围、清偿责任、清偿顺序、清偿程序、清偿方式、适用范围、继承人违反规定清偿债务的损害赔偿责任和不当受领人的返还义务等八个方面的内容。

(二) 遗产债务清偿制度构成体系之思考

概念是解决法律问题所必需的和必不可少的工具。严格限定遗产债务的概念，才能便于我们清楚和理性地思考有关遗产债务清偿制度的法律问题。没有概念，我们便无法将对法律的思考转变为语言，也无法以一种可理解的方式把这些思考传达给他人。概念是辨识和区分社会现实中所特有现象的工具。[④] 依此推断，在

[①]　参见杜江涌：《遗产债务制度研究》，西南政法大学 2016 年博士学位论文。

[②]　参见梁慧星主编：《中国民法典草案建议稿附理由：继承编》，法律出版社 2013 年版，第 175-186 页。

[③]　参见刘春茂主编：《中国民法学·财产继承》，中国人民公安大学出版社 1990 年版，第 552-574 页；参见刘春茂主编：《中国民法学·财产继承》，人民法院出版社 2008 年版，第 425-440 页。

[④]　参见［美］E. 博登海默：《法理学：法律哲学与法律方法》，邓正来译，中国政法大学出版社 2004 年版，第 504 页。

遗产债务清偿制度中，遗产债务概念的界定是此制度中其他内容的前提与基础。界定遗产债务的概念是论证此制度是否符合我国现实情况的前提条件，进而才能在此基础上提出相应的完善构想。正如有学者所言，"概念是认识事物过程中形成的思维形式，是认识之网上的纽结"。① 由此可见，界定遗产债务的概念必不可少。

首先，明确遗产债务范围是首要问题。其次，遗产管理人在继承开始后需要收集债权债务，以制作真实、准确的遗产清单。遗产管理人收集遗产债务，需要发出申报遗产债务的通知与公告。再次，确定遗产债务的范围、制作完成遗产清单后，需要明确遗产债务的清偿责任主体，以便遗产债权人行使请求权。根据接受继承的主体所作出的选择，明确其需要承担何种责任。最后，在清偿遗产债务的过程中，当遗产不足以清偿债务时，应当按照何种顺序进行清偿，在诸多债务之间如何进行利益的取舍与平衡。然而，遗产债务既然属于债务，也应当适用债法的一般原理，只有在债法无法解决此制度所调整的法律关系时，才需要在继承编中予以特殊规定。否则，就会造成立法的重复。基于前述遗产债务的特点，同时对前述学者关于遗产债务清偿制度的内容和观点进行归类，笔者认为，遗产债务清偿制度的理论构成体系应包括遗产债务范围制度、遗产债务申报通知与公告制度、遗产债务清偿责任制度以及遗产债务清偿顺序制度四方面内容。

1. 遗产债务范围制度

如前所述，遗产债务，是指应当以遗产负责的债务。② 遗产债务的本质是"债"，因此，其不仅受继承法调整，也受债法调整。债之关系是一种法律关系，债权人享有要求给付的权利，债务人负有使给付发生效力的义务。所谓给付，是指债权人可以向债务

① 张文显：《法理学》（第五版），高等教育出版社 2018 年版，第 113 页。

② 参见王利明等：《民法学（下）》（第六版），法律出版社 2020 年版，第 1023 页。

人要求的而债务人必须给予债权人的。① 由此得知，遗产债务的范围之界定，关键是债务是否由遗产负担。在本书中，笔者认为，从时间上而言，遗产债务的范围应包括：其一，继承开始前成立的债务，即被继承人生前所负债务；其二，继承开始时产生的债务，即遗赠、遗产酌给债务、必留份之债、特留份之债等；其三，继承开始后产生的债务，主要指继承费用。②

2. 遗产债务申报通知与公告制度

乌尔比安指出："继承的告示是为下述原因而设立，其目的在于尚未继承的遗产不会在很长时间内没有所有权人，并不会因此导致债权人遭受由于较长时间地迟延履行所产生的损失（mora）。因此，裁判官认为：给予遗产占有并在遗产占有人之间确定进行继承的顺序、继承的时间，以便使债权人能尽快地知道是否有进行诉讼的继承人，是否有尚未继承的遗产需要上交国库，是否应当要求遗产占有就如同死者没有继承人一样。"③ 遗产债务申报通知与公告制度，是指在继承开始后，由特定的主体，通常包含知道被继承人死亡的继承人、利害关系人或其他权力机关，采取发出通知或者公告的方式，告知遗嘱执行人以及相关利害关系人因被继承人的死亡而开始继承的事实，以便遗产债权人及时申报权利和继承人及时参加继承的制度。遗产债务申报通知与公告制度，使遗产权利人知晓被继承人死亡的信息，及时申报遗产债权，以制作准确的遗产清单，依顺序清偿遗产债务，保护继承人和遗产

---

① 参见王洪亮：《债法总论》，北京大学出版社 2016 年版，第 18-19 页。

② 参见张玉敏：《继承法律制度研究》（第二版），华中科技大学出版社 2016 年版，第 88 页；参见陈苇主编：《外国继承法比较与中国民法典继承编制定研究》，北京大学出版社 2011 年版，第 499 页。

③ ［意］桑德罗·斯奇巴尼选编：《民法大全选译——遗产继承》，费安玲译，中国政法大学出版社 1995 年版，第 146-147 页。

债权人等遗产权利人的利益。[1]

3. 遗产债务清偿责任制度

正如盖尤斯在《法学阶梯》中提道："债是法锁，约束我们依本国法须向他人为一定给付。"[2] "债务，是指应为一定给付的义务。"[3] 国外有学者指出，应当将债理解为一种法律拘束力，使债权人有权从债务人处获得某种给付。基于此种拘束力，法秩序赋予该债权人在未获得债务人自发履行时，可以通过强制手段来实现自身利益。但是，债权人只能向特定的主体主张权利。[4] "债务与责任原则上相伴而生，如影随身，难以分开。"[5] 责任，是指债务人必须为其债务承担责任的情况。[6] 有责任，就必须有承担责任的主体。在遗产债务清偿制度中，一般情况下，遗产债务责任主体是继承人，包括法定继承人和遗嘱继承人。但是，因各国法律制度不同，在不区分遗赠与遗嘱继承的国家，概括受遗赠人也是遗产债务的清偿主体。

依据债法原理，债务人应以其财产，就其债务负责的形态所承担的责任可分为两类，即无限责任和有限责任。[7] 然而，在继承制度中，当出现两个以上继承人时，其对债权债务的概括承受，不仅涉及遗产应如何分配，也涉及共同继承人应当如何承担遗产债务。故在本书中，遗产债务清偿责任的类型分为三种：一是有限清偿责任；二是无限清偿责任；三是共同清偿责任。

---

① 参见陈苇主编：《遗产处理制度系统化构建研究》，中国人民公安大学出版社2019年版，第37页。

② ［意］阿雷西奥·扎卡利亚：《债是法锁——债法要义》，陆青译，法律出版社2017年版，第3页。

③ 王泽鉴：《债法原理》（第二版），北京大学出版社2013年版，第74页。

④ 参见［意］阿雷西奥·扎卡利亚：《债是法锁——债法要义》，陆青译，法律出版社2017年版，第3-4页。

⑤ 王泽鉴：《债法原理》（第二版），北京大学出版社2013年版，第75页。

⑥ 参见王洪亮：《债法总论》，北京大学出版社2016年版，第15页。

⑦ 参见王泽鉴：《债法原理》（第二版），北京大学出版社2013年版，第75页。

4. 遗产债务清偿顺序制度

在遗产足以清偿债务时，继承人或遗产管理人按照债务人申报的顺序清偿遗产债务。在罗马法中，遗产债务清偿顺序的规则是在不损害优先权的限度内，依据所告知的顺序清偿遗产债务。[①]然而，在遗产不足以清偿债务时，便涉及如何清偿遗产债务。依据债法原理，合法成立的债间一般效力平等，并无清偿顺序的优劣先后之分。[②] 但是，当遗产资产超过债务时，为保护特定债权人的利益，就要打破债的平等性，在多种债权人的利益之间进行价值的判断，从而作出取舍何种利益的决定。尤其是继承法中的遗产债务，其不仅涉及劳动债权，还涉及受被继承人扶养的人的生活费用等弱者利益。为保障特定主体的利益，维护继承秩序，法律应当对遗产不足以清偿债务时的顺序作出规定。

第二节　我国遗产债务清偿制度立法完善的必要性之考察[③]

"法律必须稳定，但又不能静止不变。"[④] 法律以社会为基础，社会发展推动法律的发展。[⑤] 法律根植于社会，生长于社会，法律

---

① 参见史尚宽：《继承法论》，中国政法大学出版社 2000 年版，第 294 页。

② 参见张力：《遗产债务清偿的顺序》，载《广西社会科学》2003 年第 1 期。

③ 根据马克思的基本理论，经济基础决定上层建筑，上层建筑反映经济基础，经济基础也是构成一定社会的基础。而社会经济的发展、司法实践中存在的问题以及民众继承习惯等在一定程度上体现了社会基础的变化，故在此笔者所讨论的完善遗产债务清偿制度的社会基础也属于基本理论研究。

④ ［美］罗斯科·庞德：《法律史解释》，邓正来译，商务印书馆 2017 年版，第 4 页。

⑤ ［奥］尤根·埃利希：《法律社会学基本原理》，叶名怡、袁震译，中国社会科学出版社 2009 年版，第 300 页。

的真实效力源于社会的承认。[①] 故当社会发展变化后，遗产债务清偿制度作为继承编的重要内容，其也应以社会为基础，回应社会发展所带来的新问题、新情况。在我国《继承法》颁布实施近35年后，《民法典》出台。2020年《民法典》继承编在1985年《继承法》的基础上制定，对原有的规则有所完善与补益。从总体上而言，《民法典》继承编突出了继承制度的私法属性，彰显了对民事主体私有财产的保护，与时俱进，在继承领域回应了科技进步的要求。[②] 关于遗产债务清偿制度的规则也有所进步，但是，仍然存在不足，需要进一步完善。本节主要从我国社会经济发展、司法实践之要求、民众继承习惯的发展趋势三个方面考察我国遗产债务清偿制度亟待完善的必要性。

一、我国社会经济发展的需要

马克思、恩格斯曾指出，"继承法最清楚地说明了法对于生产关系的依存性"。[③] 正所谓经济基础决定上层建筑。"继承作为一项法律制度，是一定社会经济基础的上层建筑。"[④] 马克思深刻地分析了继承制度的本质："继承权的基础是经济的。"[⑤] 当前我国社会经济发展迅速，故遗产债务清偿制度作为继承制度的重要组成部分，也应当与经济发展相适应。

（一）民众财富日益增多

国家统计局公布的数据显示，从被调查的部分地区的国民收

---

① 参见尹伊君：《社会变迁的法律解释》，商务印书馆2003年版，第111页。
② 参见杨立新：《我国继承制度的完善与规则适用》，载《中国法学》2020年第4期。
③ 《马克思恩格斯全集》（第3卷），中共中央马克思恩格斯列宁斯大林著作编译局译，人民出版社1960年版，第420页。
④ 佟柔主编：《继承法教程》，法律出版社1986年版，第7页。
⑤ 《马克思恩格斯文选（两卷集）》（第2卷），人民出版社1961年版，第495页。

入看，2020 年我国国民总收入为 1009151 亿元，[1] 2010 年为 410354.1 亿元，2000 年为 99066.1 亿元。[2] 2020 年比 2010 年增长了约 59.34%，2010 年比 2000 年增长了 75.86%。由此可知，我国国民总收入近 20 年增长较为迅速。从居民可支配收入与人均消费支出看，2013 年至 2020 年，全国居民人均可支配收入分别是：2013 年为 18310.76 元、2014 年为 20167.12 元、2015 年为 21966.19 元、2016 年为 23820.98 元、2017 年为 25973.79 元、2018 年为 28228.05 元、2019 年为 30732.85 元、2020 年为 32189 元。我国人均消费支出从 2013 年的 13220.42 元增长至 2020 年的 32189 元，增长了约 58.93%。这说明我国人民的财富不断增加。[3] 从恩格尔系数看，1990 年至 2019 年近 30 年间，全国居民恩格尔系数的情况为：1990 年城镇为 54.2%，农村为 58.8%；2000 年城镇为 39.4%，农村为 49.1%；2010 年城镇为 35.7%，农村为 41.1%；[4] 2019 年城镇为 27.6%，农村为 30.0%。[5] 据此可知，近 30 年以来，我国恩格尔系数不断下降，居民生活水平日益提高。综上所述，通过我国国民收入、居民可支配收入与消费支出的增长以及恩格尔系数的不断下降，说明我国部分民众财富日益增加。

---

①　参见国家统计局：《中华人民共和国 2020 年国民经济和社会发展统计公报》，http://www. stats. gov. cn/tjsj/zxfb/202102/t20210227_1814154. html，发布日期：2021 年 2 月 28 日，最后访问日期：2021 年 3 月 2 日。

②　参见国家统计局：https://data. stats. gov. cn/easyquery. htm? cn=C01，最后访问日期：2020 年 12 月 26 日。

③　国家统计局：https://data. stats. gov. cn/easyquery. htm? cn=C01，最后访问日期：2020 年 12 月 26 日。

④　国家统计局：《城乡居民家庭人均收入及恩格尔系数（1990 年-2010 年）》，https://data. stats. gov. cn/easyquery. htm? cn=C01，最后访问日期：2020 年 12 月 27 日。

⑤　国家统计局：《中华人民共和国 2019 年国民经济和社会发展统计公报》，http://www. stats. gov. cn/tjsj/zxfb/202002/t20200228_1728913. html，发布日期：2020 年 2 月 28 日，最后访问日期：2020 年 12 月 27 日。

（二）民间借贷总量增多，债权债务关系日益复杂

从我国居民债务现状看，有学者指出，截至 2019 年第三季度末，我国居民部门信贷规模已经达到 52.92 万亿人民币，从增长趋势看，我国当前居民债务增长水平逐渐向发达国家水平靠拢，已经超过大部分发展中国家。从增长速度看，我国居民债务增速排名居于前位，已经超过美国金融危机前居民部门债务增速的峰值。① 从司法实践现状看，近年来，我国在网上进行登载的民间借贷纠纷案件从 1996 年开始出现，1996 年至 2020 年，近 25 年的时间，此类案件的数量分别是：1996 年 10 件、1997 年 1 件、1998 年 3 件、1999 年 2 件、2000 年 36 件、2001 年 149 件、2002 年 280 件、2003 年 135 件、2004 年 105 件、2006 年 89 件、2007 年 122 件、2008 年 369 件、2009 年 658 件、2010 年 2644 件、2011 年 5532 件、2012 年 12873 件、2013 年 72999 件、2014 年 363929 件、2015 年 537958 件、2016 年 1203082 件、2017 年 1823080 件、2018 年 2147006 件、2019 年 2390181 件、2020 年 1654823 件。② 由此可见，随着民众的财富不断增加，民间借贷纠纷数量也随之增长。其原因是，随着民众财产的日益增加，经济往来频繁，债权债务关系也日益复杂，进而导致借贷纠纷数量的上涨。

正如狄骥所言，"所有权是用以适配一种经济需要而成立的法律制度，它和其他各种法律制度一样必须随着经济需要的本身而演进"。③ 随着时代变迁与经济发展，人们的财富日渐增多，自然人的财产种类、继承观念、法律意识、维权路径等日益丰富、更

① 参见庄毓敏、张祎：《居民部门债务增长的宏观效应》，载《中国金融》2020年第 2 期，http://www.china.com.cn/opinion/think/2020-01/20/content_75632881.htm，最后访问日期：2021 年 2 月 19 日。

② 参见中国裁判文书网，https://wenshu.court.gov.cn/website/wenshu/181217BMTKHNT2W0/index.html? pageId = 5601bdb8366d81dce3e21efce8cdd970&s8 = 03，最后访问日期：2020 年 12 月 25 日。需要说明，2020 年的案件数量截止日期为 2020 年 12 月 25 日。

③ ［法］莱昂·狄骥：《〈拿破仑法典〉以来私法的普通变迁》，徐砥平译，中国政法大学出版社 2003 年版，第 139 页。

新、提升和拓展。① 社会所有领域的结构变迁产生了许多新的、需要法律予以调整的利益冲突，故法律需要对这些新诞生的利益冲突进行调整。② 摩尔根指出，"财产的发展应当与文明和发现的进步并驾齐驱。……财产种类的增加，必然促进它的所有权和继承权的某些规则的发展"。③ 继承法作为财产法，其也应随着经济发展而不断演进，遗产债务清偿制度的相关规则也应当随之发展与进步。

二、我国司法实践中遗产债务清偿纠纷增加的要求

（一）我国经济发展中遗产债务清偿纠纷增多之需要

当前我国已经是世界第二大经济体，国民生产总值也一直在持续增长。有学者指出，2006 年以来，中国对世界经济增长的贡献率连续 14 年全球排名第一。④ 伴随经济的迅速发展，民众掌握的财富日益增多，与此相伴随的是债权债务种类的复杂化，被继承人死亡后，债务纠纷也逐渐增多。在司法实践中，通过在网上进行类案搜索，以"被继承人债务清偿纠纷"作为案由的案件，截止到 2020 年共有 35190 件。根据有学者所进行的大数据的检索，继承纠纷在当前的案由分布中，最多的是法定继承纠纷，其次是被继承人债务清偿纠纷。⑤ 换言之，被继承人债务清偿纠纷占据第

---

① 参见王歌雅：《〈民法典·继承编〉：制度补益与规范》，载《求是学刊》2020年第 1 期。

② 参见［德］伯恩·魏德士：《法理学》，丁晓春、吴越译，法律出版社 2013 年版，第 21 页。

③ ［美］摩尔根：《古代社会》，杨东莼、马雍、马巨译，中央编译出版社 2007年版，第 385 页。

④ 中国新闻网：《专家：未来 5-10 年中国对全球经济增长贡献有望保持在 25%-30%》，https://baijiahao.baidu.com/s? id = 1684700126414330852&wfr = spider&for = pc，发布日期：2020 年 11 月 9 日，最后访问日期：2020 年 12 月 1 日。

⑤ 参见中国审判理论研究会民事审判理论专业委员会编著：《民法典继承编条文理解与司法适用》，法律出版社 2020 年版，第 263 页。

二位。

在中国裁判文书网上，笔者以"被继承人债务清偿纠纷"作为案由进行搜索，从 2002 年至 2020 年，登载上网的此类案件的数量分别是：2002 年 2 件、2004 年 1 件、2008 年 1 件、2009 年 7 件、2010 年 35 件、2011 年 48 件、2012 年 148 件、2013 年 246 件、2014 年 1235 件、2015 年 1754 件、2016 年 2931 件、2017 年 4397 件、2018 年 6467 件、2019 年 8269 件、2020 年 9124 件。[①] 由此可见，随着民众财富不断增加，财产样态日益多样化，债权债务日益复杂，被继承人债务纠纷的数量也随之增长。尤其是自 2014 年以来，被继承人债务纠纷的数量增速较快。

（二）解决司法实践审理遗产债务案件的困境之需求

2013 年时，就有法院部门的人员提出，我国《继承法》及《执行继承法意见》关注的重点是遗产债务的清偿范围与清偿责任主体，而对于清偿遗产债务与遗产分割的时间顺序、清偿保障制度、清偿责任形式等审判实践所关注的重点问题均未涉猎。故我国有关遗产债务清偿规则法律规范不健全、法律制度缺位，导致实践中出现下列问题：（1）事实要点不清，审理难；（2）责任形式不明，裁判难；（3）裁判流于形式，执行难。故此学者提出，应完善遗产管理制度和遗产清算制度，建立债权公告申报制度，明确相关主体的法律责任。[②]

后来，法院的课题研究人员专门就此类案件进行调研，指出在司法实践中出现的问题主要是针对多种债务清偿方式法院的裁

[①] 参见中国裁判文书网，https://wenshu.court.gov.cn/website/wenshu/181217BMT KHNT2W0/index.html? pageId = 5601bdb8366d81dce3e21efce8cdd970&s8 = 03，最后访问日期：2020 年 12 月 25 日。需要说明，2020 年的案件数量截止日期为 2020 年 12 月 25 日。

[②] 参见陈文文：《被继承人债务清偿纠纷审判实务若干问题探讨——兼论遗产债务清偿制度的完善》，载《东方法学》2013 年第 4 期。

判观点存在差异，遗产未分割时的责任承担方式有差异。① 同时，该课题组成员提出，被继承人债务清偿法律关系主要调整继承人与遗产债权人间的法律关系，司法实践中被继承人债务清偿纠纷类型多样，债权债务关系复杂，但我国现行法律与此相关的规定相对较少。故形成法律需求增加与供给不足之间的矛盾，进而导致被继承人债务清偿纠纷案件的审理困难重重。最后该课题组指出，我国法律应确立遗产管理人制度和债权公告申报制度，明确继承人清偿责任的形式。② "法律是一种不断完善的实践。"③ 故我们需要根据司法实践中出现的问题对遗产债务清偿制度予以补充完善。

三、尊重民众继承习惯之要求

拉德布鲁赫认为，人类灵魂的每一种基本活动都适用一种特定的应然法则，而道德、习惯和法律是规定我们的意愿和行为的伦理上的三种应然法则。这三种法则出现的顺序是习惯—法律—道德。④ 而继承法与具有民族色彩的民众继承习惯关系密切，民众的财产继承观念和遗产处理习惯是制定和修改继承法必须考虑的因素。⑤ 法律是民众生活中一种实际有效的力量，在与民众生活具有一定的关联性时，法律才能让民众信服，以实现其应有的效力。故一项法律只有在所适用的绝大多数案件中都切实可行，

---

① 参见北京市第三中级人民法院民一庭课题组：《被继承人债务清偿纠纷审判之疑难问题研究》，载《人民司法（应用）》2018 年第 25 期。

② 参见北京市第三中级人民法院民一庭课题组：《被继承人债务清偿纠纷审判之疑难问题研究》，载《人民司法（应用）》2018 年第 25 期。

③ ［美］德沃金：《法律帝国》，李常青译，中国大百科全书出版社 1996 年版，第 40 页。

④ ［德］拉德布鲁赫：《法学导论》（修订译本），米健译，商务印书馆 2017 年版，第 13 页。

⑤ 参见李洪祥：《民众继承习惯与〈继承法〉的立法完善》，载《社会科学辑刊》2018 年第 3 期。

才会"产生效力"。① 故法律在制定修改时，必须考虑传统的伦理习俗。②

（一）遗产债务清偿原则民众继承习惯之考察

2005 年陈苇教授主持的北京、重庆、武汉、山东等地区的民众继承习惯之调查，关于遗产债务清偿原则主要呈现以下趋势：③

表 1-1　四地区关于遗产债务清偿原则的趋势

地区（分年龄）	项目	人死债消		父债子还		承担限定责任	
北京	30-40 岁	2.3%	4.2%	47.5%	52.2%	47.5%	41%
	41-60 岁	5.2%		53.2%		38.1%	
	61-65 岁	2.9%		63.2%		30.9%	
重庆	29 岁及以下	3.9%	8.3%	35%	46.5%	55.5%	38.2%
	30-39 岁	8.7%		50.9%		33%	
	40-49 岁	9%		45%		37%	
	50 岁及以上	11.2%		53.5%		28.6%	
武汉	29 岁及以下	4.7%	7.2%	31.7%	34.4%	55.6%	52.9%
	30-39 岁	6.9%		30.9%		59.9%	
	40-49 岁	7.8%		40.8%		48.9%	
	50 岁及以上	10.0%		34.2%		44.2%	

---

① ［德］拉德布鲁赫：《法学导论》（修订译本），米健译，商务印书馆 2017 年版，第 14 页。

② Roscoe Pound, "Comparative Law and History As Bases for Chinese Law," *Harvard Law Review*, Vol. 61, No. 5, May 1948, p. 757.

③ 参见陈苇（项目负责人）：《当代中国民众继承习惯调查实证研究》，群众出版社 2008 年版，第 241-243、372-374、481-483、581-582 页。

续表

项目 地区（分年龄）		人死债消		父债子还		承担限定责任	
山东	20-39 岁	6.2%	6.4%	29.8%	41.2%	63.2%	51.5%
	40-59 岁	6.3%		61.9%		31.1%	
	60 岁及以上	9.3%		60.5%		27.9%	

关于遗产债务的清偿原则，在四个被调查地区中，实证调查统计数据情况如下：（1）在北京、重庆地区，选择"父债子还"的被调查者所占比例最高，选择"承担限定责任"的居于第二位，但是，选择"以遗产的价值为限承担遗产债务清偿责任"的，年龄越小的被调查者选择此项的人数越多。这说明，"父债子还"在年长者的思想中根深蒂固，在年龄较小的被调查者中得到了认同。（2）在武汉、山东地区，选择"承担限定责任"的被调查者占五成多，居第一位；选择"父债子还"的占三成半至四成，居第二位。并且选择承担限定继承责任的，随着年龄的增长呈递减趋势，这说明年龄越大，受传统观念的影响越深。由此可见，对遗产债务承担限定责任是民众观念所认同的趋势。

（二）遗产债权人利益保护的民众继承习惯之考察

关于遗产债权人利益保护的民众继承习惯，针对"继承人欠下债务无力偿还，而父母去世后留下遗产"，三地区的实证调查统计数据为：[1]

---

① 参见陈苇（项目负责人）：《当代中国民众继承习惯调查实证研究》，群众出版社 2008 年版，第 245、375、483-484 页。其中，重庆地区没有统计继承财产后是否会偿还债务，而山东地区对"继承人欠下债务无力偿还，而父母去世后留下遗产"没有统计。

表1-2　遗产债权人利益保护的民众习惯

项目 地区	不继承父母财产	继承父母财产①			看情况
北京	6.9%	84.9%	会还债	90.3%	8.2%
			不会还债	7.6%	
			不知道	2.1%	
重庆	9.2%	80.8%			7.8%
武汉	12.2%	69.5%	会还债	56.9%	18.3%
			不会还债	16.%	
			不知道	27.1%	

关于遗产债权人利益保护的民众继承习惯，上述实证调查统计数据显示的特征是：在被调查的三地区，即使继承人无力偿债，选择继承父母财产，不会逃避债务的也占近七成至八成半，而选择"不继承父母财产"和"看情况"的所占比例非常低。此外，在北京、武汉等地，被调查者继承财产后，选择会偿还自己债务的占比最高，而选择不会还债的所占比例最低。这说明，民众认为遗产债权人的利益应当受到保护。

（三）民众观念变化趋势之分析

如前所述，关于遗产债务的清偿方式，四地区被调查民众的选择主要集中在"父债子还"和"以遗产的价值为限承担遗产债务清偿责任"两个选项，其中北京和重庆两地区的被调查民众选择"父债子还"的占比居于第一位，而山东和武汉地区则选择"以遗产为限承担清偿责任"的占比最高。虽然各地民众观念存在一定差异，但是，保护债权人利益在被调查地区都是得到民众认

---

① 北京、武汉针对选择"继承父母遗产"的被调查者，分别统计了其继承财产后是否会用于偿还自己的债务。

可的。并且，限定清偿责任更得到年轻人的认可。[1] 而在 18 年之后的今天，限定继承观念会得到更多人的认可，故关于遗产债务清偿制度，在进行完善时应当尊重民众的意愿，在保护继承人利益的同时，也应当保护遗产债权人的利益。继承制度是人类历史上最古老的制度之一，具有显著的民族性，而传统的民族习惯是民族文化的重要组成部分，具有深厚的文化价值和民情基础。[2] 遗产债务清偿制度作为继承制度的重要内容，其发展和完善也应当与本国的民族传统习惯相适应。法律在任何时候都不可能脱离一定的社会结构和人民的日常生活现实，任何严格意义上的法律都是与特定的社会文化背景紧密相连的。[3] 因为法律与风俗习惯密不可分，其是社会的产物，并反映一定时期的社会结构。[4]

第三节　遗产债务清偿制度的立法原则、功能与价值构造

　　本节主要考察遗产债务清偿制度的立法原则、遗产债务清偿制度的功能与价值构造三方面的内容。首先，遗产债务清偿制度的立法原则有尊重继承人意愿原则、保护继承人和遗产债权人利益原则、保障弱者生存利益原则。其次，遗产债务清偿制度的功能为：一是平衡继承人与遗产债权人的利益。二是维护市场交易安全，保障继承领域的秩序。三是关于价值构造，应坚持公平、

---

　　[1]　参见陈苇（项目负责人）：《当代中国民众继承习惯调查实证研究》，群众出版社 2008 年版，第 74 页。

　　[2]　参见麻昌华：《论法的民族性与我国继承法的修改》，载《法学评论》2015 年第 1 期。

　　[3]　参见高其才主编：《当代中国的习惯法世界》，中国政法大学出版社 2018 年版，导言第 2 页。

　　[4]　参见瞿同祖：《中国法律与中国社会》，商务印书馆 2010 年版，导论第 7 页。

自由、秩序三方面的价值取向，其中第一位阶是公平价值，第二位阶是自由价值，第三位阶是秩序价值。

一、遗产债务清偿制度的立法原则

"法律原则是那些由法官作出判决时使用的原则，或者是由发展立法以供法官使用的人们所使用的原则。"[①] 法律原则的适用贯穿于法律实施的整个过程，按照法律原则的覆盖面，分为基本原则和具体原则。[②] 关于基本原则，遗产债务清偿制度要遵循民法典规定的平等、自愿、公平、诚实信用、绿色原则等基本原则。现代继承法是民法的重要组成部分，故遗产债务清偿制度以民法的基本原则为统帅。[③] 本节主要研究遗产债务清偿制度的具体原则。

（一）尊重继承人意愿原则

自愿原则是民法的基本原则，其表现在遗产债务清偿制度中，即为尊重继承人的意愿。在遗产债务的承担上，继承人既可以选择限定继承，也可以选择无限继承。但是，在限定继承制度中，继承人承担限定责任必须要制作遗产清单，作出限定继承的声明，即继承人对遗产债务承担有限清偿责任必须是有条件的。在域外，法国、德国、日本、瑞士等国立法都规定了继承人承担限定责任的条件，我国采取的则是当然的限定继承，即继承人无须作出限定继承的声明，也无须制作遗产清单，只要接受继承便承担有限清偿责任。而对于无限清偿责任，继承人可以选择自愿承担无限清偿责任。

---

① ［美］迈克尔·D. 贝勒斯：《法律的原则——一个规范的分析》，张文显等译，中国大百科全书出版社1995年版，第14页。

② 参见张文显主编：《法理学》（第五版），高等教育出版社2018年版，第112页。

③ 参见陈苇、冉启玉：《现代继承法的基本原则研究》，载陈苇等：《中国继承法理论与实践研究》，中国人民公安大学出版社2019年版，第5页。

（二）保护继承人和遗产债权人利益原则

当代继承立法非但要保护遗产继承人的利益，也要保护遗产债权人及其他利害关系人的利益。因此，这就决定了遗产债务清偿制度与遗产继承处于同等重要的地位。而在遗产债务清偿制度的法律关系中，除了涉及遗产债权人和继承人之间的关系，还涉及继承人的债权人。首先，为了保护继承人的利益，避免继承人承担因遗产继承带来的不利后果，大多数国家都建立了限定继承制度。同时，为避免过度保护继承人的利益，各国又相应地为承担限定继承责任设定了条件，如法国要求继承人作出限定继承的声明，并制作遗产清单，将遗产清单提交法院。德国要求继承人申请遗产管理或者遗产支付不能程序。葡萄牙要求按照诉讼法的规定申请进行司法上之财产清册程序而为之，或者通过参与正在进行的财产清册程序而为之。① 其次，在遗产债务的清偿程序上，大部分国家建立了遗产债务申报的通知与公告制度，要求遗产债权人在法定期限内申报债权，如德国对遗产债权的公示催告程序，法国要求限定继承的声明在国内公示。这一制度保障了遗产债权人的利益，避免遗产债权人因不知道继承的开始而错过请求清偿遗产债务的时间，同时，也提高了遗产分割的效率。最后，在法律责任方面，对于未按照遗产债务清偿程序申报债权，以及没有按照法律规定清偿债务的遗产债权人，都要承担一定的法律后果，如法国规定，未能在法定期限内申报债权的遗产债权人，则债权消灭。日本则规定只能就剩余遗产行使权利。对于未按照法定程序清偿债务的继承人或遗产管理人，要承担相应的损害赔偿责任。

（三）保障弱者生存利益原则

生存权是其他权利的基础，是"弱者受到国家救恤的权利"，

---

① 参见《葡萄牙民法典》第 2053 条。《葡萄牙民法典》，唐晓晴等译，北京大学出版社 2009 年版，第 374 页。

是国际人权公约中的相当生活水准权。①《经济、社会及文化权利国际公约》第 11 条第 1 款规定，每个人有权获得足够的生活用品，保障自己的生存权益。② 在遗产债务清偿制度中，一方面，在被继承人所遗留的财产不能清偿全部债务时，也应当为遗产酌给请求权人以及必留份权利人留有一定的遗产份额，以保障其生存，维持基本的生活。③ 优先清偿涉及特定民事主体生存权益的特定债权是继承法与其他财产法相区别的首要价值。另一方面，对工资等维持生存所需的劳动报酬之债、被继承人生前侵权之债等，应当优先清偿，以保障遗产债权人及其受其扶养人的基本生活水平。当代大部分国家的立法也体现了此种原则。

二、遗产债务清偿制度的功能

被继承人死亡后，有两种财产法律关系需要妥善处理，一是获得遗产继承权的继承人的范围与遗产的分配；二是遗产债务的清偿。④ 对于死者的债务如何处理，则是遗产债务清偿制度着重解决的问题。故遗产债务清偿制度的功能主要体现在两个方面，一是平衡协调继承人与遗产债权人的利益；二是通过协调二者的利益，维护市场交易安全，保障继承领域的秩序稳定。

（一）平衡继承人与遗产债权人的利益

个人所提出来的愿望、要求或需要称为利益，并且为维护社

---

① 参见王广辉主编：《人权法学》，清华大学出版社 2015 年版，第 140 页。

② 《经济、社会及文化权利国际公约》第 11 条第 1 款规定："本公约缔约各国承认人人有权为他自己的家庭获得相当的生活水准，包括足够的食物、衣着和住房，并能不断改进生活条件。"

③ 参见王巍：《民法典编纂视阈下遗产债务清偿顺序制度的理论评析与路径重塑》，载《河北法学》2019 年第 3 期。

④ 参见张玉敏：《继承法律制度研究》（第二版），华中科技大学出版社 2016 年版，第一版序言，第 1-2 页。

会的秩序，法律必须要对这些利益予以约束。① 法律为实现利益的平衡，需要对各种利益的矛盾予以协调。② 贯彻到继承领域，保护遗产债权人利益是民法诚实信用原则的体现和要求，现代世界主要国家都将保护遗产债权人利益作为继承领域的原则之一。③ 而保护遗产债权人利益主要体现在遗产债务清偿制度中，继承法不仅要关注其内部关系，也要注重调整外部关系。遗产债务清偿是遗产继承中必不可少的环节，因被继承人死亡，其所欠的债务已经无法由其本人偿还。④ 故根据法律之规定，此时被继承人的债务与积极遗产一同转移给其继承人，继承人作为其债务的继受者，应履行清偿债务的义务。当代社会，出于继承人和遗产债权人的利益受到平等保护，继承制度亟待处理两个问题，一是避免继承人因承担遗产债务而造成本身的权益被侵害；二是防止遗产债权人因被继承人死亡而导致债权实现受到阻碍。⑤

（二）维护市场交易安全，保障继承领域的秩序稳定

诚实信用是维护正常的市场秩序的前提和基础。⑥ 遗产继承既关系着继承人的利益，也与遗产债权人利益与社会秩序的安定密

---

① 参见［美］罗斯科·庞德：《通过法律的社会控制》，沈宗灵译，商务印书馆2017年版，第41页。

② 参见张斌：《现代立法中利益衡量基本理论初论》，载《国家检察官学院学报》2004年第6期。

③ 参见陈苇主编：《外国继承法比较与中国民法典继承编制定研究》，北京大学出版社2011年版，第65页。

④ 参见陈苇主编：《中国遗产处理制度系统化构建研究》，中国人民公安大学出版社2019年版，第292-293页。

⑤ 参见陈苇主编：《外国继承法比较与中国民法典继承编制定研究》，北京大学出版社2011年版，第31页。

⑥ 参见王利明等：《民法学（上）》（第六版），法律出版社2020年版，第44页。

不可分。① 就债务清偿而言，"欠债还钱"不仅蕴含着不需要证明的朴素正义的理念，也代表着整个社会秩序维护的观点。② 被继承人去世后，若其所欠的债务无法得到清偿，不但使遗产债权人的利益受损，也会对整个市场交易安全构成威胁。况且，处理被继承人死亡后其财产的继承和债务的清偿是继承立法的目的，"人死债消"并非一个以信用为根基的社会运转的原则。故继承立法及相关法律必须使遗产债务受到合理清偿。③ 通过立法对遗产债务清偿制度的内容加以规定，确保遗产债务能够被顺利清偿，这是遗产债务清偿制度建立的目的之一。④

三、遗产债务清偿制度的价值构造

法律是为实现一定价值的手段，其本身并不是目的。法律所要实现的价值被称为"法律价值"。⑤ 正如博登海默所言，"任何值得被称为法律制度的制度，必须关注某些超越特定社会结构和经济结构相对性的基本价值"。⑥ 我国遗产债务清偿制度作为继承法的基本制度，也有着自身的价值构造，并且在该制度所蕴含的价值中有着一定价值的位阶。

---

① 参见陈苇、秦志远、陈法：《论现代继承法的发展趋势及其对"中国民法典·继承编"的立法启示》，载陈苇等：《中国继承法理论与实践研究》，中国人民公安大学出版社 2019 年版，第 32 页。

② 参见陈英：《遗产继承与遗产债务清偿法律关系之考察》，载《政法论丛》2015 年第 6 期。

③ 参见陈苇主编：《外国继承法比较与中国民法典继承编制定研究》，北京大学出版社 2011 年版，第 547 页。

④ 参见陈苇主编：《中国遗产处理制度系统化构建研究》，中国人民公安大学出版社 2019 年版，第 293 页。

⑤ 张文显：《当代西方法哲学》，吉林大学出版社 1987 年版，第 181 页。

⑥ ［美］E. 博登海默：《法理学：法律哲学与法律方法》，中国政法大学出版社 2004 年版，"作者致中文版前言"。

（一）遗产债务清偿制度的价值取向

法作为客体所衍生的价值构成的价值系统是法的价值体系。[①]英国学者指出，秩序、公平、自由作为法律的首要目的，是法律制度的三个基本价值。[②]遗产债务清偿制度中体现着法的自由价值、公平价值和秩序价值。

1. 自由价值

法的自由，是指一定社会中人们按照自己的意愿进行活动，并得到法律保障的权利。换言之，自由是人的权利，并且需要法律的保障。[③]洛克指出，"法律按其真正的含义而言与其说是限制还不如说是知道一个自由而有智慧的人去追求他的正当利益……法律的目的不是废除或限制自由，而是保护和扩大自由"。[④]就法而言，自由对其有重要意义，自由是法律的进化基础和基本构成因素，是法律必须追求的基本目标。[⑤]法通过保障和扩展人的自由来保障人的生存，法应以自由为目的，确定自由的范围，对自由进行调控，并以自由为目标而加以限制。[⑥]

笔者认为，遗产债务清偿制度中的自由价值主要体现为：继承人对其所承担的遗产债务清偿责任享有选择权，其可以选择限定继承，对遗产债务承担有限清偿责任，也可以选择概括继承，对遗产债务承担无限清偿责任。同时，继承人也可以放弃继承，以解消自己对遗产债务的清偿责任。

---

① 参见卓泽渊：《法的价值论》（第三版），法律出版社2018年版，第115页。

② 参见［英］彼得·斯坦、约翰·香德：《西方社会的法律价值》，王献平译，中国人民公安大学出版社2004年版，第1、4页。

③ 参见卓泽渊：《法的价值论》（第三版），法律出版社2018年版，第253页。

④ ［英］洛克：《政府论》（下篇），叶启芳、瞿菊农译，商务印书馆2017年版，第35页。

⑤ 参见付子堂主编：《法理学进阶》（第五版），法律出版社2016年版，第94页。

⑥ 参见卓泽渊：《法的价值论》（第三版），法律出版社2018年版，第236页。

2. 公平价值

人类社会的一切生产活动，上层建筑中的各种因素以及一切形式的意识形态，都应该为了一个目的，即由个人组成的社会的存在、进步和发展。① 罗尔斯认为，正义即公平。② 美国学者认为，所有法律的精神和灵魂是真正和真实意义上的"公平"。③ 因而，对于法律而言，不管是实在法还是理性法，公平都具有重要意义，经常被视为法律的基本精神。④ 罗尔斯认为，处在原始状态的人将面临两个相当不同的原则：一是基本的权利和义务被平等分配；二是社会为最少受惠的社会成员填补利益时才是正义的，这即为社会和经济上的不平等。在这两个原则中，第二个原则应当对最弱势的群体有利，确保最弱势群体的利益。⑤ 换言之，弱势群体能够得到社会的特殊庇护，此为法律的公平价值。我国有学者认为，作为民法意义上的公平主要强调的应是权利和义务、利益和负担在相互关联的社会主体之间合理分配或分担。⑥

笔者认为，遗产债务清偿制度中的公平价值体现在两个方面：其一，保障弱者的生存利益。法律是社会关系的调节器，其着眼点是人，其应当考虑人的最基本的价值需求。⑦ 因为"对人而言，

---

① 参见付子堂主编：《法理学进阶》（第五版），法律出版社 2016 年版，第 103 页。

② 参见［英］雷蒙德·瓦克斯：《法哲学：价值与事实》，谭宇生译，译林出版社 2013 年版，第 67 页。

③ ［美］金勇义：《中国与西方的法律观念》，陈国平、韦向阳、李存捧译，辽宁人民出版社 1989 年版，第 79 页。

④ 参见卓泽渊：《法的价值论》（第三版），法律出版社 2018 年版，第 358 页。

⑤ 参见［美］约翰·罗尔斯：《正义论》（修订版），何怀宏、何包钢、廖申白译，中国社会科学出版社 2009 年版，第 12 页。

⑥ 参见赵万一：《民法的伦理分析》（第二版），法律出版社 2012 年版，第 89-90 页。

⑦ 付子堂主编：《法理学进阶》（第五版），法律出版社 2016 年版，第 104 页。

生之价值不可或缺"。[①] 保障了人的最基本的生存需要，才能论及其他。具体到遗产债务清偿制度中，则是在遗产不足以清偿债务时，应优先保障受被继承人扶养的人的基本生活。其二，承担遗产债务清偿责任上的公平。在我国古代与古罗马法时期，"父债子还"的原则导致继承人的利益受损，故为了协调两者之间的利益，限定继承制度逐步诞生。限定继承制度的产生，让继承人的遗产债务清偿责任限制在遗产范围内，其无须再以自己固有的财产偿还债务。现代许多国家继承法都规定继承人对遗产债务承担有限清偿责任，若立法要求继承人对遗产债务承担无限清偿责任，当遗产债务超过积极财产时，这对继承人及其债权人而言是不公平的。[②] 遗产债务清偿制度中涉及继承人与债权人之间的外部关系，关系到整个继承制度是否可以实行遗产的顺利分割，遗产债权人的债权是否能够实现，故此制度应当秉持公平原则。

3. 秩序价值

荀子有言："人生而有欲，欲而不得，则不能无求，求而无度量分界，则不能不争。争则乱，乱则穷。先王恶其乱也，故制礼义以分之。"[③] 秩序意味着在自然进程与社会进程中都存在某种程度的一致性、连续性和确定性。[④] 反之，关系的稳定性和结构的一致性的含混甚至消失则是"无序"或"脱序"的表现。若偶然的因素渗透到社会生活之中，行为的规则性和进程的连续性被打断，此时人们便会失去信心与安全感。[⑤] 从社会意义而言，秩序是法的

---

① ［日］星野英一：《私法中的人》，王闯译，中国法制出版社 2004 年版，第 1 页。

② 参见陈苇主编：《中国遗产处理制度系统化构建研究》，中国人民公安大学出版社 2019 年版，第 294 页。

③ 《荀子·礼论》。

④ 参见梁上上：《利益衡量论》（第二版），法律出版社 2016 年版，第 86 页。

⑤ 参见张文显：《法哲学范畴研究》（修订版），中国政法大学出版社 2001 年版，第 196 页。

最基本的价值。① 英国学者指出，社会秩序是与法相伴随的基本价值。② 因为法律秩序可以为人类社会提供抑制社会冲突而使社会处于和平状态的有效手段，民众日常的社会生活如人身自由、人格尊严、父母子女关系、财产关系以及婚姻家庭继承关系等，都需要以法律秩序为基础。③ 在继承法律制度中，只有在法律的规范作用下，才能使被继承人的遗产顺利进行分配，使社会得以维系和演进。继承法律制度既涉及家庭的内部关系，也涉及继承人与债权人之间的外部法律关系。而外部法律关系主要由遗产债务清偿制度进行维系。法律秩序保证社会成员毫无障碍地享受他们的权利，履行他们的法律义务，是法律规范和法制实际实现的结果。④

笔者认为，遗产债务清偿制度中蕴含的秩序价值体现为：其一，遗产债务范围的确定。法律首先规定遗产债务的范围，进而通过遗产债务申报通知与公告，明确遗产债务的内容，以制作准确的遗产清单。其二，法律通过规定遗产债务清偿责任，明确遗产债务的清偿顺序，保障被继承人死亡后，遗产债权人等利害关系人的债权得到清偿，避免因无序而导致的混乱。

（二）遗产债务清偿制度的价值位阶

法律制度体现着一定的价值。然而，这些法律价值也有自身的结构与内在关系。⑤ 因此，在诸多法律价值中，必须有一定的位阶，在多种价值发生冲突时，以进行价值的选择与取舍。

① 参见卓泽渊：《法的价值论》（第三版），法律出版社 2018 年版，第 341 页。
② ［英］彼得·斯坦、约翰·香德：《西方社会的法律价值》，王献平译，中国人民公安大学出版社 2004 年版，第 38 页。
③ 参见周旺生：《论法律的秩序价值》，载《法学家》2003 年第 5 期。
④ 参见［苏］J. T. C. 雅维茨：《法的一般理论——哲学和社会问题》，朱景文译，辽宁人民出版社 1986 年版，第 203 页。
⑤ 参见卓泽渊：《法的价值论》（第三版），法律出版社 2018 年版，第 116 页。

1. 确定遗产债务清偿制度价值位阶的意义

当不同或者同类价值出现冲突时，法律以何种标准进行评价，此为法的评价准则，也是法的价值含义之一。[1] 伴随社会日新月异的发展变化，民众的价值观也随之改变，公民价值观与法律规定的价值标准之间出现紧张关系已不足为奇。[2] 秩序、自由、正义等价值准则被包含在法的价值准则体系中，这些价值准则体系之间存在一定的层次差异。但是，价值准则的地位并非一成不变，哪一个价值更重要，由主体的需要所决定。故我们无法建立一个永恒不变的价值准则等级体系。[3]

就具体法律制度而言，法律价值冲突也是时有发生的。即使在同一法律制度中也会存在价值冲突，因为一个法律制度所调整的社会关系、价值主体以及价值目标都是多元化的。[4] 解决法律价值冲突与矛盾是法的价值研究的重要目的。因为法的价值冲突解决得好坏关系着是否能够获得最佳的法的效益。[5] 而明确价值位阶，便会涉及价值判断问题。有学者指出，价值判断是民法中的核心问题，民法就是通过设置相应的规则，对特定类型冲突的利益关系进行协调，从而维护社会秩序和谐。民法依据特定的价值取向对发生冲突的利益关系进行取舍，或者安排利益实现的先后顺位的过程，就是一个作出价值判断的过程。[6] 价值位阶是解决同一法律制度中不同主体间利益冲突的途径，就其本质而言，价值位阶，代表着民事主体的不同利益位阶，是指各种民事利益的排

---

[1] 参见沈宗灵主编：《法理学》（第二版），北京大学出版社2003年版，第61页。

[2] ［德］伯恩·魏德士：《法理学》，丁晓春、吴越译，法律出版社2013年版，第22页。

[3] 参见卓泽渊：《法的价值论》（第三版），法律出版社2018年版，第121-122页。

[4] 参见卓泽渊：《法的价值论》（第三版），法律出版社2018年版，第513页。

[5] 参见卓泽渊：《法的价值论》（第三版），法律出版社2018年版，第511页。

[6] 参见王轶：《民法价值判断问题的实体性论证规则——以中国民法学的学术实践为背景》，载《中国社会科学》2004年第6期。

列顺位。换言之,价值位阶就是在各种利益存在冲突时,应优先实现哪一种利益。①

2. 遗产债务清偿制度价值位阶的确定

前述自由、公平、秩序三者之间,在遗产债务清偿制度中也存在基本价值的先后位阶之分。关于价值位阶的考量因素,有学者指出应当从有关个人的生命、健康等基本法律价值的联系程度、与人格尊严的联系程度,与社会公共利益的联系程度,与经济秩序的联系程度等几个方面进行考虑。② 对于遗产债务清偿制度,价值冲突主要发生在遗产不足以清偿全部债务时,多种债务并存时如何进行衡量与选择?通过价值位阶的确定,实现继承人与遗产债权人之间利益的平衡。关于遗产债务清偿制度的价值位阶,在进行价值排列时,应考量以下因素:

(1) 基本生存权益的维护。我国《民法典》第110条第1款明确规定,自然人享有生命权、身体权、健康权等权利。生命权、健康权是基本的人身权利,其中生存权是生命权的基础,是生命权的构成部分与必然需求。③ 当生命健康权与其他权益出现矛盾时,生命健康权应被优先保护。④

(2) 尊重继承人的意思自治。意思自治贯穿于民法之中,是民法最基本的精神体现。该原则奠定了民法作为市民社会基本法的地位,我国《民法典》以私法自治和人文关怀作为基本的价值理念,因此,私法自治必须贯穿在各分编之中。⑤ 遗产债务清偿制度作为继承编的重要组成部分,也应尊重继承人的意思自治。该原则体现在遗产债务清偿制度中,即为继承人有选择是否对遗产

---

① 参见王利明:《民法上的利益位阶及其考量》,载《法学家》2014年第1期。

② 参见王利明:《民法上的利益位阶及其考量》,载《法学家》2014年第1期。

③ 参见卓泽渊:《法的价值论》(第三版),法律出版社2018年版,第511页。

④ 参见王利明:《民法上的利益位阶及其考量》,载《法学家》2014年第1期。

⑤ 参见王利明等:《民法学(上)》(第六版),法律出版社2020年版,第39页。

债务承担无限清偿责任的自由。自由是人的主体性的表现，是人类发展的动力。因此，自由需要法律保障，在有法律保障的情况下，自由才可能是稳定的和现实的。[1]

（3）社会经济的发展。在遗产债务清偿制度中，除保护继承人与遗产债权人的生存利益外，交易安全也应得到维护。在保障遗产债权人与继承人利益平衡的基础上，才能保障社会的秩序。若自然人死亡后，其所遗留的债务无法被适当清偿，债权人的利益受到损害，这不利于交易安全的维护，进而阻碍社会经济的进步与发展。

综上所述，在遗产债务清偿制度涉及的法律价值中，公平价值包含着对生存权益的保障。因此，在遗产债务清偿制度中，应首先保障公平，让遗产债权人等遗产利害关系人和受被继承人扶养的继承人的基本生活得到保障，实现弱者利益的保护。在保障生存权益的基础上，才有选择的自由。公平与自由是实现法的秩序的基础，在公平与自由都得到保障之后，才会有社会秩序的稳定。故遗产债务清偿制度的价值位阶是：公平价值是保障，自由价值是基础，在公平与自由实现的前提下，社会的秩序才能得到维护。

---

[1] 参见张文显主编：《法理学》（第五版），高等教育出版社 2018 年版，第 329 页。

第二章 遗产债务清偿制度的历史演进研究

任何制度的诞生都有其特定的社会背景和历史渊源。要全面了解一项制度，就需要明确该制度产生的背景，了解其发展的历史脉络，从该制度的源头进行考察与分析。因为法律是历史的产物，历史则难以被完全抛弃，甚至反而会作为某种传统被继承。[①] 正如有学者所言，一切社会现象都有其产生、发展的历史，考察制度的发展历史，可以使我们明确某种法律现象的产生、发展过程，从而把握法律现象与经济、政治、文化相互作用的历史脉络，以深化我们对法律问题的认识。[②] 本章主要考察我国和域外遗产债务清偿制度的历史演进，通过纵向与横向的对比，分析该制度历史发展中所体现的共性与特性，以深化对遗产债务清偿制度的研究。

第一节 中国遗产债务清偿制度的历史演进

本节主要考察中国古代、近代和现代遗产债务清偿制度的演

---

① 参见黄忠：《论民法典后司法解释之命运》，载《中国法学》2020年第6期。

② 参见张文显主编：《法理学》（第五版），高等教育出版社2018年版，第12页。

进，通过研究此制度在中国从古至今的发展与变化，总结其在中国演进中所呈现的特征与趋势。

一、中国古代法之遗产债务清偿制度

继承制度是历史发展到一定阶段的产物，在原始社会时期，人类生活非常艰苦，没有任何可供继承的财产。到母系氏族公社时期，生产力水平低下，产品数量有限，即便是氏族首领也没有多少私有财富。他们的主要财产如土地、住房、家畜和其他生产资料都是公有的，个人的财产仅限于少量随身携带的工具或武器以及一些陶器、装饰品等日常生活用具。到父系氏族社会，剩余产品增多。随着私有制与家庭的发展，剩余财产逐渐增加，上古时期出现了财产继承和部落联盟首领世袭的现象。[1]

进入封建社会时期，家产由家族（数代同堂）共同所有。家族中的家长统管家产，未经家长许可，一般家庭成员没有权利使用、处分家产。在家庭成员死亡后，遗产仍然包含在家产之中，属于家庭共同所有。只有当大家庭无法继续维持时，才会分家析产。因此，我国古代的财产继承与现代的遗产继承是不同的。当时，继承分为身份继承和财产继承，财产继承和身份继承合为一体，并且财产继承成为身份继承的附庸。身份继承主要是政治利益和荣誉等权力的转移，财产继承则是积极财产和遗产债务的转移。当时的人们因政治地位不同，所继承的被继承人的权利义务内容也不同。贫苦人民需要继承被继承人对国家和剥削者的应履行的义务，如在继承土地占有使用权的同时也要继承交租义务。[2]根据我国古代相关法律的规定，如果家庭中的尊亲属死后留下债务，则直系卑亲属需要对其债务承担无限清偿责任。即使父母健在，对于父亲所欠的债务，债权人也可以向其子女索债。这便是

---

① 参见程维荣：《中国继承制度史》，东方出版中心 2006 年版，第 14、22 页。
② 参见李志敏：《中国古代民法》，法律出版社 1988 年版，第 59 页。

中国古代长期盛行的"父债子偿"。①

在封建时代，"父债子还"已经成为一种民间习惯，深入人们的思想之中。例如，在秦朝，债权债务是一种变相的财产，也是继承的重要内容。这种继承的实质是共同继承被继承人的权利与义务。② 根据《金布律》，官吏因类似于"公罪"所发生之债，如"吏坐官以负赏（偿）"，"及恒作官府以负责（债）"予以免除，反映了父亲死亡后，所遗留的债务应由他的儿子承担。③ 在汉朝的资料中有记载："即有物故，知责家中见在者"，意思是如果债务人死亡，则家中的"见在"者（"同居"者）要代为偿还债务，即债权人可以向债务人的家人追索。④ 在魏晋南北朝时期，以债务人的妻子、儿女作为保证人担保债务履行的家属连带担保方式出现。若债务人到期无法履行债务，则由其妻子儿女代为履行。有学者指出，这也是"父债子还"在法律上的体现。⑤ 到了唐代和元明清时代，仍然采用"保人代还"的原则。此时的"保人代还"，是指如果债务人健在，保人没有代还的责任。但是，即使债务人的后代子孙没有作为保人，也要承担无限连带清偿责任。⑥ 此外，在元代，继承人不仅要继承财产，还要继承原财产所有者的赋税差役。⑦

据此可知，在中国古代，继承人要对被继承人的遗产债务承担无限清偿责任，即在遗产不能清偿债务时，还要以自己固有的财产清偿遗产债务。因此，在当时实行的是"概括继承"制度。

---

① 参见刘春茂：《中国民法学·财产继承》，中国人民公安大学出版社 1990 年版，第 557 页。

② 参见张晋藩主编：《中国民法通史》，福建人民出版社 2003 年版，第 125 页。

③ 睡虎地秦墓竹简整理小组：《睡虎地秦墓竹简》，文物出版社 1978 年版，第 63 页。

④ 参见霍然：《父债子还的法文化分析》，东北师范大学 2019 年硕士学位论文。

⑤ 参见张晋藩主编：《中国民法通史》，福建人民出版社 2003 年版，第 279 页。

⑥ 参见郭建：《中国财产法史》，复旦大学出版社 2018 年版，第 135、137 页。

⑦ 参见张晋藩主编：《中国民法通史》，福建人民出版社 2003 年版，第 762 页。

正如有学者所言，"长久以来中国自有一套关于继承的风俗习惯。相比于现代罗马法和大陆法系民法典中发展而来的继承理念，中国的继承更像是古罗马的概括继承"。①

二、中国近代法之遗产债务清偿制度

我国近代时期从 1840 年鸦片战争爆发开始至 1949 年中华人民共和国成立结束。在此期间中国经历了清朝晚期、北洋政府时期、南京国民政府时期和新民主主义革命时期，半殖民地半封建社会从形成到瓦解。1840 年鸦片战争爆发后，大批传教士到中国传教，使得西方资产阶级的法律文化逐渐输入中国，中国传统的法律文化受到挑战。为此，中国近代开始进行法律变革，模仿西方国家的法律，颁布新的法律文本。本部分主要考察清末晚期 1911 年的《大清民律草案》、北洋政府时期 1926 年的《民国民律草案》、南京国民政府时期 1930 年的《中华民国民法》以及新民主主义革命时期中国共产党颁布的法律、条例和政策中有关遗产债务清偿制度的规定。

（一）清朝晚期的遗产债务清偿制度

在晚清政府终结前的最后几年，由于当时外国资本主义的经济侵略，中国历史悠久的自然经济结构遭到破坏。随着以资产阶级民主、法治、三权分立为主要内容的西方法文化输入，传统的宗法伦理受到严重冲击，国内社会经济、政治、文化所发生的巨变，为制定《大清民律草案》提供了客观基础，开始了变法修律的历史进程。1910 年年底，民律草案初稿制定完成。《大清民律草案》仿照大陆法系民法的体系，分为总则、债权、物权、亲属、继承五编，共 36 章。② 遗产债务清偿制度被规定在第五编"继承"

---

① ［美］罗斯科·庞德：《中国法律之基石：比较法和历史》，熊丙万等译，载《财经法学》2019 年第 1 期。

② 参见张晋藩主编：《中国民法通史》，福建人民出版社 2003 年版，第 1104-1107、1118、1120 页。

中。在《大清民律草案》中，中国法学开始统一使用"继承"。①
该草案所规定的遗产债务清偿制度的主要内容是：

1. 遗产债务范围

继承人从继承开始时起，要承担被继承人财产上的一切义务。
同时，继承财产的相关费用如遗嘱执行费、特留份财产、遗产酌
给份额等从遗产中支付。②

2. 遗产债务申报通知与公告

遗产管理人应声请审判衙门依公示催告程序，公告债权人及
受遗赠人申报债权，并作出是否接受遗赠的声明。对于已知的遗
产债权人和受遗赠人，遗产管理人应当通知，并且先清偿债权，
后交付遗赠。债权人或受遗赠人非在公告期间届满后，不得请求
清偿债权或交付遗赠。若在期限内不作出声明的，只能对剩余财
产行使请求权。但是，已经为管理人所知的债权人或者受遗赠人，
不在此限。③

3. 遗产债务清偿责任

继承人可以以自己所继承的被继承人的财产承担债务清偿责
任，也可以自愿选择以自己固有的财产清偿遗产债务。④ 也就是
说，在《大清民律草案》中，遗产债务清偿责任的主体是继承人。
遗产债务清偿责任分为有限清偿责任与无限清偿责任。原则上实
行的是限定继承责任，但是继承人可以自愿承担对遗产债务的无
限清偿责任。

---

① 参见俞江：《继承领域内冲突格局的形成——近代中国的分家习惯与继承法移
植》，载《中国社会科学》2005 年第 5 期。

② 《大清民律草案》第 1463、1469、1470、1535、1543 条，参见杨立新主编：
《中国百年民法典汇编》，中国法制出版社 2011 年版。以下本文中所引用的《大清民律
草案》的条文均出自此书。

③ 参见《大清民律草案》第 1556、1558、1564、1566 条。

④ 参见《大清民律草案》第 1462 条。

4. 遗产债务清偿顺序

该草案未明确遗产债务的清偿顺序，但是相关条文有所涉及。根据《大清民律草案》的规定，遗产债务清偿顺序是：被继承人生前所负债务、特留份之债、遗赠之债、赠与之债。关于继承费用，该草案只是规定执行遗嘱费用不能动用特留份财产。[①]

关于遗产债务清偿制度，该草案虽然在一定程度上保护了债权人和受遗人的利益，但是，它将家族传承至于首位，而不顾个人利益得失，仍然带有浓重的封建色彩。然而，因《大清民律草案》在被制定完成后，辛亥革命爆发，清王朝的统治迅速结束，故该草案并未实行。

（二） 北洋政府时期的遗产债务清偿制度

1912 年 3 月至 1928 年 6 月这一时期，军阀混战，社会动荡，但是近代法律事业一直在发展，北洋军阀政府将清末的各项法定及相关草案进一步完善，修订完成了《民国民律草案》。[②] 北洋政府修订法律馆在 1925 年至 1926 年迅速起草完成了新的民法典草案——《民国民律草案》。《民国民律草案》是中国近现代民法发展史上的一个重要里程碑。《民国民律草案》分为总则编、债编、物权编、亲属编、继承编。[③] 关于遗产债务清偿制度，《民国民律草案》的规定如下：

1. 遗产债务范围

该草案规定，遗产债务包括：（1） 被继承人生前所欠的债务；（2） 遗产费用如管理人遇有与所继人宗祧有关之必要费用、遗产管理人报酬、遗嘱执行费用、丧葬费用；（3） 继承开始时的债务如特留份之债、生前赠与、遗赠之债、受被继承人扶养者之扶养

---

① 参见《大清民律草案》第 1535、1545、1546 条。

② 参见张晋藩主编：《中国民法通史》，福建人民出版社 2003 年版，第 1143 页。

③ 参见张晋藩主编：《中国民法通史》，福建人民出版社 2003 年版，第 1146-1147、1149 页。

费等。①

2. 遗产债务申报通知与公告

关于遗产债务申报通知与公告的主体与期限：（1）限定承认人发出通知与公告。遗产继承人欲为有限承认时，经核准后，须于5日内请法院依公示催告程序公告遗产债权人及受遗赠人为有限承认，令其在一定期间内申报债权及作出是否接受遗赠的说明。公告期间必须在2个月以上。②（2）遗产债权人或受遗赠人发出通知与公告。在被继承人去世后，继承债权人或受遗人可以向法院申请遗产分离。在遗产分离得到法院的准许后，继承债权人或受遗人应在5日内向法院声请公示催告程序，公告遗产已经核准分离的，要求其他遗产债权人或受遗赠人在一定期间内参加分配。③

关于遗产债务申报通知与公告的效力，在公告期限内，遗产继承人不得偿还债务及遗赠。④ 在公告期限届满后，对于请求分离人、已知的债权人、在公告期内申报债权的遗产债权人、受遗赠人，不论其债权是否到期，均须依其债权额的比例算定，用遗产偿还。但不得害及有优先权人之权利。对于未提出声明且为遗产继承人所不知的遗产债权人及受遗赠人，仅得对剩余遗产行使其权利。但遗产中已有特别担保的，不在此限。⑤ 各遗产继承人，在分析遗产时，必须先清偿遗产债务，如果债务未到清偿期，或者在诉讼中的，需要保留相当金额，以备偿还。⑥ 遗产中若有条件或期间长短不确定以及丧葬费用、遗产费用不能确定的，其价额应

① 参见《民国民律草案》第1371、1400、1403、1482、1491、1493条，参见杨立新主编：《中国百年民法典汇编》，中国法制出版社2011年版。以下本文中所引用的《民国民律草案》的条文均出自此书。

② 参见《民国民律草案》第1363条。

③ 参见《民国民律草案》第1511、1513条。

④ 参见《民国民律草案》第1364条。

⑤ 参见《民国民律草案》第1364、1365、1370、1510-1513条。

⑥ 参见《民国民律草案》第1383条。

由应得特留财产人，呈请法院选定鉴定人，估价算定。①

3. 遗产债务清偿责任

（1）遗产债务清偿责任主体。遗产继承人接受继承，负有偿还被继承人的债务或遗赠的义务。② 遗嘱人以遗产全部遗赠于一人的，受遗赠人对于继承遗产上的一切权利义务，与遗产继承人相同。③ 由此可知，遗产债务的清偿责任主体为继承人和概括受遗赠人。

（2）遗产债务清偿责任类型。遗产债务的清偿责任分为有限清偿责任与无限清偿责任以及共同清偿责任。自继承开始时起3个月内，遗产继承人作出无限继承或有限继承的选择。④

其一，有限清偿责任。该草案规定，遗产继承人准备承担有限清偿责任的，须在知道继承开始时起3个月内制作遗产清册，并作出其为限定继承的声明的陈述，向法院申请核准。⑤ 遗产继承人承担有限清偿责任时，对被继承人的债务或遗赠在遗产的实际价值内偿还。⑥

其二，无限清偿责任。1）自愿的无限清偿责任。遗产继承人为无限承认时，完全继承所继承人之权利义务。遗产继承人为无限承认时，对所继人之债务，负连带之责任。⑦ 2）强制的无限清偿责任。在下列情形下，继承人承担无限清偿责任：①未在法定期限内作出有限承认的。②在为无限承认以前或为有限承认以后，对于遗产管理或被继承人的业务继续上有不必要之行为的。③在为无限承认以前或为有限承认以后，对遗产有隐匿或处分行为的。

---

① 参见《民国民律草案》第1491条。
② 参见《民国民律草案》第1358条、第1361条第1款。
③ 参见《民国民律草案》第1455条。
④ 参见《民国民律草案》第1354条。
⑤ 参见《民国民律草案》第1354、1362条。
⑥ 参见《民国民律草案》第1361条第1款。
⑦ 参见《民国民律草案》第1358、1359条。

但是保全行为不在此限。④在为无限承认以前或为有限承认以后，意图诈害遗产债权人或者受遗赠人，在财产清册上伪载债权的。⑤在为无限承认以前或为有限承认以后，遗产债权人或受遗赠人请求报告遗产状况或为必要说明的，予以拒绝或故意迟延的。①

其三，继承人的共同清偿责任。分析遗产后，未清偿之所继人债务，或改归某人承受，或划归各人分担，以经债权人承诺为限，各遗产继承人，得免除连带责任。债务承受或分担，经债权人承诺后，遗产继承人如有代为清偿或所偿之数较已所承受债务有逾额者，该遗产继承人，对应负偿还责任之人，有求偿权。②

据此，有学者认为该草案虽然赋予继承人选择"无限继承"和"有限继承"的权利，但是立法者倾向于继承人对遗产债务承担无限清偿责任。因为有限承认不仅设有法定条件，程序烦琐，而且继承人很容易因没有履行法定义务而承担无限清偿责任。③

4. 遗产债务清偿顺序

根据《民国民律草案》的规定，关于遗产债务的清偿顺序，按照债权比例进行清偿。在没有清偿债权后，不得清偿遗赠。④关于继承开始时所产生的债务，其清偿顺序为：享有优先权之债、一般债权、特留份之债、遗赠之债、赠与之债。⑤

（三）南京国民政府时期的遗产债务清偿制度

1927 年至 1949 年为南京国民政府统治时期。⑥南京国民政府成立之初，即责成法制局起草民法典。1929 年 5 月至 1930 年 12 月《中华民国民法》各编草案相继颁布，并由立法院审议通过。

---

① 参见《民国民律草案》第 1360 条。

② 参见《民国民律草案》第 1394-1395 条。

③ 参见张晋藩主编：《中国民法通史》，福建人民出版社 2003 年版，第 1180 页。

④ 参见《民国民律草案》第 1366 条。

⑤ 参见《民国民律草案》第 1494、1495 条。

⑥ 参见张晋藩主编：《中国民法通史》，福建人民出版社 2003 年版，第 1192 页。

这是中国历史上正式颁行的第一部民法典。①

《中华民国民法》在继承清末政府和北洋政府的民律草案的基础上，吸收大陆法系国家的民法典（其中主要是日本和德国的民法典）的民事立法原则，分为总则、债、物权、亲属、继承，共5编。② 关于遗产债务清偿制度的规定如下：

1. 遗产债务范围

遗产债务范围包括酌给遗产份额、遗产管理、分割及执行遗嘱费用。但因继承人过失而支付的，不在此限。③

2. 遗产债务申报通知与公告

承担限定责任的继承人，将制作完成的遗产清单呈报法院时，法院应以公示催告程序公告，通知被继承人的债权人在一定期限内申报债权。公告期限不得在3个月以下。④ 继承人在公告申报债权期限内，不得对任何债权人偿还债务。⑤ 在申报期限届满后，继承人对申报债权者及已知债权人，以遗产进行偿还。⑥ 被继承人的债权人未在法定期限内报明债权，并且继承人也不知的，仅得就剩余遗产行使权利。⑦

3. 遗产债务清偿责任

（1）遗产债务清偿责任主体。遗产债务清偿责任主体是继承

---

① 参见张晋藩主编：《中国法制史》（第五版），中国政法大学出版社2016年版，第376页。

② 参见张晋藩主编：《中国民法通史》，福建人民出版社2003年版，第1199-1200页。

③ 参见《中华民国民法》第1148、1149、1150条，参见杨立新主编：《中国百年民法典汇编》，中国法制出版社2011年版。以下本书中所引用的《中华民国民法》的条文均出自此书。

④ 参见《中华民国民法》第1157条。

⑤ 参见《中华民国民法》第1158条。

⑥ 参见《中华民国民法》第1156-1159条。

⑦ 参见《中华民国民法》第1162条。

人。继承人包括法定继承人与遗嘱继承人。[①]

（2）遗产债务清偿责任类型。根据《中华民国民法》的规定，遗产债务清偿责任包括以下几种类型：

其一，有限清偿责任。继承人可在继承遗产的范围内承担偿还被继承人债务的责任。自继承开始时起3个月内，限定继承人应将遗产清单提交至法院。若3个月期限内不能完成，继承人可以向法院申请延期。法院认为有必要的，可以允许继承人延期。在有多个继承人时，一人作出限定继承意思表示的，对其他继承人也产生效力。[②]

其二，无限清偿责任。1）自愿的无限清偿责任。继承人自继承开始时，可以自愿选择承担无限清偿责任。[③] 2）强制的无限清偿责任。在下列情形下，继承人不得主张限定清偿责任：①隐匿遗产；②制作虚假遗产清单；③为欺诈被继承人债权人的权利而处分遗产。[④]

其三，继承人的共同清偿责任。有两个以上继承人的，其对被继承人的债务负连带责任。但在内部，继承人应按照应继份额承担债务。[⑤] 遗产分割后，尚未清偿的被继承人债务，可以由部分继承人承担，也可以让各个继承人分担。在得到债权人的允许后，各继承人的连带责任可以被免除。从遗产分割时起，经过5年，继承人的连带责任免除。若债权在遗产分割后清偿期限届满，则自清偿期限届满时起算。[⑥]

4. 遗产债务清偿顺序

公示催告期限届满后，对于已知的债权和在法定期间内申报

---

① 参见《中华民国民法》第1148、1183、1187条。
② 参见《中华民国民法》第1154、1156条。
③ 参见《中华民国民法》第1148条。
④ 参见《中华民国民法》第1163条。
⑤ 参见《中华民国民法》第1153条。
⑥ 参见《中华民国民法》第1171条。

债权的遗产债权，继承人应根据实际继承的份额承担清偿责任。继承人对于在该期间内报明的债权及继承人所知的债权，根据其继承遗产的比例进行偿还。但不得损害有优先权人的利益。① 继承人偿还债务后，才能交付遗赠。② 如果特留份额不足，则应从遗赠财产中扣减，即特留份之债的顺序优先于遗赠之债。③ 据此可知，遗产债务的清偿顺序为：已经申报的债务、特留份、遗赠。继承费用应随时支付。④ 对于遗产酌给份额的清偿顺序无规定。

（四）新民主主义革命时期的遗产债务清偿制度

在新民主主义革命时期，中国共产党在其建立的民主革命根据地，运用法律武器改革旧的继承制度。在颁布的有关法律、条例和政策中，否定了宗祧继承制度，确立了男女平等原则。⑤ 在抗日战争初期，边区政府制定了《陕甘宁边区继承处理暂行办法》，其中第6条规定，继承人得限定以所继承之遗产，作为偿还被继承人债务的范围。第4条规定，被继承人生前所继续扶养之人，在继承开始时，有请求酌给遗产之权利，但以受扶养人无生活能力者为限。⑥ 由此可知，当时继承人对遗产债务承担限定继承责任。

三、中国现代法之遗产债务清偿制度

此部分主要考察我国1985年《继承法》⑦ 出台前后的相关立法以及2020年《民法典》⑧ 继承编及司法解释中有关遗产债务清

① 参见《中华民国民法》第1159条。
② 参见《中华民国民法》第1160条。
③ 参见《中华民国民法》第1225条。
④ 参见《中华民国民法》第1150条。
⑤ 参见陈苇主编：《婚姻家庭继承法学》，法律出版社2002年版，第412-413页。
⑥ 参见张晋藩主编：《中国民法通史》，福建人民出版社2003年版，第1328页。
⑦ 1985年颁布的《中华人民共和国继承法》，以下简称为1985年《继承法》。
⑧ 2020年《中华人民共和国民法典》，以下简称2020年《民法典》。

偿制度的规定。[1]

（一）1985 年《继承法》颁布之前的遗产债务清偿制度

1963 年《最高人民法院关于贯彻执行民事政策几个问题的意见》规定，被继承人生前的合法债务以遗产进行清偿。[2] 1984 年《最高人民法院关于贯彻执行民事政策法律若干问题的意见》第 49 条规定，继承人在遗产范围内负责偿还被继承人生前所欠的合法债务。但其所欠的债务是由于继承人可以尽抚养义务而未尽导致的，即使遗产无法清偿全部债务，继承人也要以其固有的财产偿还。两个以上的继承人应根据各自的经济情况，合理分担被继承人的债务。同时，该意见第 43 条规定，遗产应适当分给下列继承人一部分：（1）法定继承人以外的依靠被继承人生活的未成年人；（2）法定继承人以外的无劳动能力的人；（3）法定继承人以外的对被继承人扶助较多的人。可见，遗产债务清偿制度的内容为：（1）遗产债务范围。遗产债务包括被继承人生前所欠的合法债务。（2）遗产债务清偿责任。其一，遗产债务清偿责任主体为继承人。其二，遗产债务清偿责任类型。①限定清偿责任。继承人在实际继承的遗产范围内偿还遗产债务。②无限清偿责任。有能力而不尽抚养义务导致被继承人欠债的，继承人承担无限清偿责任。③共同清偿责任。两个以上的继承人，应根据各自的经济情况合理分担被继承人的债务。

（二）1985 年《继承法》中的遗产债务清偿制度

1985 年 4 月 10 日，《继承法》颁布，同年 9 月，《执行继承法意见》公布。[3] 这标志着我国社会主义继承法制建设进入新阶段。

---

① 必须说明，关于中国现代的遗产债务清偿制度，本书只以中国内地立法的相关规定作为研究对象，中国香港、澳门、台湾三地区除外。

② 参见《最高人民法院关于贯彻执行民事政策几个问题的意见》（1963 年 8 月 28 日）"六、继承问题"。

③ 1985 年颁布的《最高人民法院关于贯彻执行〈中华人民共和国继承法〉若干问题的意见》，以下简称 1985 年《执行继承法意见》。

关于遗产债务清偿制度，我国 1985 年《继承法》及其司法解释规定了继承开始的通知、遗产债务的无条件的有限清偿责任与自愿的无限清偿责任，并规定了部分遗产债务的清偿顺序。

（三）2020 年《民法典》继承编中的遗产债务清偿制度

2020 年颁布的《民法典》中延续了 1985 年《继承法》有关继承开始的通知、遗产债务的清偿责任类型、遗产债务的清偿顺序，[①] 新增了遗产管理人制度，遗产管理人有制作遗产清单、清理被继承人债权债务的职责。[②] 遗产管理人制度的增加是此次《民法典》继承编的一大亮点。

四、中国遗产债务清偿制度历史演进的特征

法的演进是一个国家的法律制度从落后向先进发展进步的过程。中国遗产债务清偿制度的演进，深受各个时期政治、经济、文化的影响。遗产债务清偿制度在整体上的历史演进是不断向前发展的。综观前述中国各个时期遗产债务清偿制度的内容，总体发展呈现出以下特点：

（一）由家长继承转向个人继承，继承主体范围逐渐扩大

中国古代的家族是父权家长制，父祖是统治的首脑。在家庭之中，家庭范围或大或小，都有一个家长，并且家长的权力是法律所给予的。[③] 在当时，同居共财是主要形态。同居共财的关系不会因人的死亡而改变。因此，中国古代的继承是以家庭为单位的，家承载着一代又一代人，除非出现户绝的情况，否则，家是一直延续下去的。我国古代的财产继承是家长身份继承的附属物。"在家产制下，家产归属于整体性的家，其主要作用是祭祀祖先，供

---

①　参见 2020 年《民法典》第 1150、1159、1160、1161-1163 条。此外，需要说明的是，因 2020 年《民法典》继承编之规定在下文会详细阐述，故为了避免重复，在此不予详细分析。

②　参见 2020 年《民法典》第 1147 条。

③　参见瞿同祖：《中国法律与中国社会》，商务印书馆 2010 年版，第 6 页。

养家庭成员，使家族得以存续和发展。"①

清末，随着西学东渐，西方文化对中国的影响逐渐增强，民众的观念日益改变，中国传统的继承制度开始出现变革。《中华民国民法》开始允许未成年子女、妻子拥有特有财产，确立个人财产制标志着近代继承制度在形式意义上最终确立。② 进入新民主主义革命时期后，进一步强化了个人财产制，主要表现为在各抗日根据地制定的法规和政策中保障女子、子女的继承权，当时革命根据地的政策与废除父权、族权、神权的斗争紧密相关。法律不再规定由夫管理财产或子女随父居住之类的条文。③ 新中国成立后，1985 年《继承法》摒弃了家长身份继承，真正实现了财产继承。我国 2020 年《民法典》在此基础上进一步发展与完善。继承的主体由原来的"家长"转变为子女甚至其他人。

（二）由身份继承转向财产继承，继承客体范围逐渐缩小

中国古代父亲和儿子结成宿命性的同居共财关系。④ 传统继承的基本原则是人格继承原则、父子一体原则，父亲只是一个同居共财家族的代表人。父亲死亡后，这些属于家族的权利和义务马上移转到其继承人身上，即便是债务，也属于家族的债务，而非父亲一个人的债务，债权人可以像对死亡的父亲一样要求继承人偿还债务。⑤

1911 年，《大清民律草案》制定完成，草案创造了"继承"这一概念，中国古代的分家制度开始淡出国家法律领域。该草案

---

① 郝洪斌：《民国时期继承制度的演进（1912~1949）》，中国政法大学出版社 2014 年版，第 47 页。

② 参见郝洪斌：《民国时期继承制度的演进（1912~1949）》，中国政法大学出版社 2014 年版，第 132 页。

③ 参见程维荣：《中国继承制度史》，东方出版中心 2006 年版，第 448-449 页。

④ 参见［日］滋贺秀三：《中国家族法原理》，张建国、李力译，商务印书馆 2013 年版，第 118 页。

⑤ 参见郝洪斌：《民国时期继承制度的演进（1912~1949）》，中国政法大学出版社 2014 年版，第 28-33 页。

将身份继承与财产继承区分开来，摆脱了传统伦理法的财产继承、身份继承的束缚，开始采用"二分法"。[①]《大清民律草案》《民国民律草案》已经明确规定专属于被继承人自身的义务被排除在继承的范围外。然而，这两部草案都是以继受西方大陆法系国家的遗产继承制度为目的，仍未将中国传统继承制度的基础予以改变。同时，草案中的"二分法"实质上也是在没有脱离中国礼教民情的基础上，将原来的身份为主、财产为辅的人格继承制度一分为二。[②] 1930年的《中华民国民法》再次明确自继承开始时，继承人无须承受专属于被继承人财产上的义务，该法废弃了原来的宗祧继承，遗产继承不再以宗祧继承为前提。此时的继承纯属遗产的归属问题，与宗祧继承没有任何关系。[③]

在新民主主义革命时期，当时根据地的法规与政策也将继承严格限定在财产继承中。[④] 1949年新中国成立后，现代的继承立法真正实现了遗产继承，此时的继承也成为真正的财产继承。

（三）由强制继承转向自愿继承，遗产债务的承担更加尊重责任主体的意愿

在同居共财制度下，父和子之间就只存在混合的财产，儿子甚至没有选择放弃继承的机会。[⑤] 正如有学者所言，当时的父权体制实质上是臣服于国家的，是国家支持下的一种父权体制。[⑥] 我国古代的强制继承规则一直持续到近代，《大清民律草案》《民国民

---

① 参见程维荣：《中国继承制度史》，东方出版中心2006年版，第371页。

② 参见郝洪斌：《民国时期继承制度的演进（1912~1949）》，中国政法大学出版社2014年版，第142页。

③ 参见郝洪斌：《民国时期继承制度的演进（1912~1949）》，中国政法大学出版社2014年版，第126-127页。

④ 参见程维荣：《中国继承制度史》，东方出版中心2006年版，第449页。

⑤ 参见［日］滋贺秀三：《中国家族法原理》，张建国、李力译，商务印书馆2013年版，第118-119页。

⑥ 参见李立如：《法不入家门？家事法演变的法律社会学分析》，载《中原财经法学》2003年第10期。

律草案》中规定，继承人依然要对非专属于被继承人人身的遗产债务承担无限清偿责任。后来，由于西方文化的影响不断加深，开始尊重继承人的意思自治。《中华民国民法》继承编规定，继承一旦开始，法律上当然发生效力，但并非强制继承人继承。此时宗祧继承被废除，个人本位占据主导地位，继承人可以在限定继承责任与无限继承责任之间根据自己的意愿作出选择。[①] 1949 年新中国成立后，伴随改革开放的新局面出现，经济体制的变化，中国的社会基础也开始蜕变，民众的个人意愿也日益受到重视与保护。[②] 1985 年《继承法》和 2020 年《民法典》规定的遗产债务清偿制度以尊重被继承人和继承人的意愿为原则，在继承开始后，继承人原则上承担限定继承责任，也可以对遗产债务自愿承担无限清偿责任。

（四）由以无限继承为原则转向以有限继承为原则，遗产债务清偿责任逐渐减轻

我国古代，在家庭财产制的背景下，个人的独立人格得不到承认，人们的思想深受宗法观念的影响。因此，关于遗产债务，人们当然的普遍认为"父债"应当"子偿"。儿子不但要以其继承的财产，还要以个人固有的财产对父辈留下的债务承担清偿责任。"父债子偿"是当时宗祧继承、人格继承制度下时代的产物，在我国整个古代时期都占有一席之地，这种思想一直持续到晚清。

1911 年的《大清民律草案》虽然将具有身份性的遗产财产与债务排除在继承的客体之外，但"父债子偿"的传统规则却依然被该草案所肯定，对非专属于被继承人自身的债务，继承人仍然要承担无限清偿责任。然而，对于继承人的共同清偿责任，各继承人要按照各自的继承份额承担按份责任，而非连带责任。1926年《民国民律草案》中初步确立了现代继承制度，1930 年《中华

---

① 参见程维荣：《中国继承制度史》，东方出版中心 2006 年版，第 421 页。

② 参见王洪：《从身份到契约》，法律出版社 2009 年版，第 4 页。

民国民法》继承编在以概括继承为原则的同时也确立了限定继承制度。虽然与资本主义国家的立法相比，该法所确立的限定继承制度并不逊色，但它是半殖民地半封建社会经济基础的产物，具有历史局限性，其内容仍保留有某些封建残余。而且从当时的现实生活看，半殖民地半封建社会在继承方面盛行的仍然是重男轻女、长房占先、父债子还等封建习俗，此部法律在实际生活中所起的作用也非常有限。①

直到新民主主义革命时期，在此时的法规与政策中，随着宗族制度迅速瓦解，限定继承的继承方式得以确立。1949 年新中国成立后，我国继承立法不断发展，随着改革开放的深入，1985 年《继承法》确立了限定继承原则，2020 年《民法典》仍然采用此继承方式。

（五）遗产债务清偿程序从无到有，国家权力逐步介入干预

在同居共财制度下，继承人没有自愿选择的权利，并且继承人固有的财产与被继承人的财产没有任何差异。一旦继承人放弃继承，无异于抛弃了所有的财产，包括属于他自己的财产。因此，在当时的背景下，是不可能存在继承申报制度的。② 在男尊女卑的社会价值之下，以法律去确保夫在家庭中的优势地位，赋予其一家之长的地位，使其得以控制妻子与子女，就维护社会秩序而言，是自然且必要的事。③ 但此种家庭自治事实上是建立在牺牲女性与儿童权益的基础上换取来的。④

在近代，1910 年《大清民律草案》、1926 年《民国民律草案》中规定了继承人的债权人或受遗赠人的财产分离请求权和财产分

---

① 参见陈苇主编：《婚姻家庭继承法学》，法律出版社 2002 年版，第 412 页。

② 参见［日］滋贺秀三：《中国家族法原理》，张建国、李力译，商务印书馆 2013 年版，第 118-119 页。

③ 参见李立如：《法不入家门？家事法演变的法律社会学分析》，载《中原财经法学》2003 年第 10 期。

④ 参见王洪：《从身份到契约》，法律出版社 2009 年版，第 7 页。

离的程序。1930年《中华民国民法》规定了继承人承担限定继承的程序和条件，催告遗产债权人申报债权的公示催告程序，全盘接受了大陆法系国家的遗产债务清偿制度。此时，国家对继承领域进行干预的模式在法律上开始发生改变，这体现了时代发展的趋势。到现代社会，1985年《继承法》规定了继承开始的通知制度，然而，却未设立申报遗产债务清偿中的通知与公告制度。2020年《民法典》在此基础上进一步发展，设立遗产管理人制度，赋予遗产管理人管理遗产并处理债权债务的职责。这也体现出国家权力对于继承制度的干预在增加，以平衡继承人与遗产债权人的利益。正如有学者所言，从近代至现代，民法从财产的绝对保护、私法自治和自己责任向对财产所有权、私法自治和社会责任转变。①

（六）遗产债务清偿顺序从无到有，弱者利益日益受到保护

在古代社会，"父债子还"成为惯例，当时没有规定遗产债务的清偿顺序。近代时期，因限定继承制度的逐步确立，为保护遗产债权人和部分弱者利益，《大清民律草案》《民国民律草案》《中华民国民法》中规定了部分遗产债务的清偿顺序，明确要求必须为没有劳动能力且没有生活来源的人保留必要的财产份额，注重对家庭中弱者利益的保护。在现代社会中，2020年《民法典》在沿用1985年《继承法》的基础上以有限清偿责任为原则，明确在遗产债务中，应当优先清偿被继承人所欠的税款。此外，即使不足以清偿债务，也必须为既无劳动能力也无生活来源的人保留必要的份额。由此可知，在遗产债务清偿制度中，弱者的利益越来越受到重视。

---

① 参见梁慧星：《从近代民法到现代民法——20世纪民法回顾》，载《中外法学》1997年第2期。

第二节　域外遗产债务清偿制度的历史演进

本节主要考察域外遗产债务清偿制度从古代至现代的发展变化，关于古代时期，笔者主要考察古希腊时期、古罗马时期、古日耳曼时期、中世纪教会法时期的遗产债务清偿制度。关于近现代时期，笔者主要选取法国、德国等具有代表性的国家立法进行考察。需要说明的是，因英美法系国家采取间接继承制度，对我国借鉴意义不大，故在近现代时期笔者没有对英美法系国家的规定予以研究。此外，笔者分析了法国、德国民法典对日本、瑞士等其他国家民法典编纂此制度时所产生的影响。

一、域外古代法之遗产债务清偿制度

关于古代域外立法中的遗产债务清偿制度，本书主要考察古希腊时期、古罗马时期、古日耳曼时期、中世纪教会法时期。

（一）古希腊时期的遗产债务清偿制度

古希腊各城邦在历史上有过多次著名的立法活动，但都限于城邦，没有出现过统一的法典。此时古希腊的民法制度已经发展到一个较高的水平，其中的继承制度亦是如此。古希腊时期的"家庭"与现代人的家庭观念有所不同，在字面上的解释为"屋子"，不仅包括血亲成员，还包括家庭的奴隶与财产。每一个家庭都有一个家父，家父一般是孩子的父亲，负责管理家庭。古希腊时期的继承制度包括儿子继承、无子继承和其他亲属的继承三种。在儿子继承的情况下，分为两种情况：其一，若仅有一个合法儿子，则由这个儿子继承他所有的财产和债务。若死者是一个家庭的家父，那么他的儿子继承家父的地位。其二，若有多个合法儿

子, 他的财产被平等继承, 长子并不享有优先继承权。① 可见, 古希腊时期遗产债务实行的也是"父债子还"。

(二) 古罗马时期的遗产债务清偿制度

如前所述, 法治理念是古希腊政治文化的核心与精髓, 古罗马不但继承了希腊的理性法思想, 而且深受希腊哲学的影响。随着希腊本土的衰弱, 古希腊哲学的中心转移到罗马, 并对古罗马民法的基本走向产生了深刻影响。② 故有学者指出, "西方的法律传统滥觞于罗马法"。③

在古罗马法时代, 家长主宰一切, 宗族制度盛行, 家产属于家庭成员共有。在财产私有制的初期, 为保证绵延家祀, 继承人继承死者的人格, 遗产成为附属。最初"继承"的含义就是继承人在法律上代替被继承人, 取得被继承人的地位。④ 在古罗马时期的身份继承制度下, 继承人被作为被继承人人格的延续, 其主要是继承被继承人的人格。除专属于被继承人本身的权利义务外, 继承人继承被继承人的一切权利义务。只要没有因被继承人死亡而消灭 (如罚金之债) 的债务, 继承人就承担清偿责任。⑤ 即在被继承人死亡后, 继承人必须继承全部财产, 即使遗产债务超过积极财产, 其也有以自己的固有财产进行偿还的责任。⑥ 可见, 古罗马实行的是概括继承制度, 当时的身份继承决定了概括继承制度的存在。

---

① 参见何勤华、魏琼主编:《西方民法史》, 北京大学出版社 2006 年版, 第 51、72、74-75 页。

② 参见何勤华、魏琼主编:《西方民法史》, 北京大学出版社 2006 年版, 第 79-81 页。

③ Mary A. Glendon and Michael W. Gordon and Paolo G. Carozza, *Comparative Legal Traditions* (*2nd Edition*), Beijing: Law Press, 2004, p. 16.

④ 参见周枏:《罗马法提要》, 法律出版社 1988 年版, 第 106 页。

⑤ 参见 [德] 马克斯·卡泽尔、罗尔夫·克努特尔:《罗马私法》, 田士永译, 法律出版社 2018 年版, 第 745 页。

⑥ 参见周枏:《罗马法原论》 (下册), 商务印书馆 2017 年版, 第 488-489 页。

就概括继承而言，该制度主要会产生以下三个弊端：其一，将遗产负担转嫁给继承人。因当时遗产继承被理解为是对已故者法律地位的接替，继承人享有被继承人原有的权利，并承担其原有的义务，故继承人的财产与被继承人的财产混合。在这种情况下，如果被继承人继承的是负债遗产，将导致继承人承受超过遗产收益的负债。① 如果被继承人的债务无法通过遗产清偿，继承人则会受到债务的拖累。其二，如果遗产可以清偿债务，但继承人负债累累，却没有任何清偿能力。此时，因继承人的债权人与被继承人的债权人平等受偿导致遗产债权人的债权不能实现。② 其三，对于家外继承人而言，其可以选择接受遗产和拒绝遗产，但是，如果其没有调查遗产的状况，就全部承受被继承人的遗产，对他而言，很难作出选择。③

综上所述，古罗马时期的概括继承制度损害了继承人和遗产债权人的利益。乌尔比安曾指出："一个处于父权之下的人，不能在不情愿的情况下通过继承被强迫承担遗产债务，因为父亲不被强迫承担该遗产债务。"④ 随着社会经济的发展，身份继承向财产继承演变，从而使以身份继承为基础的概括继承制度失去了依托。为避免继承人与遗产债权人等利害关系人因概括继承而受到损害，同时与继承制度的变革相适应，大法官遂通过司法实践将概括继承制度废除，并建立了限定清偿责任制度。⑤ 后来，古典法学家开始对这种制度进行补救，最古老的措施是将遗产债务在共同继承人之间进行划分，排除遗产债务的连带性。在当时，主要是通过

---

① 参见黄风：《罗马私法导论》，中国政法大学出版社2003年版，第350-351页。

② 参见［英］巴里·尼古拉斯：《罗马法概论》，黄风译，法律出版社2010年版，第223页。

③ 参见［英］巴里·尼古拉斯：《罗马法概论》，黄风译，法律出版社2010年版，第224页。

④ ［意］桑德罗·斯奇巴尼选编：《民法大全选译——遗产继承》，费安玲译，中国政法大学出版社1995年版，第138页。

⑤ 参见周枏：《罗马法原论》（下册），商务印书馆2017年版，第489页。

三种措施来弥补这种制度所产生的影响：

其一，享受弃权照顾利益。弃权照顾是由裁判官法创设的照顾性制度，为防止自家继承人代替被继承人的债务人地位，在遗产债务超过积极财产时，此制度赋予自家继承人①的权利，②即继承人在被继承人的遗产可能不足以抵偿负债时，有权拒绝的继承人可作出不参加遗产处理的声明。此时被继承人的债权人可以被继承人的名义将遗产出卖，就遗产的变价来实现自己的债权。即使遗产不足以清偿，继承人也没有义务承担清偿责任；偿债有余时，剩余部分仍旧归继承人继承；继承人自己所有的财产，则与被继承人的遗产不发生关系。③

其二，分离照顾。分离照顾是为必要继承人设立的一种制度。由于必要继承人一般是被继承人在遗嘱中予以解放的奴隶，因而不能像自家继承人那样享受弃权照顾，故为了维护其财产利益，允许他们在被继承后取得的财产同他们必须继承的损益遗产分离开来。④遗产债权人为避免因财产的混合遭受损失，可以请求实行"遗产分离"，享有"财产分别利益"。⑤自继承人接受继承之日起5年内，遗产债权人可以请求遗产分离。遗产被分离后，将会保留

---

① 在罗马法中，继承人区分为自家继承人、必要继承人和家外继承人。自家继承人，指罗马法中第一顺序的继承人，如死者的子女。必要继承人，是指随着解放而被设立为继承人的奴隶，无论其是否愿意，在遗嘱人死后，都将立即被解放并且成为继承人。如果在遗嘱中被设立为继承人的是处于即将死亡者支配权下的直系卑亲属（前述的"自家继承人"），他们则被称为自家必要继承人。家外继承人，则指由被继承人在无必要情况下设立的继承人。参见黄风：《罗马私法导论》，中国政法大学出版社2003年版，第353页。

② 参见黄风：《罗马法》，中国人民大学出版社2009年版，第242页。

③ 参见周枏：《罗马法原论》（下册），商务印书馆2017年版，第489页。

④ 参见黄风：《罗马私法导论》，中国政法大学出版社2003年版，第352页。

⑤ 奴隶被主人立为继承人时，虽不能申请不参与继承，但是对于家主资产不足抵偿负债的"有损遗产"，他可以申请以自己的名义把它卖出去，以清偿被继承人的债务。对于不能清偿的部分，不再承担清偿责任。参见周枏：《罗马法原论》（下册），商务印书馆2017年版，第489页。

给被继承人的债权人和受遗赠人。在他们就遗产受偿后，继承人的债权人才能就剩余遗产受偿。在实行遗产分离后，遗产债权人就不能再对必要继承人的财产提出要求。[①]

其三，财产清单照顾。财产清单照顾是由优士丁尼法所创设的制度，目的是保障继承人在遗产范围内承担遗产债务。[②] 从知晓被继承人死亡的信息后的 30 日内，继承人可以在公证人在场的情况下清点遗产，并登记造册。一般情况下，对遗产的清点应在 60 日内完成。如果继承人的居住地离主要遗产所在地较远，则清点期限可以延长至 1 年。被继承人的债权人以及受遗赠人也参加对遗产的清点，若无法参加，则必须有 3 名见证人见证。此外，继承人应在遗产清单上签字，并就遗产清单的合法性作出保证。[③] 通过财产清单利益，继承人只需根据遗产清单向遗产债权人作出清偿其债务的保障，而不对超过遗产范围的债务承担清偿责任。公元 531 年，优帝一世又规定继承人（包括当然继承人）有权就其继承的财产偿还被继承人的债务，但应依法对被继承人的遗产造具清册，称为"财产清册利益"，于是限定继承制度正式确立，并为后世各国继承法所采用。[④] 此外，关于遗产债务清偿顺序，罗马法在不侵害优先权人的限度内，继承人根据遗产债权人所申报债权的次序清偿遗产债务。[⑤]

罗马法以民法见长，罗马民法被公认为现代民法的历史渊源，各国民法在不同程度上都继承了罗马法，尤其对大陆法系和英美法系民法体系的建立和发展产生了深远的影响，为世界民法文化

---

① 参见黄风：《罗马法》，中国人民大学出版社 2009 年版，第 243 页。
② 参见黄风：《罗马法》，中国人民大学出版社 2009 年版，第 242 页。
③ 参见黄风：《罗马法》，中国人民大学出版社 2009 年版，第 242 页。
④ 参见周枏：《罗马法原论》（下册），商务印书馆 2017 年版，第 489-490 页。
⑤ 参见史尚宽：《继承法论》，中国政法大学出版社 2000 年版，第 289 页。

的构建与发展奠定了坚实的基础。① 德国著名的法学家耶林说，罗马对世界的征服唯有其法律最为持久。②

（三）古日耳曼时期的遗产债务清偿制度

有学者指出，继罗马法之后，日耳曼法是在西欧占有主导地位的第一种法律体系。日耳曼法大部分由习惯法构成，并以民众的现实生活为基础。③ 与罗马法以个人权利与义务为基础不同，日耳曼法建立在团体主义的基础上，是团体的义务法。因此，日耳曼的家族形态具有团体的单一性，所有家产由家属共有。日耳曼的身份法与继承法，均是从社会团体的精神出发而加以规制。④ 家长在内统率家属，对外代表全家。如果家属的行为涉讼，被害人或债权人只能对家长起诉。⑤ 在财产继承方面，日耳曼法不承认家属以外的遗产继承权。在家父死亡后，已经成年的诸兄弟不分割家产，继续维持共同生活。家长一旦死亡，由年长的兄弟承继管理家产的权利，并负担祭祀祖先的义务，但是家庭仍然属于全体家属共有。此外，日耳曼法禁止家长进行遗赠或者死因赠与。⑥

日耳曼法时期，被继承人之债权债务，是否应由继承人继承，相关资料未有明确记载，学者们的见解也不一致。据纪盖耳氏主张，被继承人纯然之债权债务，除例外情形（如侍役的报酬支付债务），并不当然由继承人继承。对于不同性质的债务，继承人所承担的义务是不同的：（1）纯然之人的债务。例如，继承人不受

---

① 参见何勤华、魏琼主编：《西方民法史》，北京大学出版社2006年版，第79页。

② 参见张新奎主编：《法理学初阶》，浙江大学出版社2017年版，第60页。

③ 参见李宜琛：《日耳曼法概说》，中国政法大学出版社2003年版，第14页。

④ 参见戴东雄：《中世纪意大利法学与德国的继受罗马法》，中国政法大学出版社2003年版，第33页。

⑤ 戴东雄：《中世纪意大利法学与德国的继受罗马法》，中国政法大学出版社2003年版，第28、30页。

⑥ 戴东雄：《中世纪意大利法学与德国的继受罗马法》，中国政法大学出版社2003年版，第31页。

保证债务或者侵权之债的约束。罗马法系的保证为债务，因此移转于保证人的继承人。然而，日耳曼法的保证仅为单纯的责任，没有继承性，保证人死亡，债权人也不能要求保证人的继承人履行保证责任。但是，对于侵权行为，如果继承人所继承的被继承人的财产是因侵权行为而取得，那么继承人有义务返还。如果该财产的赎金以及其他损害赔偿在继承前已经确定，继承人还需要承担赔偿义务。（2）契约之债。该债务的对价或利益已经消灭的，继承人不继承此类债务。反之，则由继承人继承，如①消费借贷上的债务都由继承人继承。②对于使用借贷或寄托契约，债权债务关系因当事人的死亡而消灭的，继承人有权向相对人请求返还借用物或寄托物。③租赁契约成立后，出租人在交付租赁物前死亡的，此时继承人既可以返还被继承人已经受领的租金，也可以继续履行租赁合同。④雇用契约在雇用人死亡后经过 30 日而消灭，但一方意思表示继续履行的，雇用人应继续履行契约。（3）对于无偿之债，继承人无须继承。（4）以不动产为给付标的的债务，因继承人有同意权，故继承人并不受束缚。被继承人生前进行的对不动产的处分，在没有交付时，如果继承人不同意可以拒绝交付。即使已经交付，继承人也享有返还请求权。①

在日耳曼法上继承人只在法律规定的范围内继承遗产债务，故其并非人格继承。无论在何种情况下，即便其继承不动产，也无须用自身固有的财产清偿债务。所以，继承人对于所继承的债务的清偿责任，只以动产为限。由此可见，日耳曼法上的理念是虽然被继承人的部分债务由继承人继承，但是固有的债务人仍然是被继承人。②

至都市法时期，随着经济交易逐渐发达，继承人继承债务的

---

① 参见李宜琛：《日耳曼法概说》，中国政法大学出版社 2003 年版，第 125、210-212 页。

② 参见李宜琛：《日耳曼法概说》，中国政法大学出版社 2003 年版，第 212-213 页。

范围也逐渐扩大。而继承人所继承的债务的清偿责任，也从动产扩展到不动产，从遗产扩展到自身的固有财产。① 因此，正如有学者所言，日耳曼法上没有概括继承的概念，只有动产继承与不动产继承的区别。也就是说，继承人对被继承人的债务并不负无限清偿责任，而仅以遗产中的动产予以抵债，即仅负担物的有限责任。至于继承人的固有财产及其因继承所取得的不动产，皆无须供为继承债务之清偿，原因是日耳曼法并不以继承为被继承人人格的继承，而仅为财产上的继承。日耳曼法上的个别继承与物的有限责任之原则，被英国法所继受。② 日耳曼人最古老的法律称为"民众法"，该法是因承袭传统的日常生活习惯日积月累所形成的。因此，日耳曼法并非权威的制定法，而是靠自律形成的习惯法。尽管日耳曼法发展水平较低，但向人们展示了一种全新的法律观念、法律文化，为后世法律提供了不可替代的因素。③

（四）中世纪教会法时期的遗产债务清偿制度

教会法是指天主教、东正教、基督新教以及其他教派在不同历史时期所制定和编纂的各种规则和章程，其中以天主教会在不同历史时期的法律，尤其是中世纪法律为主。④ 教会法采用遗嘱继承和无遗嘱继承两种制度。12世纪以后，一种较为新颖且系统的遗嘱继承体系被教会法和教会法学家发明。同时，他们也构建了一套判断遗嘱是否有效、解释遗嘱、执行遗嘱的规则体系。⑤ 当时教会法学家建立的新的遗嘱法以日耳曼基督教徒的死因赠与和古罗马时期的遗嘱继承法为根据。相较于罗马遗嘱法中实体法的改

---

① 参见李宜琛：《日耳曼法概说》，中国政法大学出版社2003年版，第213页。
② 参见陈棋炎、黄宗乐、郭振恭：《民法继承新论》（修订十版），（我国台湾）三民书局2016年版，第101页。
③ 参见何勤华主编：《外国法制史》（第五版），法律出版社2011年版，第90-91页。
④ 参见何勤华主编：《外国法制史》（第五版），法律出版社2011年版，第92页。
⑤ 参见何勤华主编：《外国法制史》（第五版），法律出版社2011年版，第102-103页。

变，教会法学家在遗产管理方面进行的变革更为重要。教会创造了遗嘱执行人制度，遗嘱执行人负有根据遗嘱的要求处理遗产、清偿遗产债务的职责。① 当时订立遗嘱被教会视为宗教行为，若被继承人死亡后未留下遗嘱，教会法官便有权处理他的遗产。后来，教会法院又对此制度进行改革，开始任命一名与遗嘱执行人的职能相似的管理人负责分配无遗嘱者的财产。②

综上所述，域外古代时期，实行的是家长制，除古日耳曼时期继承人对遗产债务承担有限清偿责任外，在古希腊、古罗马时期，继承人都要对遗产债务负无限清偿责任。在中世纪教会法时期，则出现了遗产管理人制度。

二、域外近代法之遗产债务清偿制度

在西方，《法国民法典》《德国民法典》影响深远，被很多国家作为蓝本，以制定本国民法典。因此，关于域外近代立法中的遗产债务清偿制度，主要以《法国民法典》《德国民法典》为研究对象，并考察日本、瑞士、荷兰、埃塞俄比亚、加拿大魁北克省对前述两部民法典中遗产债务清偿制度的继受与发展。

（一）1804 年《法国民法典》中的遗产债务清偿制度

《法国民法典》以罗马法中的《法学阶梯》为蓝本，为西欧大陆和拉丁美洲的一些国家所效法，并成为大陆法系拉丁分支的代表。1804 年《法国民法典》对法国和世界都产生了极为深远的影响，不仅实现了法国民法的统一，也开创了近代民法典编撰的先河，并成为大陆法系国家立法的基础。③

（1）遗产债务范围。关于遗产债务范围，1804 年《民法典》

---

① 参见［美］哈罗德·J. 伯尔曼：《法律与革命——西方法律传统的形成》（第一卷），贺卫方等译，法律出版社 2018 年版，第 304、307 页。

② 参见［美］哈罗德·J. 伯尔曼：《法律与革命——西方法律传统的形成》（第一卷），贺卫方等译，法律出版社 2018 年版，第 308 页。

③ 参见何勤华等：《大陆法系》（上卷），商务印书馆 2015 年版，第 316 页。

在继承编中分散规定了应由遗产负担的事项，被继承人生前所欠的债务、做成遗产目录和计算的费用、封印的费用、诉讼费用，均由遗产负担。①

（2）遗产债务申报通知与公告。继承人选择承担有限清偿责任的，需要向继承开始地的第一审法院予以声明。限定继承的声明应被登记在为受理抛弃继承声明书而准备的登记簿上。② 立法要求继承人提出声明的目的是让遗产债权人知悉其承担限定继承责任的事实，以尽快申报债权，此即为当时法国立法的遗产债务申报的公告制度。

（3）遗产债务清偿责任。其一，遗产债务清偿责任主体。1804年《法国民法典》规定，法定继承人，在负担清偿一切遗产债务的条件下，依法当然占有死者的遗产、权利与诉权。③ 全部遗产的受遗赠人和依法得保留部分遗产的继承人对于遗产的债务和负担负有清偿义务，但是法律规定的减除情形，不在此限。④ 据此可知，继承人和概括受遗赠人均为清偿责任主体。

其二，遗产债务清偿责任类型。对于遗产继承，继承人可以为单纯承认，也可以为限定承认。⑤ 由此可知，遗产债务清偿责任的类型包括两种：有限清偿责任与无限清偿责任。其中，无限清偿责任又分为自愿的无限清偿责任与强制的无限清偿责任。如果继承人隐匿遗产，或在遗产清单中恶意漏记的，丧失限定继承利益。⑥ 另外，对于共同继承人间的清偿责任，该法典规定，共同继

---

① 参见《拿破仑民法典》第799、810条，《拿破仑民法典（法国民法典）》，李浩培、吴传颐、孙鸣岗译，商务印书馆1983年版。以下关于1804年《拿破仑民法典》均出自此书，简称为：《拿破仑民法典》。

② 参见《拿破仑民法典》第793条。

③ 参见《拿破仑民法典》第724条。

④ 参见《拿破仑民法典》第1009条。

⑤ 参见《拿破仑民法典》第774条。

⑥ 参见《拿破仑民法典》第801条。

承人与概括受遗赠人按照继承遗产的比例承担。[①]

（4）遗产债务清偿顺序。1804 年《法国民法典》规定，如果债权人提出异议的声明，除非按照审判员规定的程序和方法，否则限定继承人不能清偿遗产债务。反之，限定继承人按照债权人和受遗赠人的要求依顺序清偿债务。[②] 在第三编第十八章规定了优先权和抵押权，并说明合法优先受偿权利的原因是优先权和抵押权。该法规定了动产上的一般优先权包括诉讼费用、丧葬费用、受雇人过去一年的报酬和本年到期的报酬，以及供给债务人或其家属的生活资料等物品。[③] 动产上的特殊优先权以及动产与不动产优先权的清偿顺序，在无动产时，应首先清偿动产上一般优先权包括的裁判上的费用及其他费用，然后再行使不动产优先权等。[④]

法国在习惯法的继承制度中，依据财产来源的性质不同而有所区别，遗产继承规则非常复杂。为了简化继承规则，大革命时期的法律确立了"遗产移转的统一性原则"，这一原则在 1804 年《民法典》中得到了认可。另外，法国采用"广义财产"的概念，认为继承人延续被继承人的法律人格，即通过继承发生两者人格的混同，而人格的混同也导致两者的财产发生混同。因此，遗产继承是对遗产之上的全部债权债务的继承，确立了"遗产继承的整体性原则"。这也是《民法典》第 723 条规定的"继承人对于遗产债务承担无限责任"的逻辑基础。[⑤]

（二）1900 年《德国民法典》中的遗产债务清偿制度

《德国民法典》选择了《学说汇纂》的体例结构并加以发展，以其严密的逻辑体系、严谨的法律语言、精确的民法概念，影响

---

① 参见《拿破仑民法典》第 870、871 条。

② 参见《拿破仑民法典》第 808 条。

③ 参见《拿破仑民法典》第 2101 条。

④ 参见《拿破仑民法典》第 2105 条。

⑤ 参见何勤华等：《大陆法系》（上卷），商务印书馆 2015 年版，第 336 页。

了很多国家的民法。① 正如有学者所言，这个 19 世纪市民社会的典型创作之后，不到半个世纪，世界史的巨变开始为（无论是有责任感之人还是滥用者）市民自由设定目标。②

关于遗产债务清偿制度，1900 年《德国民法典》的内容包括：（1）遗产债务范围。遗产债务不仅包括死者所欠下的债务，也包括对继承人所承担的义务，例如，因任何权利而产生的义务，如特留份、遗赠和遗嘱上的负担。③（2）遗产债务申报通知与公告。遗产债权人可以被要求以公示催告的程序申报其债权。④（3）遗产债务清偿责任。继承开始，被继承人的遗产整体转移给一个或者数个继承人。⑤ 同时，该法典规定，继承人申请遗产管理或者遗产破产，才能承担有限清偿责任。⑥ 另外，如果继承人故意导致遗产清单中记载的属于遗产的标的物不完备，或者将不存在的遗产债务记录在遗产清单上，或者其拒绝或者以拖延的方式按照第 2003 条规定的答复询问，则他的责任就不限于遗产。⑦ 由此可知，德国以概括继承为原则，继承人的遗产债务清偿责任分为有限清偿责任与无限清偿责任，无限清偿责任可分为自愿的无限清偿责任与强制的无限清偿责任。共同继承人对遗产债务承担连带清偿责任。⑧（4）遗产债务清偿顺序。关于遗产债务的清偿顺序，1900

---

① 参见何勤华、魏琼主编：《西方民法史》，北京大学出版社 2006 年版，第 141 页。

② 参见［德］Franz Wieacker：《近代私法史——以德意志的发展为观察重点》，陈爱娥、黄建辉译，（我国台湾）五南图书出版公司 2004 年版，第 441 页。

③ 参见 1900 年《德国民法典》第 1967 条，see Chung Hui Wang：*The German Civil Code*，Beijing：China University of Political Science and Law Press，2019，p. 436. 以下 1900 年《德国民法典》均出自此书，有特别说明的除外。以下均简称为 1900 年《德国民法典》。

④ 参见 1900 年《德国民法典》第 1970 条。

⑤ 参见 1900 年《德国民法典》第 1922 条。

⑥ 参见 1900 年《德国民法典》第 1975 条。

⑦ 参见 1900 年《德国民法典》第 2005 条。

⑧ 参见 1900 年《德国民法典》第 2058 条。

年《德国民法典》无明确规定。

（三）近代域外其他国家对《法国民法典》和《德国民法典》的继受与发展

近代时期，日本、瑞士、荷兰、加拿大魁北克省等国家和地区在借鉴德国、法国民法典的基础上，开始编纂本国的民法典。

1. 日本

近代初期，受《法国民法典》的影响，日本明治政府逐渐意识到编纂统一民法典的重要性。后来，明治政府确定以《法国民法典》为依据编纂民法典。但是，由于遭到社会舆论的反对，日本又参照已经公布的《德国民法典》草案，结合日本国情，编纂民法典。1898年公布亲属、继承两编，同时公布《民法实施法》，此即《明治民法》，于1898年开始实施。在继承编中，沿用了封建时期的制度，将继承分为家督继承和财产继承，家督继承便是固有的户主权利和义务的继承，其继承顺位仍然是坚持男子优于女子，并且以年长者为优先。在继承法中保留了大量封建时代的内容。[1]

2. 瑞士

自1804年始，《法国民法典》开始在瑞士的两个地区适用。19世纪时，瑞士各州以《法国民法典》为蓝本开始制定民法典，在家庭法和继承法方面实施当地的习惯。1912年《瑞士民法典》取代州的法律，法国的制度起着重要作用，但是这比其民族的和德意志的成分要略逊一筹。[2]在《瑞士民法典》中，规定了官方清算、遗产清单制度以及遗产破产清算制度，以限制继承人对遗产债务的责任。

---

[1] 参见何勤华主编：《外国法制史》（第五版），法律出版社2011年版，第356-357页。

[2] 参见［德］茨威格特、克茨：《比较法总论》（上），潘汉典译，中国法制出版社2017年版，第195页。

3. 荷兰

因法国入侵荷兰，1809 年荷兰颁布了有史以来的第一部民法典，此部法国化的民法典基本以 1804 年的《法国民法典》为基础。1811 年，荷兰并入法国版图后，此部法典被《拿破仑民法典》本身所取代。① 后来，随着荷兰逐渐独立，1838 年第三部《荷兰民法典》正式颁布，但是，此部民法典仍未脱离《法国民法典》。继承法被规定在第二编财产法之中。② 1838 年《荷兰民法典》出台不久后，就受到了很多法学家的指责，认为其无法应对社会出现的新情况。③

4. 加拿大魁北克省

魁北克是加拿大第一大省，是保留法兰西文化最多的省份。1867 年加拿大建立联邦，为了能够继承法国民法传统，提出要以法典的形式将魁北克传统的民法予以保留。④ 基于法国的影响，《魁北克民法典》于 1865 年颁布，在 1866 年加拿大联邦成立前夕生效。⑤ 此部法典在当时被称为《下加拿大民法典》，其在结构、体系、风格、内容上都与《法国民法典》类似。⑥ 故此时加拿大魁北克省的遗产债务清偿制度也与法国的规定较为相似。

---

① ［荷兰］亚瑟·S. 哈特坎普：《荷兰民法典的修订：1947-1992》，汤欣译，谢立新校，载《域外法译评》1998 年第 1 期。

② ［荷兰］亚瑟·S. 哈特坎普：《荷兰民法典的修订：1947-1992》，汤欣译，谢立新校，载《域外法译评》1998 年第 1 期。

③ 参见高仰光、邓欣：《〈荷兰民法典〉的前世与今生》，载《中国人大》2018 年第 10 期。

④ 参见刘艺工：《加拿大〈魁北克民法典〉的变迁及启示》，载《南开法律评论》2018 年第 12 辑。

⑤ 参见李彤：《加拿大法律制度的历史发展》，法律出版社 2017 年版，第 113-114 页。

⑥ 参见刘艺工：《加拿大〈魁北克民法典〉的变迁及启示》，载《南开法律评论》2018 年第 12 辑。

三、域外现代法之遗产债务清偿制度

第二次世界大战结束后，大陆法系具有代表性的国家，如法国、德国等开始对本国的民法典进行修改。其中法国对民法典继承编的内容进行了较大的修改，而德国却没有对继承编进行实质性修改。此外，日本、瑞士、荷兰、埃塞俄比亚、加拿大魁北克省等也开始对继承编进行修改，确立了现代的遗产债务清偿制度。

（一）现代法国遗产债务清偿制度

19 世纪和 20 世纪法国的政治、经济和社会发生重大变化，为适应社会的发展，法国立法者开始对《法国民法典》的条文进行修改，尤其是在家庭法和继承法方面，逐渐对家父权进行限制。[①]进入现代后，《法国民法典》修改幅度非常大，尤其是在继承法方面。法律对婚姻家庭与继承法的修改幅度更大，继承法部分几乎全部被修改。[②]

原来《法国民法典》中规定的"全部概括继承人，或者部分概括继承人对遗产的债务负无限责任"被废止。[③] 关于遗产债务清偿制度，进入现代《法国民法典》的主要变化是：

1. 完善遗产债务申报的公告制度

一方面，2006 年修改后的立法在原来继承人向法院提出声明的基础上，要求继承人登记并在国内进行公示，以使遗产债权人知晓继承人对遗产债务承担限定责任的事实。此外，修改后的法律明确规定，继承人作出声明意味着选定唯一住所，遗产债权人应向其选定的住所通知其债权证书，报明各自的债权。另一方面，增加了遗产债权人申报债权的期限以及未在法定期限内申报债权

---

① 参见［德］茨威格特、克茨：《比较法总论》（上），潘汉典译，中国法制出版社 2017 年版，第 178 页。

② 参见何勤华主编：《外国法制史》（第五版），法律出版社 2011 年版，第 271-272 页。

③ 《法国民法典》，罗结珍译，北京大学出版社 2010 年版，第 723 页。

的后果。①

2. 完善遗产债务清偿责任制度

一方面，关于有限清偿责任，完善了继承人承担限定继承责任的条件，2006 年修改后的法律以"一目"的篇幅规定了继承人以净资产为限接受继承的条件。此外，修改之前要求继承人在继承开始时期 3 个月内制作遗产清单，修改后法律规定继承人在作出限定继承的声明后 2 个月内才制作并提交遗产清单。并且，遗产清单也应当采用与作出限定继承声明同样的方式公示。

另一方面，关于无限清偿责任，修改后的法律细化了无限清偿责任的规定。原来的无限清偿责任规定得较为概括、简单，2006 年修改后的立法以专节的形式详细规定了承担无限清偿责任的情形，增加了无限清偿责任的形式、情形、主体以及接受无条件继承的法律效力。②

关于遗产债务范围、遗产债务清偿顺序，2006 年修改后的民法典没有实质性变化。

(二) 现代德国遗产债务清偿制度

《德国民法典》自 1900 年 1 月 1 日生效以来，历经多次修改。较之对前四编（总则、债法、物权法和家庭法）的重大改动，第五编"继承法"自颁布以来修订极少，立法者仅在提高配偶继承权、排除婚生子女和非婚生子女区别对待和登记生活伴侣的继承权方面进行了改革。但是，继承法并非没有修订的必要。随着传统的大家庭逐渐被小家庭取代，《民法典》所确立的亲属无限继承原则也已经失去了合理基础。虽然继承法具有重大经济和社会意义，但对继承法的现代化改革仍然遥遥无期。这并不是缺乏改革

---

① 参见 2023 年《法国民法典》第 792 条。《法国民法典》，罗结珍译，北京大学出版社 2023 年版，第 469 页。以下关于《法国民法典》的条文均出自此书，有特别说明之处除外。

② 参见《法国民法典》第 782-786 条。

动力，而是人们对改革方案难以形成一致意见。① 在德国，现代继承法关于遗产债务清偿制度的规定与 1900 年的规定并无实质性的差异。此部分将在后面的域外立法中进行详细分析，为避免重复，在此不再赘述。然而，关于遗产债务清偿顺序，被规定在德国破产法中。

（三）现代域外其他国家的遗产债务清偿制度

1. 日本

日本民法典的重大修改主要在第二次世界大战以后，为适应《日本国宪法》的实施，于 1947 年公布了《伴随日本国宪法施行的民法应急措施法》，在此基础上主要对民法典亲属、继承两编进行全面修改，修改后的《日本民法典》从 1948 年 1 月 1 日开始实施。之后，又进行了多次修改。修改后的民法典废除了家督继承制度，确认继承仅限于财产继承。② 家督继承又称为户主继承，每家设一户，各家财产，除以家属个人名义所得者外，均为户主之财产。某家户主缺位（如旧户主死亡、引退、法定离家）时，新户主继承旧户主所有权利义务（专属于户主本身者除外）。此种制度带有强烈的封建性继承制度。③ 同时，修改后的继承编规定了继承人承担遗产债务清偿责任的类型，包括有条件的有限清偿责任与无限清偿责任制度（自愿的无限清偿责任与强制的无限清偿责任），规定了遗产债务申报通知与公告制度，明确了遗产债务的清偿顺序。④ 日本 2019 年第 43 号法律对《日本民法典》继承编进行

---

① 参见［德］雷纳·弗兰克、托比亚斯·海尔姆斯：《德国继承法》，王葆莳、林佳业译，中国政法大学出版社 2015 年版，第 2 页。

② 参见何勤华主编：《外国法制史》（第五版），法律出版社 2011 年版，第 357-358 页。

③ 参见《日本民法典》，王书江译，中国人民公安大学出版社 1999 年版，译者序，第 6 页。

④ 参见《日本民法典》第 922-937、941-950 条，参见《日本民法典》，王书江译，中国人民公安大学出版社 1999 年版。

了修正。① 然而，此次《日本民法典》继承编主要的改动为：一方面，增加了第八章"配偶的居住权"。另一方面，原来的第八章"特留份"成为第九章，并对此章进行了修改。而对于遗产债务清偿制度，并未进行实质性改动。②

2. 瑞士

进入现代后，《瑞士民法典》中的继承编未有较多的修改，该法典中规定的遗产债务清偿制度仍然继续沿用，即遗产继承仍然是以无限清偿责任与有条件的有限清偿责任并存。③

3. 荷兰

进入现代后，因 1838 年《荷兰民法典》有诸多争议，故 1947 年在全面修订旧民法典的基础上，开始制定新的民法典。新《荷兰民法典》在 1992 年生效，其中第四编为继承。《荷兰民法典》在借鉴法国、德国民法典的同时，成功实现了本土化。④ 关于遗产债务清偿制度，《荷兰民法典》明确规定了遗产债务的范围与清偿顺序，确立了遗产债权人申报债权的通知与公告制度，建立了有条件的有限清偿责任与无限清偿责任制度。⑤

---

① 参见 https://elaws. e - gov. go. jp/search/elawsSearch/elaws _ search/lsg0500/detail/129AC0000000089_20220401_430AC0000000059/0? revIndex = 10&lawId = 129AC0000000089，最后访问日期：2020 年 10 月 15 日。

② 参见《日本民法典》第八章、第九章，https://elaws. e - gov. go. jp/search/elawsSearch/elaws _ search/lsg0500/detail/129AC0000000089 _ 20220401 _ 430AC0000000059/0? revIndex = 10&lawId = 129AC0000000089，最后访问日期：2020 年 10 月 15 日。

③ Swiss Civil Code (last amended in 2020)，a. 588,589,593,594,595,596，参见瑞士司法部网站：https://www. admin. ch/opc/en/classified - compilation/19070042/202101010000/210. pdf，最后访问日期：2021 年 1 月 9 日。

④ 参见焦富民：《论荷兰民法典的开放性、融和性与现代性——兼及对中国制定民法典的启示》，载《法学家》2005 年第 5 期。

⑤ The Civil Code of the Netherlands (amended in 2012)，Book 4, a. 7,191,192,206,216,see Hans Warendorf and Richard Thomas and Ian Curry-Sumner, *The Civil Code of the Netherlands* (*Second Edition*)，Alphen aan den Rijn:Kluwer Law International,2013. 以下关于《荷兰民法典》之规定，均出自此书。

4. 埃塞俄比亚

埃塞俄比亚在第二次世界大战期间光复以后，其皇帝海尔·塞拉西开始进行法律改革。在 1954 年，他邀请世界著名的比较法学家，在吸收法国法、瑞士法、以色列法、葡萄牙法、南斯拉夫法、英国法甚至希腊和埃及民法典有益经验的基础上，为埃塞俄比亚起草民法典。1960 年 5 月 5 日，《埃塞俄比亚民法典》颁布，于同年 9 月 11 日生效。① 关于遗产债务清偿制度，该部民法典中明确规定了遗产债务的范围与清偿顺序，建立了有条件的有限清偿责任制度，并设立了遗产清算制度。②

5. 加拿大魁北克省

由于魁北克地处北美，周围的地区都盛行普通法，其又采用英国式的政治制度，故受到普通法强大的冲击和影响。20 世纪 60 年代，魁北克对民法制度进行了大规模的改革，吸收借鉴普通法的经验。1955 年，魁北克政府着手进行民法典的修订与改革工作。1990 年 12 月，议会提出了新民法典的整体草案。1991 年 12 月 18 日，该草案被通过，并于 1994 年生效。③ 在 1991 年民法典生效后至今，继承编不断被修改。当前，《魁北克省民法典》在继承编中规定了遗产清算制度、有条件的有限清偿责任与无限清偿责任，通过遗产清单的公示让遗产债权人申报债权，并明确了遗产不足以清偿债务时的清偿顺序。④

---

① 参见徐国栋：《埃塞俄比亚民法典：两股改革热情碰撞的结晶》，载薛军译，《埃塞俄比亚民法典》，厦门大学出版社 2013 年版，第 3 页。

② 参见《埃塞俄比亚民法典》第 826、943、946—950 条，载薛军译：《埃塞俄比亚民法典》，厦门大学出版社 2013 年版。以下关于《埃塞俄比亚民法典》的条文均出自此书。

③ 参见刘艺工：《加拿大〈魁北克民法典〉的变迁及启示》，载《南开法律评论》2018 年第 12 辑。

④ Civil Code of Québec (last amended in 2020), a. 625, 795, 811, 812, http://legisquebec. gouv. qc. ca/en/ShowDoc/cs/CCQ-1991，最后访问日期：2020 年 11 月 7 日。本文中所引用的《魁北克省民法典》之规定均出自此版本，有特别说明之处除外。

四、域外遗产债务清偿制度历史演进的特征

（一）由身份继承向财产继承演变

古罗马时期，遗产继承是以身份或地位的承受为核心，其中以身份继承为主，财产的继承是为身份继承服务的。① 在当时，个人是何物并不被人们所知，家父就是家族的代表，家父的权利即家族的权利。继承实际上是对家父权的继承，因为取得了家父身份才能取得财产的处分权。② 到了近代，受当时法国启蒙运动的影响，自由主义开始盛行，人们逐渐摆脱封建时代的束缚，各国相继废弃了封建时代的身份继承。近代资本主义国家的经济关系基础由身份向契约转变，继承法也顺理成章地以当事人的个人人格的独立平等代替了宗法社会、封建社会的身份等级，专行财产继承。③ 取消身份继承，专行财产继承，摒弃强制继承，实行自愿继承，是域外两大法系具有代表性国家限定继承法的主要内容特点之一。④

（二）遗产债务的清偿责任主体由家长转变为个人

在古罗马时期，"家父权"为绝对权，"家父权"甚至高于一切，即使是国家官吏的权力也无法与之进行对抗，没有任何限制。⑤ 罗马家庭是单纯地以权力为纽带联合在一起的人的团体，家长对其他成员可以行使任何权力。⑥ 根据罗马法的原则，"家子"

---

① 参见费安玲：《罗马继承法研究》，中国政法大学出版社 2000 年版，第 27 页。

② 参见王艳慧：《西方继承法理念变迁的法哲学分析》，载《云南大学学报（法学版）》2013 年第 6 期。

③ 参见陈苇主编：《外国继承法比较与中国民法典继承编制定研究》，北京大学出版社 2011 年版，第 35 页。

④ 参见陈苇、秦志远、陈法：《论现代继承法的发展趋势及其对"中国民法典·继承编"的立法启示》，载陈苇等：《中国继承法理论与实践研究》，中国人民公安大学出版社 2019 年版，第 32 页。

⑤ 参见陈朝璧：《罗马法原理》，法律出版社 2006 年版，第 419 页。

⑥ 参见梅夏英：《财产权构造的基础分析》，人民法院出版社 2002 年版，第 5 页。

的权利被"家父"所吸收，一家之财产，属于家族全体，家子取得的财物只能由家父支配，"家父"享有对家庭财产的垄断权。① 在当时，族长仅是代表家族的一个集体组织，故族长的死亡无足轻重，原来所有附属并依附于族长的权利与义务，会连续地依附在继承人身上。故实际上这些权利和义务是家族的权利和义务，家族具有法人特性，即永生不灭。对于债权人而言，他完全可以像对旧的族长一样，要求新的族长进行补偿，因为这种责任是旧的家族的责任，永远不会改变。② "家父权"以及由"家父权"衍生的各种权利和义务的集合体被转移给"继承人"。换言之，转移给"继承人"的是整个家族，物质财产只是"家族"的附属品。③ 正如梅因所言，"所有社会的运动在有一点上是一致的。在运动发展的过程中，其特点是家族依附的逐步消灭以及代之而起的个人义务的增长。到近现代时期，原来的家长制逐渐走向灭亡，'个人'不断地代替了'家族'，成为民事法律所考虑的单位"④。此时的继承转变为财产继承，而继承的主体也随之由原来的家族转变为个人，遗产债务的清偿责任主体也随之发生改变。

（三）由概括继承发展为有条件的限定继承

从古希腊时期开始，对于父亲死亡后所遗留的债权债务，其儿子必须全部继承。至古罗马时期，继承人仍要对被继承人遗留的债务承担无限清偿责任。由于概括继承会导致继承人与被继承人的财产混合，这既可能会损害继承人和遗产债权人的利益，也可能会对继承人的债权人造成损害。为此，罗马法创设了财产清单照顾制度、弃权照顾制度、分离照顾制度，以实现继承人与债权人利益的平衡。⑤ 后来，到了近代，随着欧洲各国开始编纂民法

---

① 《罗马法》（第三版），黄风译，中国人民大学出版社 2019 年版，第 70 页。
② ［英］梅因：《古代法》，沈景一译，商务印书馆 1959 年版，第 122 页。
③ ［英］梅因：《古代法》，沈景一译，商务印书馆 1959 年版，第 126 页。
④ ［英］梅因：《古代法》，沈景一译，商务印书馆 1959 年版，第 110 页。
⑤ 《罗马法》（第三版），黄风译，中国人民大学出版社 2019 年版，第 196 页。

典，这些国家深受罗马法的影响，将罗马法的制度结合自身的国情予以改造，在民法典中加以规定。1804 年《法国民法典》、1900年《德国民法典》都是以概括继承为原则，但是赋予继承人选择的权利，继承人可以为避免自身承担过重的债务而选择限定继承或者放弃继承。同时，法国、德国立法明确规定了有条件的有限清偿责任制度，如法国要求如果继承人承担有限清偿责任必须作出声明，并且制作遗产清单提交法院，德国则以继承人申请遗产管理或者遗产破产为条件。此外，即使是后来的《瑞士民法典》也都是以概括继承为原则，并对继承人承担限定责任设置了条件。

（四）由强制的无限清偿责任转向自愿与强制并存的无限清偿责任

古希腊时期和古罗马初期，都要求继承人应对被继承人的债务承担无限清偿责任。后来，古罗马法开始赋予继承人选择权，继承人可以在限定清偿责任、无限清偿责任与放弃继承之间自由选择，以减轻继承人对遗产债务的责任。但是，为避免继承人损害遗产债权人的利益，如果其制作虚假的遗产清单，则要对遗产债务承担强制的无限清偿责任。此立法被后来的法国、德国等国所吸收。两国立法在规定继承人自愿承担无限清偿责任的同时，还规定对于有制作虚假的遗产清单，或者隐匿、转移财产的不法行为的继承人，其限定利益将会丧失。故以法国、德国为代表的大陆法系国家，遗产债务的无限清偿责任分为两种，即自愿的无限清偿责任与强制的无限清偿责任。

（五）遗产债务清偿程序逐步完善

古罗马法在设立限定责任继承制度的同时也确立了程序，即继承人要在法定期限内制作遗产清单。同时，古罗马也确立了财产分离制度，使得继承人固有的财产与其继承的遗产相分离，进而被继承人的债权人就不能再对应归必要继承人所有的财产提出清偿要求。到了近代，法国、德国在继受罗马法的法律制度后，确立了遗产债务申报的通知与公告制度，如法国要求继承人作出限定继承的声明且该声明必须公示，以使遗产债权人申报债权；德国有对遗产债权的公示催告制度，以及遗产破产制度、遗产管理程序等。此外，日本、瑞士、荷兰、埃塞俄比亚、加拿大魁北克省等也有对遗产债权人和受遗赠人的通知公告制度。

（六）遗产债务清偿顺序从无到有

古罗马法时期，概括继承占据了一席之地，继承人对遗产债务承担无限清偿责任，故法律没有必要规定遗产债务清偿顺序。后来，继承人开始对遗产债务承担有限清偿责任。各国在吸收古罗马法规定的基础上，为保护特定遗产债权人的利益，对于遗产不足以清偿债务的清偿顺序予以明确规定。在限定继承制度成为主要趋势的背景下，规定遗产债务清偿顺序有利于保护遗产债权人的合法权益，保障遗产债权人按照规定受清偿。

综上所述，从域外具有代表性的大陆法系国家的立法看，这些国家的遗产债务清偿程序在近代编纂民法典时已经继受了罗马法的制度，进入现代后，各国又逐渐对遗产债务清偿程序的相关制度进行修改，遗产债务的清偿程序不断完善。

第三节　中外遗产债务清偿制度历史演进异同研究

社会发展促进法的演进，法律的发展也要适应社会经济、政治、文化等的全面发展。[1]继承制度属于法律制度的范畴，不但涉及婚姻、家庭、财产制度，也与公民的和睦、社会的稳定息息相关。同时，继承制度与民族传统、伦理道德密不可分。[2]庞德指

---

[1]　参见张文显主编：《法理学》（第五版），高等教育出版社 2018 年版，第 196 页。

[2]　参见程维荣：《中国继承制度史》，东方出版中心 2006 年版，第 11 页。

出，不同的地区，有着语言、性格和传统风俗不同的民族，其生活在不同的经济和历史环境中。这些民族除拥有自身独特的法律制度和机构设置外，有必要并可能长期拥有属于他们自己的演进规律。正如17世纪传统罗马法学家所归纳出的规则和概念，至今仍然被完全不同的民族在完全不同的条件下所采用，这也说明在文明社会中社会控制存在通用的基本原则，故每个民族没有必要使用一部完全区别于其他民族的法律。① 在遗产债务清偿制度的历史演进中，包括中国在内的各国都体现出共性，但是，在共性之上又存在差异。

一、中外遗产债务清偿制度历史演进共性之考察

（一）由身份继承向财产继承演变

无论是中国古代还是古罗马时期，当时的继承实行的都是强制的概括继承，即使被继承人死亡，他的法律人格也依然存在，并全部转移给他的"继承人"。换言之，当时的继承实则是身份的全部转移，财产只不过是一种附属品。后来，随着思想的解放，经济的不断发展，身份继承开始被摒弃，真正实现了财产的继承。到了近代，财产不再是身份的附属物。随着经济的发展与社会的变革，家庭结构与人们思想观念的不断变化，家长制逐渐解体，继承制度也逐渐由以身份继承为主转向完全的财产继承，甚至与被继承人有关的人身权利都被排除在遗产继承的范围之外。财产继承成为一个人自由意志的体现，是自由的外在领域。②

（二）由强制继承向自愿继承演进

在古代时期，不管是古代中国还是古罗马时期，实行的都是父债子还。在家长死亡后，对遗产债务承担无限清偿责任是继承

---

① ［美］罗斯科·庞德：《中国法律之基石：比较法和历史》，熊丙万等译，载《财经法学》2019年第1期。

② 参见刘剑文、杨汉平主编：《私有财产法律保护》，法律出版社2000年版，第102页。

人的义务。即便遗产全部是负债，继承人也不得放弃继承。故在当时的背景下，继承人无论是否自愿，都必须继承，没有任何选择的权利。后来，古罗马大法官意识到强制继承对继承人和遗产债权人而言是不公平的，并且强制继承存在诸多弊端，故创设了弃权照顾制度、财产清单制度、遗产分离制度，开始尊重继承人的意思自治，让继承人自己作出选择。后来，近代时期，法国、德国等国家在制定民法典时，采用了古罗马的制度，尊重继承人的意思自治。中国在近代时期，原来父债子还的习惯开始受到冲击，《中华民国民法》真正确立了限定继承制度。进入现代，中国和域外国家的继承立法继续赋予继承人自愿选择限定继承或概括继承，甚至放弃继承的权利。对于继承制度，法律完全尊重继承人的意愿。

（三）遗产债务清偿责任主体逐渐由家长转向个人

无论是中国古代还是古罗马时期，继承是身份的全部转移，而财产只不过是一种附属品。在家族的"法定代表人"去世后，被继承人的债权人实则是整个家族的债权人，其仍然可以向新的家族的"法定代表人"请求偿还债务，并且债权请求权也不会有任何减损。换言之，在人类社会早期，父权制度既是起点，也是归宿，所有法律制度都是以父权制度为中心而展开设计的。[①] 随着家族的消解，个人的地位日益凸显，近代法在确立尊重个人意思自治与所有权绝对自由原则的同时，也确立了以财产继承为中心的继承制度。[②] 继承由身份继承向财产继承演进，在各家庭成员之间逐渐实现平等，诸继承人逐渐有权继承被继承人的遗产。因此，遗产债务清偿的主体由原来的家族转向个人。在有多个继承人的情况下，遗产债权人可以向接受继承的多个继承人请求清偿债务。

---

① 参见王艳慧：《西方继承法理念变迁的法哲学分析》，载《云南大学学报（法学版）》2013年第6期。

② 参见林秀雄：《继承法讲义》，（我国台湾）元照出版社2005年版，第1页。

（四）遗产债务清偿责任由概括继承向限定继承变化

古代的概括继承制度是时代的产物，家庭财产制决定了这一制度的诞生。后来，古罗马大法官意识到这一制度的弊端，为此确立了财产清单照顾制度、弃权照顾制度以及财产分离制度。继承人可以在遗产范围内承担限定清偿责任，但是其必须制作遗产清单。直到近代法国、德国等具有代表性的大陆法系国家的民法典继受古罗马法，分别确定了本国立法中的限定继承制度。新中国成立后，我国彻底消除了原来的旧制度，真正实现了继承人对遗产债务的限定清偿责任。由此观之，无论是我国立法还是域外立法，遗产债务清偿责任都是从开始的概括继承制度向限定继承制度演变。

二、中外遗产债务清偿制度历史演进差异之考察

（一）遗产债务清偿责任条件之差异

关于中外遗产债务清偿制度，其演进之差异之一便是对有限清偿责任制度的演进。从古代到现代的演进，虽然中国与大陆法系国家都采用了直接继承制度，然而，对于限定继承与无限继承，则有所差异。一方面，对古罗马制度的继承内容不同。中国与大陆法系具有代表性国家的遗产债务清偿责任类型不同。在历史演进中，中国现在的继承立法中，1985 年《继承法》规定了无条件的限定继承制度与自愿的无限清偿责任制度。2020 年颁布的《民法典》沿用此规定。而大陆法系国家不但吸收了以制作遗产清单为中心的限定继承制度，同时，也继受了古罗马继承人隐匿遗产、不按规定制作遗产清单所承担的强制无限清偿责任。另一方面，限定继承制度的演进不同。中国的继承制度是当然的限定继承制度，法国、德国、日本、瑞士等大陆法系具有代表性的国家立法确立了以概括继承（包括自愿和强制的无限清偿责任）为原则的继承制度和有条件的限定继承制度。继承人承担限定继承责任，必须履行法律规定的程序，否则就推定其对遗产债务承担无限清偿责任。

（二）遗产债务清偿程序的细密与粗疏之差异

遗产债务清偿程序在整个遗产债务清偿制度中至关重要，在我国古代盛行的是"父债子还"的传统，父亲去世后，债权人可以要求儿子以其全部财产承担清偿责任。后来，随着西学东渐，近代时期的《大清民律草案》《民国民律草案》《中华民国民法》效仿西方国家，规定了遗产债务的清偿程序，但是，只有《中华民国民法》真正实施。1985年《继承法》出台后，并没有明确的有关遗产债务的清偿程序。原因是当时改革开放不久，民众拥有的财产数量相对较少，因此，无须确立复杂的遗产债务清偿程序。在西方大陆法系国家，近代颁布民法典后，法国、德国立法中都规定了遗产债务清偿程序，如法国以净资产为限接受继承制作遗产清单的程序，德国的公示催告程序、遗产管理程序和遗产支付不能程序等，并一直延续到现代。在我国，进入现代后，由于近年经济的不断发展，民众拥有的财产日益增多，债权债务关系也日益复杂，2020年颁布的《民法典》确立了遗产管理人制度，明确处理被继承人的债权债务是遗产管理人的职责之一。

（三）遗产债务清偿顺序的确立之差异

中国与域外遗产债务清偿顺序的差异主要体现在遗产债务清偿顺序的确立时间不同。中国在近代时期立法开始规定遗产债务的清偿顺序，古代时期因实行父债子还，故没有规定遗产债务清偿顺序。近代时期，随着限定继承制度的确立，立法也开始规定遗产债务清偿顺序。古罗马法规定了按照遗产债权人申报遗产债权的先后清偿遗产债务，此种立法后来被法国继受。

第三章　遗产债务范围制度研究

本章以遗产债务范围为研究对象，如前所述，笔者认为，遗产债务应采广义，被继承人死亡后从遗产中支出财产而清偿的债务都属于遗产债务。该章主要考察我国丧葬费用支付的民间习惯，分析司法实践中有关遗产债务范围立法存在的争议，在此基础上评析我国《民法典》继承编遗产债务范围立法的进步与有待完善之处。针对遗产债务范围立法不足之处，考察现代域外遗产债务范围立法之规定，结合我国学者观点与民间习惯，提出完善遗产债务范围制度的立法构想。

第一节　我国遗产债务范围制度的现状检视

本节主要从我国丧葬费用支付的民间习惯、司法实践中法院的裁判规则以及我国《民法典》继承编涉及遗产债务范围的立法三个方面考察我国遗产债务范围制度的现状。

一、我国丧葬费用支付方式的民间习惯

（一）我国丧葬费用支付方式的民间习惯实证调查情况

关于被继承人丧葬费用支付方式的民间习惯，分为由全体继承人共同支付、从被继承人遗产中支付和其他支付方式三种，十省市调查统计数据显示，选择这三种方式的比例，重庆市分别为53.15%、41.17%、5.68%；吉林省为50.83%、48.67%、0.50%；

上海市分别为 51.80%、43.20%、5.00%；河北省分别为 64.86%、28.17%、6.97%（在其他支付方式中，由儿子支付的占 1.00%，依照风俗习惯的占 5.97%）；湖北省分别为 57.21%、38.64%、4.15%；江西省分别为 63.54%、30.83%、5.63%（在其他支付方式中，由子女商议的，占 1.20%；死者儿子支付的，占 1.70%；先由遗产支付，不足部分由继承人垫付的占 1.53%；不知道的，占 1.20%）；四川省分别为 59.41%、39.37%、1.22%；广东省分别为 69.12%、29.45%、1.43%；海南省分别为 66.51%、25.18%、8.31%；福建省（民营企业主）分别为 69.17%、28.57%、2.26%；川渝等地（民营企业主）分别为 59.22%、37.43%、3.35%。

表 3-1　丧葬费用支付方式的民间习惯实证调查统计情况①

项目　　　地区	全体继承人共同支付	从被继承人遗产中支付	其他支付方式		
重庆市	53.15%	41.17%	5.68%		
吉林省	50.83%	48.67%	0.50%		
上海市	51.80%	43.20%	5.00%		
河北省	64.86%	28.17%	儿子支付	1.00%	6.97%
			依照风俗习惯支付	5.97%	
湖北省	57.21%	38.64%	4.15%		

---

① 以下属于来源于陈苇等学者 2017 年进行的我国十省市民众观念与民间习惯实证调查数据，参见陈苇主编：《当代中国民众财产继承观念与遗产处理习惯实证调查研究》（上、下卷），中国人民公安大学出版社 2019 年版，第 45、154、250、340、438、535、636、744、830、1015 页。

续表

项目 地区	全体继承人 共同支付	从被继承人 遗产中支付	其他支付 方式		
江西省	63.54%	30.83%	子女商议	1.20%	5.63%
			死者儿子支付	1.70%	
			先由遗产支付,不足 部分继承人垫付	1.53%	
			不知道	1.20%	
四川省	59.41%	39.37%	1.22%		
广东省	69.12%	29.45%	1.43%		
海南省	66.51%	25.18%	8.31%		
福建省(民 营企业主)	69.17%	28.57%	2.26%		
川渝等地 (民营 企业主)	59.22%	37.43%	3.35%		

（二）我国丧葬费用支付方式的民间习惯之特点与原因分析

关于丧葬费用支付方式的民间习惯，在我国十省市被调查地区，统计数据显示的特点是：（1）由全体继承人共同支付的，占五成至近七成，占比最高。其原因可能是，被调查民众认为子女负担父母的生养死葬义务是其应尽的责任，这不仅是我国传统的家庭道德要求，也是一直以来的民间习惯。[1]（2）从被继承人遗产中支付的，占二成半至近五成，占比居第二位。其原因有二：其一，可能民众认为此种支付方式对全体继承人而言更加公平。其二，可能是民众认为丧葬费用属于遗产债务，故应从遗产中进行支付。[2]

---

[1] 参见陈苇主编：《当代中国民众财产继承观念与遗产处理习惯实证调查研究》（上卷），中国人民公安大学出版社2019年版，第101页。

[2] 参见陈苇主编：《当代中国民众财产继承观念与遗产处理习惯实证调查研究》（上卷），中国人民公安大学出版社2019年版，第101、201页。

二、我国遗产债务范围制度的司法现状

为考察司法实践中对遗产债务的认识，笔者在无讼网上以"遗产债务"为关键字进行检索，共检索到 422 个案例样本，其中裁定 51件，判决 371 件。通过对 371 份判决书进行分析，将一审、二审与再审案件合并，同时剔除无效的案例样本，共筛选出 282 个案例样本。①

（一）我国司法实践中遗产债务范围与类型之考察

在司法实践中，遗产债务的范围与类型情况如下：

表 3-2　我国司法实践中遗产债务的范围与类型②

遗产债务类型			遗产债权人请求权	案件数量（个）	占比
合同之债	借款合同		返还借款和利息	221	78.37%
	买卖合同	房屋买卖合同	协助债权人办理过户手续	1	0.35%
		车辆买卖合同	支付房屋按揭款	1	0.35%
		货物买卖合同	支付所欠购车款	2	0.71%
			支付所欠货款	1	0.35%
	劳务合同		请求支付被继承人所欠的劳动报酬	12	4.26%
	物业合同		被继承人生前所欠的物业费	1	0.35%
	合伙合同		返还合伙利润欠款	1	0.35%
	委托合同		返还委托款	1	0.35%
	建设工程施工合同		偿还工程款	2	0.71%
	承包合同		解除承包合同,返还承包金	1	0.35%
	土地使用权转让		请求返还土地使用权转让款	1	0.35%
	赠与合同		请求继承人协助受赠人办理变更手续	1	0.35%

---

① 案例的截止时间为 2020 年 11 月 15 日，需要说明的是，笔者之所以没有直接采用"被继承人债务纠纷"此类案由检索案例，是因为被继承人债务与遗产债务的含义不同，本书以遗产债务为研究对象，因此，为了精确考察遗产债务在司法实践中的情况，故以"遗产债务"为关键字进行搜索。

② 必须说明，关于丧葬费用、医疗费用，在司法实践中存在争议。

续表

遗产债务类型	遗产债权人请求权	案件数量（个）	占比
侵权之债	死亡赔偿金、丧葬费、被扶养人的生活费、精神抚慰金、受害人亲属办理丧葬事宜的合理损失费（误工费、住宿费、交通费）、医疗费、住院伙食补助费	9	3.19%
不当得利之债	返还不当得利款	2	0.71%
扶养费之债	所欠子女抚养费、学费、前妻的生活费及装修费	2	0.71%
丧葬费用	请求继承人支付丧葬费用	18	6.38%
医疗费用	要求偿还被继承人的医疗费用	8	2.84%
总计①		282	100%

由上述数据可知，在 282 个案例样本中，司法实践中的遗产债务主要为被继承人生前所欠的债务，数据所体现的特点是：其一，涉及借款债务的，有 221 件，占 78.37%，所占比例最高，居第一位；其二，涉及丧葬费用的，有 18 件，占 6.38%，居第二位；其三，涉及劳动者报酬债务的，有 12 件，占 4.26%，居第三位；其四，涉及侵权债务的，有 9 件，占 3.19%，居第四位。此外，在合同之债中，有物业合同之债、委托合同之债和基于扶养义务所产生的扶养费之债等多种债务。

---

① 需要说明的是，在涉及医疗费用与丧葬费用的案例样本中，有 3 个案例样本同时涉及。

（二）我国司法实践中遗产债务范围界定之争议

1. 遗产债务范围界定标准之争议

关于遗产债务范围，在笔者搜索到的裁判文书中，各个法院的认识也不尽一致，主要分为四种观点：

（1）遗产债务是被继承人生前尚未清偿的债务。但各个法院认定标准不一，主要分为：其一，用途标准。被继承人个人生活需要所欠的债务，包括税款。① 其二，时间标准。只要是被继承人生前发生的债务，都属于遗产债务。② 其三，以负担债务的责任主体为标准。应当由被继承人负担的债务都是遗产债务。③ 其四，以欠债主体与欠债用途为标准。以被继承人个人名义欠下并且用于被继承人个人需要的债务。④ 其五，以欠债主体为标准，被继承人以个人名义所欠的债务，包括其应当缴纳的税款。⑤

（2）遗产债务包括被继承人生前所欠的个人债务和继承费用。在"杨某某诉被告江某某、江某甲被继承人债务清偿纠纷案"中，法院认为，被继承人的债务包括两部分，一是被继承人生前所欠的个人债务；二是被继承人死后的债务，包括丧葬费和继承费用。⑥

（3）遗产债务包括被继承人生前所欠债务、继承费用和继承开始时产生的债务。持此观点的法院认为，遗产债务范围包括被继承人生前所欠债务、继承费用及继承开始时产生的债务（如遗赠）。⑦

① 参见（2018）湘 31 民终 871 号二审民事判决书。
② 参见（2017）鲁 02 民终 8709 号二审民事判决书。
③ 参见（2014）麒少民初字第 111 号一审民事判决书；（2014）庆西民初字第 1203 号一审民事判决书；（2020）川 1523 民初 782 号一审民事判决书；（2019）云 0128 民初 540 号一审民事判决书；（2019）湘 0611 民初 40 号一审民事判决书；参见（2018）鲁 02 民终 2939 号二审民事判决书。
④ 参见（2017）沪 02 民终 4918 号二审民事判决书。
⑤ 参见（2018）川 34 民终 1380 号二审民事判决书。
⑥ 参见（2014）金口民初字第 199 号一审民事判决书。
⑦ 参见（2019）鲁 02 民终 5148 号二审民事判决书；（2019）鲁 02 民初 1206 号二审民事判决书。

（4）遗产债务是指应当以遗产负担的债务。在"吴某某诉米某某被继承人债务清偿纠纷案"①的法院认为，遗产债务主要包括被继承人生前所欠债务、继承费用、酌给遗产债务等。但是，丧葬费不属于遗产债务，也不能列入继承费用，应当是继承人的义务。如果被继承人生前所在单位负担被继承人的丧葬费用，则继承人便无须负担丧葬费用。②

综上所述，有的法院认为，遗产债务只包括被继承人生前所欠的债务；有的法院认为包括被继承人生前所欠的债务和继承费用；还有的法院认为，除被继承人生前所欠债务、继承费用外，遗赠、遗赠扶养协议、遗产酌给份额、继承费用也都属于遗产债务。概括而言，关于遗产债务的范围，前述各法院的界定标准主要有三种：一是时间标准；二是债的用途；三是举债的主体。遗产债务的范围界定标准不一，这也导致有的法院因界定标准的不一致而遗漏部分遗产债务。

2. 丧葬费用性质认定之争议

（1）丧葬费用不属于遗产债务，是近亲属或遗产继承人的义务。在司法实践中，法院认为，丧葬费用不属于遗产债务的理由主要有二：一是安葬死者既是继承人等近亲属应尽的义务，也是我国社会的道德要求，故丧葬费用不属于遗产债务范围，应由继承人负担。③ 二是因经济条件及风俗习惯的不同，每家每户办理丧

---

① 参见（2012）巫法民初字第00035号一审民事判决书。

② 此案例为已经出版的案例，载法信网 http://wenshu.faxin.cn/wenshu/page/detail.html? uniqid=C1370302&backurl=http://www.faxin.cn/，最后访问日期：2021年2月3日。

③ 参见（2014）淄民一终字第420号二审民事判决书；（2017）沪02民终4918号一审民事判决书；（2017）黑01民终1892号二审民事判决书；（2016）鲁1321民初3149号一审民事判决书；（2014）甘民初字第2177号一审民事判决书；（2014）金口民初字第199号一审民事判决书；（2018）渝0116民初5492号；（2016）川0191民初4634号一审民事判决书；（2013）天民初字第1329号一审民事判决书；（2018）鲁1321民初4499号。

葬事宜时在墓地及丧葬用品的选择、丧事办理的规模等方面都不尽相同，若某一近亲属选择了价格较高的办理丧葬事宜的方式，并主张在被继承人遗产中扣减，可能造成对其他继承人财产权益的损害。①

（2）丧葬费用属于遗产债务。在郭某、孔某 2 等与冯某、孔某 1 继承纠纷案中，法院认为丧葬费用属于遗产债务。②

（3）根据当地风俗习惯，比照被继承人债务处理。其理由是，处理死者丧葬事宜的费用，是在被继承人死亡后产生的，不属于其生前债务。但被继承人近亲属承担安葬死者的义务，符合我国传统民俗。因丧葬费用如何负担，法律尚未规定，故根据当地风俗习惯，比照被继承人债务的处理，以被继承人遗留的财产负担。③

（4）未明确丧葬费用是否属于遗产债务，认为丧葬费用可以直接从遗产中扣除。在"陈某 1、陈某 2 等与陈某继承纠纷案"中，法院认为，继承人为被继承人支付的医疗费及办理丧葬事宜的费用应酌情从遗产中支付。④

3. 医疗费用的支付主体之争议

关于医疗费用的支付方式，则分为三种观点：其一，医疗费属于遗产债务，应当从被继承人的遗产中支付。例如，在"康某香诉陈甲、陈乙继承纠纷案"中，法院认为，在继承遗产前，应当先扣除被继承人生前由继承人之一所垫付的医药费用。⑤ 其二，医疗费用属于遗产债务，但是应当由继承人支付。例如，在"恽某敏诉周某兰、马某豪合同纠纷案"中，恽某与死者马某是同居关系，其支付了被继承人马某的丧葬费、医疗费，除被继承人的

---

① 参见（2016）川 0191 民初 4634 号一审民事判决书。
② 参见（2017）粤 01 民终 3703 号二审民事判决书。
③ 参见（2016）津 0112 民初 7197 号一审民事判决书。
④ 参见（2018）浙 0681 民初 10079 号一审民事判决书。
⑤ 参见（2013）天民初字第 1329 号一审民事判决书。

医疗保险负担外，对于不能报销的部分，一审法院并未要求继承人承担清偿责任，二审法院予以改判，要求继承人予以返还。① 其三，被继承人生前所欠的医疗费用不属于遗产债务，应当由继承人负担。在"王某甲、王某乙与吴某被继承人债务清偿纠纷上诉案"中，原告要求确认被继承人生前的医疗费用及丧葬费用为遗产债务，一审法院确定该医疗费作为被继承人的债务，应从被继承人的遗产中清偿给王某甲（被继承人的子女之一）。二审法院经过审理，认为子女对父母有赡养义务，故予以改判，认为医疗费不属于遗产债务。②

综上所述，司法实践中遗产债务范围认定的混乱，需要将考察视角从司法层面转移到立法层面，挖掘司法实践中裁判困境产生的根源。在现代法治国家，法条至上，立法机关的法条是司法机关进行裁判的重要依据，只要法条的含义和司法适用的范围清晰，法官只要以法条为依据，作出合法的判决即可。③ 遗产债务范围界定的不一致，其原因之一是我国 1985 年《继承法》及司法解释中没有明确界定遗产债务的标准。

三、我国遗产债务范围制度的立法沿革

（一）我国遗产债务范围制度立法之考察

1. 1985 年《继承法》之规定

关于遗产的范围，1985 年《继承法》第 3 条规定，遗产是公民死亡时遗留的个人合法财产，包括公民的收入、房屋、储蓄和生活用品、林木、牲畜、家禽、文物、图书资料和其他生产资料、

---

① 参见（2019）浙 01 民终 5404 号二审民事判决书。
② 参见（2013）浙杭民终字第 3365 号二审民事判决书。
③ 参见任强：《司法方法在裁判中的运用——法条至上、原则裁判与后果权衡》，载《中国社会科学》2017 年第 6 期。

著作权与专利权中的财产权利以及其他合法财产。① 由此可知，1985 年《继承法》对遗产的界定模式采取"兜底式+列举式"。

关于遗产债务范围，1985 年《继承法》只是提及了"被继承人应当依法缴纳的税款和债务"，并未出现"遗产债务"这一语词，也未清晰界定遗产债务的概念与范围。② 而且，此处的债务应是与税款相对应的私法债务。

2. 2020 年《民法典》之规定

关于遗产范围，2020 年《民法典》第 1122 条规定，除法律规定或者因性质禁止继承的财产外，其他自然人死亡时遗留的个人合法财产都属于遗产。③ 可见，此次《民法典》对遗产范围的界定，采用"概括式+排除式"的立法式，改变了原来的"兜底式+列举式"式。据此可知，自然人死亡时留有的个人合法财产，都转化为遗产由继承人继承，但具有人身性质的遗产除外。

关于遗产债务的概念与范围，我国《民法典》继承编仍无明确规定，只是在第 1159 条④、第 1161 条⑤、第 1162 条⑥等立法中

① 1985 年《继承法》第 3 条规定："遗产是公民死亡时遗留的个人合法财产，包括：（一）公民的收入；（二）公民的房屋、储蓄和生活用品；（三）公民的林木、牲畜和家禽；（四）公民的文物、图书资料；（五）法律允许公民所有的生产资料；（六）公民的著作权、专利权中的财产权利；（七）公民的其他合法财产。"

② 1985 年《继承法》第 33 条第 1 款规定："继承遗产应当清偿被继承人依法应当缴纳的税款和债务，缴纳税款和清偿债务以他的遗产实际价值为限。超过遗产实际价值部分，继承人自愿偿还的不在此限。"

③ 2020 年《民法典》第 1122 条"遗产是自然人死亡时遗留的个人合法财产。依照法律规定或者根据其性质不得继承的遗产，不得继承。"

④ 2020 年《民法典》第 1159 条规定："分割遗产，应当清偿被继承人依法应当缴纳的税款和债务；但是，应当为缺乏劳动能力又没有生活来源的继承人保留必要的遗产。"

⑤ 2020 年《民法典》第 1161 条规定："继承人以所得遗产实际价值为限清偿被继承人依法应当缴纳的税款和债务。超过遗产实际价值部分，继承人自愿偿还的不在此限。继承人放弃继承的，对被继承人依法应当缴纳的税款和债务可以不负清偿责任。"

⑥ 2020 年《民法典》第 1162 条规定："执行遗赠不得妨碍清偿遗赠人依法应当缴纳的税款和债务。"

有所提及，并未作实质性改变。此外，《民法典》第 1145 条至第 1149 条规定了遗产管理人制度，遗产管理人在管理遗产时会产生遗产管理费、遗嘱执行费等继承费用。但《民法典》也未规定此部分费用应如何支付。

综上所述，根据我国现行立法的规定以及前述司法实践中遗产债务的范围与类型，被继承人生前所欠的债务包括被继承人以意定或法定方式产生的债务，可以分为：（1）意定之债，包括合同等所产生的债务；（2）法定之债，包括因侵权、无因管理、不当得利所产生的债务。侵权之债包括医疗费、护理费、交通费、营养费、住院伙食补助费、辅助器具和残疾赔偿金、丧葬费用和死亡赔偿金。①

（二）我国遗产债务范围制度立法之反思

1. 我国遗产债务范围立法之进步

1985 年《继承法》采取列举式规定遗产范围，主要是为了宣示，通过适当列举遗产内容，既能够确定主要的遗产项目，又能够宣示主要的遗产范围，有利于群众掌握。② 但此种立法无法涵盖其他的财产形式，具有一定的局限性。因为对遗产列举无论达到何等详尽程度，在财产类型日益增加和财产形式不断丰富的情形下，也无法涵盖遗产的全部范围，甚至可能发生法律属性争议的弊病。③ 2020 年《民法典》继承编中遗产的范围由"兜底式+列举式"转向"概括式+排除式"，是立法技术上的一大进步。一方面，随着经济的不断发展，人们可供支配的财富越来越多，财产的种

① 2020 年《民法典》第 1179 条规定："侵害他人造成人身损害的，应当赔偿医疗费、护理费、交通费、营养费、住院伙食补助费等为治疗和康复支出的合理费用，以及因误工减少的收入。造成残疾的，还应当赔偿辅助器具费和残疾赔偿金；造成死亡的，还应当赔偿丧葬费和死亡赔偿金。"

② 参见杨立新：《中国民法典释评·继承编》，中国人民大学出版社 2020 年版，第 31 页。

③ 参见江必新主编：《民法典重点修改及新条文解读》，中国法制出版社 2020 年版，第 904 页。

类也在不断增加，采用此种立法模式划定遗产的范围，只要是符合财产性、私有性和时间性标准的财产，均应被纳入遗产范围，能够更好地适应因社会和技术发展而不断产生的新的财产类型。[①]另一方面，此规定确立了自然人遗产范围的"负面清单"机制，明确了只有依照法律规定或者根据性质不得继承的财产被排除在遗产范围外，除此之外的一切个人合法财产均可以纳入遗产范围，无须得到法律的单独允许，这消除了《继承法》第3条在遗产范围界定上遗留的计划经济色彩，适应了未来社会的发展需要。[②]

2. 我国遗产债务范围立法之不足

根据我国丧葬费用支付方式的民间习惯、司法实践中出现的争议以及我国《民法典》继承编涉及遗产债务范围的立法规定，可以得知，我国现行立法仍存在以下不足之处：

（1）遗产债务范围的界定未细化。遗产债务范围的界定仍然没有改变原来的立法模式与立法内容，在立法模式上，我国《民法典》仍然沿用1985年《继承法》，笼统地概括为被继承人应当缴纳的税款和债务，界定得不够清晰。[③]曾有学者指出，"在遗产债务清偿制度中，遗产债务的范围过于模糊，不具体，界定遗产债务没有统一的标准可遵循……"[④]由此可知，《民法典》并未解决原《继承法》中未规定遗产债务范围的问题。《民法典》继承编未明确界定遗产债务范围，只是提及了被继承人的债务和税款，这不利于民众对遗产债务的全面认识，也不利于保护遗产债权人

[①]　参见陈甦主编：《中国社会科学院民法典分则草案建议稿》，法律出版社2019年版，第394页。

[②]　参见陈甦、谢鸿飞主编：《民法典评注·继承编》，中国法制出版社2020年版，第17-18页。

[③]　参见梁慧星主编：《中国民法典草案建议稿附理由：继承编》，法律出版社2013年版，第177页。

[④]　杨立新：《民法分则继承编立法研究》，载《中国法学》2017年第2期。

的利益。① 我国 1985 年《继承法》没有确定遗产债务的概念，这导致司法实践中遗产债务的含义不尽一致。正如列宁所说，"凡是没有思维和概念的对象，就是一种表象或者甚至只是一种名称；只有在思维和概念的规定中，对象才是它本来的那样"。② 对此，1985 年《继承法》在司法实践中所出现的法院对遗产债务界定标准不一的现象，在《民法典》施行后仍然不会有较大改善。

（2）丧葬费用是否属于遗产债务法无明文。根据我国《社会保险法》和《工伤保险条例》的规定，因病或非因工死亡的参加基本养老保险的个人和因工死亡的职工，其近亲属有权领取丧葬补助金。③ 此外，《民法典》也规定因被侵权死亡的，丧葬费用属于人身侵权损害赔偿的一部分。因此，在上述情况下，被继承人的丧葬费用无须继承人支付。在被继承人既不是因工死亡，也不能享受养老保险待遇时，其丧葬费用的支付由谁负担则成为问题。关于此部分丧葬费用，首先，从丧葬费用支付方式的民间习惯看，

---

① 参见麻昌华：《论法的民族性与我国继承法的修改》，载《法学评论》2015 年第 1 期。

② 《列宁全集》（第 38 卷），中共中央马克思恩格斯列宁斯大林著作编译局译，人民出版社 1959 年版，第 242 页。

③ 《社会保险法》（2018 年修正）第 17 条规定："参加基本养老保险的个人，因病或者非因工死亡的，其遗属可以领取丧葬补助金和抚恤金；在未达到法定退休年龄时因病或者非因工致残完全丧失劳动能力的，可以领取病残津贴。所需资金从基本养老保险基金中支付。"《工伤保险条例》（2010 年修订）第 39 条规定："职工因工死亡，其近亲属按照下列规定从工伤保险基金领取丧葬补助金、供养亲属抚恤金和一次性工亡补助金：（一）丧葬补助金为 6 个月的统筹地区上年度职工月平均工资；（二）供养亲属抚恤金按照职工本人工资的一定比例发给由因工死亡职工生前提供主要生活来源、无劳动能力的亲属。标准为：配偶每月 40%，其他亲属每人每月 30%，孤寡老人或者孤儿每人每月在上述标准的基础上增加 10%。核定的各供养亲属的抚恤金之和不应高于因工死亡职工生前的工资。供养亲属的具体范围由国务院社会保险行政部门规定；（三）一次性工亡补助金标准为上一年度全国城镇居民人均可支配收入的 20 倍。伤残职工在停工留薪期内因工伤导致死亡的，其近亲属享受本条第一款规定的待遇。一级至四级伤残职工在停工留薪期满后死亡的，其近亲属可以享受本条第一款第（一）项、第（二）项规定的待遇。"

我国民间的处理方式不一致。在十省市被调查地区中，由全体继承人共同支付所占比例最高，此外，还存在从被继承人遗产中支付的方式（见表3-1）。其次，从我国司法实践方面看，我国司法实践中法院的裁判规则也不同，其争议主要体现在两个方面：一是丧葬费用是否属于遗产债务；二是丧葬费用应当由谁支付。出现争议的主要原因是我国1985年《继承法》中没有规定非法定丧葬费用是否属于遗产债务，也未规定其支付主体。对此，我国《民法典》继承编也无规定。在《民法典》实施后，丧葬费用是否属于遗产债务的争议在司法实践中仍然会存在，这是其立法之不足。

（3）继承开始时产生的债务是否属于遗产债务立法无规定。遗赠扶养协议之遗赠的标的、遗产酌给份额、必留份份额、遗赠等都是在继承开始后产生的。对于这些应当从遗产中给付的份额是否属于遗产债务，我国法院的认识存在差异。究其原因，是1985年《继承法》及司法解释中无规定。对此，我国《民法典》继承编也无规定。由此推之，我国《民法典》继承编有关继承开始时所产生的债务立法不足之处为：

其一，关于必留份份额是否属于遗产债务，立法无规定。我国《民法典》第1159条规定，应当为"双无"[1]人员保留必要的遗产份额，即该份额应从遗产中支付。但是，对于必留份份额是否属于遗产债务，我国现行立法未明确。

其二，关于遗产酌给份额是否属于遗产债务，立法无规定。关于遗产酌给的性质，学界存在不同的观点。①特殊权利说。与继承权和受遗赠权不同，酌情分得遗产请求权是我国法定继承中一种特殊性质的权利。[2] ②法定遗赠说。遗产酌给请求权人不承担

---

[1] 双无人员，是指缺乏劳动能力又没有生活来源的继承人。

[2] 参见刘春茂主编：《中国民法学·财产继承》（修订版），人民法院出版社2008年版，第93页。

遗产债务，从效力上看，将其定性为法定遗赠更为合适。并且，遗产酌给请求权是在遗产债务清偿后从剩余的积极财产中获得部分利益，故遗产酌给请求权不是被继承人的遗产债权。① ③债权说。遗产酌给请求权是基于法律规定和扶养事实而发生的法定遗产债权。② 我国《民法典》第1131条规定，依靠被继承人扶养的或者对被继承人扶养较多的继承人以外的人可以请求一定的遗产份额。但并未明确遗产酌给请求权是否被包含在遗产债务范围内。

其三，关于遗赠扶养协议之遗赠的标的是否属于遗产债务，立法无规定。我国《民法典》继承编第1158条规定了遗赠扶养协议的主体、客体以及权利义务关系。③ 但至于遗赠扶养协议中的遗赠标的是否可归为遗产债务，从我国现行立法中无法推之，此为立法之不足。

其四，关于遗赠是否属于遗产债务，立法无规定。对此，学者观点不一致，有的学者认为，"遗赠本身究其性质如同遗产债权一样乃遗产上之负担"。④ 但也有学者主张遗赠不属于遗产债务。⑤ 我国《民法典》第1163条规定，应先清偿被继承人所欠的税款和债务，再交付遗赠。从我国的现行立法中，无法明确遗赠是否属于遗产债务，这是立法之不足。

---

① 参见张平华、刘耀东：《继承法原理》，中国法制出版社2009年版，第212页。

② 参见张玉敏：《继承法律制度研究》（第二版），华中科技大学出版社2016年版，第89页。

③ 2020年《民法典》继承编第1158条规定："自然人可以与继承人以外的组织或者个人签订遗赠扶养协议。按照协议，该组织或者个人承担该自然人生养死葬的义务，享有受遗赠的权利。"

④ 刘耀东：《论基于继承与遗赠发生的不动产物权变动——以〈物权法〉第29条为中心》，载《现代法学》2015年第1期。

⑤ 参见郭明瑞、房绍坤、关涛：《继承法研究》，中国人民大学出版社2003年版，第137页。

其五，关于继承费用是否属于遗产债务，立法存在空白。继承费用，是指为完全管理、分割遗产及执行遗嘱而支出的费用。继承费用包括诉讼费用，遗产管理人、遗嘱执行人的报酬，清理、保管、维护、修理遗产的费用，拍卖、变卖遗产的相关税费等。[①] 1985年《继承法》在实施过程中，因没有规定继承费用的支付主体，故导致法院的裁判不一致。我国《民法典》新增了遗产管理人制度，遗产管理费用、遗嘱执行费用等都应属于继承费用。随着遗产管理人制度的实施，继承费用的支付情况会增多，但《民法典》对此无规定，这是立法之不足。

第二节　域外遗产债务范围制度立法之镜鉴

本节主要考察域外法国、德国、日本、瑞士、荷兰、埃塞俄比亚和加拿大魁北克省等七个国家和地区的立法，以明确域外立法所界定的遗产债务范围，并在此基础上进行比较评析，分析论证可供我国借鉴的有益立法经验。

一、域外遗产债务范围立法之考察

（一）法国遗产债务范围

关于遗产债务范围，法国采用松散立法的模式，规定了应从遗产中支出的遗产份额，但未明确列明哪些债务可归入遗产债务的范围。有学者指出，法国遗产债务包含被继承人死亡时尚未清偿的依法或约定应由其承担的债务，也包括其他费用。[②] 根据《法国民法典》规定，涉及遗产债务的内容包括：（1）被继承人生前所欠的债

---

① 参见郭明瑞、房绍坤、关涛：《继承法研究》，中国人民大学出版社2003年版，第159-160页。

② 参见《法国民法典》，罗结珍译，北京大学出版社2011年版，第220页——译者注。

务，如最后患病所支出的费用及死者尚未缴纳的税金、租金等。① (2) 被继承人父母以外的直系血亲的赡养债权。② (3) 健在配偶的法定扶养费请求权。先逝配偶的遗产，应当为有继承权的健在配偶按其所需要提供扶养费，扶养费从遗产中提取，由所有的继承人负担。③ (4) 生前赠与之债。④ (5) 继承费用。继承费用包括：制作遗产清册与账目以及加封印的费用;⑤ 继承人在放弃继承之前正当支付的费用;⑥ 保管死者财产所必要的费用;⑦ 管理与出卖遗产所需的费用;⑧ 委托代理人管理遗产的报酬等。⑨ (6) 丧葬费用。⑩

关于遗赠，法国的遗赠分为全部概括遗赠、部分概括遗赠和特定财产的遗赠。⑪ 部分概括受遗赠人与全部概括受遗赠人应当按照其取得的财产数额，负有清偿遗产债务与负担的义务。⑫ 由此可知，在法国，并未将遗赠作为遗产债务。可见，法国遗产债务的范围只是被继承人死亡时应当清偿的债务，该国立法对遗产债务采狭义，而特留份份额、遗赠等并不属于遗产债务。

(二) 德国遗产债务范围

《德国民法典》规定，除被继承人的债务外，因特留份权利、

---

① 参见《法国民法典》第784条。
② 如果健在配偶受领被继承人的全部财产或3/4的财产，死者父母以外的直系尊血亲就先逝者的遗产按需要享有赡养债权。赡养费从遗产中先取，由所有的继承人负担。参见《法国民法典》第758条。
③ 参见《法国民法典》第767条。
④ 参见《法国民法典》第932条。
⑤ 参见《法国民法典》第803条。
⑥ 参见《法国民法典》第808条。
⑦ 参见《法国民法典》第810-4条。
⑧ 参见《法国民法典》第810-11条。
⑨ 参见《法国民法典》第812-3条。
⑩ 参见《法国民法典》第784条。
⑪ 参见《法国民法典》第1002条。
⑫ 参见《法国民法典》第1009、1012条。

遗赠和负担产生的债务，都属于遗产债务。① 根据《德国民法典》② 和《德国破产法》③ 的规定，遗产债务的具体范围包括：

1. 被继承人债务

被继承人的债务既包括被继承人因法律行为所欠的债务等，也包括税收债务等纳税义务。④

2. 继承事件债务

继承事件债务，即因继承而产生的债务。⑤ 继承人因继承遗产而应承担的债务为继承事件债务。继承事件债务不仅指继承开始时生成的债务，如特留份、遗赠、负担等，也包括因被继承人去世而产生的且与遗产有联系的债务，如丧葬费用、开启遗嘱的费用、遗嘱执行人和遗产管理人的报酬以及管理遗产产生的费用等。⑥ 继承事件债务包括：

第一，继承开始时生成的债务。（1）特留份请求权。被继承人的直系卑亲属、父母和配偶因死因处分而被排除于继承顺序之外的，可以向继承人请求特留份。⑦ （2）遗赠，除被继承人遗嘱中

---

① 参见《德国民法典》第 1967 条，杜景林、卢谌：《德国民法典——全条文注释》（下册），中国政法大学出版社 2015 年版，第 1148 页。

② 参见《德国民法典》，台湾大学法律学院、台湾大学基金会编译，北京大学出版社 2017 年版。以下《德国民法典》条文除有特别说明外，均出自此书。

③ Insolvency Statute（amended in 2011），载 http://www.gesetze-im-internet.de/englisch_inso/index.html，最后访问日期：2020 年 11 月 29 日。根据德国司法部网站发布的官方文本，《德国破产法》的最新修改颁布是 2017 年版，但是，该国官方发布的英文版本是在 2011 年，因此，由于语言的限制，本书主要是对此英文版本进行考察。

④ 《德国遗产税法》第 10 条第 5 款第 1 项，参见［德］马蒂亚斯·施默克尔：《德国继承法》（第五版），吴逸越译，中国人民大学出版社 2020 年版，第 218 页。

⑤ See Dieter Schwab and Peter Gottwald and Saskia Lettmaier, *Family and Succession Law in Germany（Third Edition）*, New York: Wolters Kluwer, 2017, p. 183.

⑥ 参见［德］雷纳·弗兰克、托比亚斯·海尔姆斯：《德国继承法》，王葆莳、林佳业译，中国政法大学出版社 2015 年版，第 177-178 页。

⑦ 参见《德国民法典》第 2303 条。

的遗赠外，还包括法定遗赠：①配偶的先取份。[1] ②最初 30 天的扶养费。[2]（3）财产增加额均衡请求权。[3]（4）对继子女的教育培训的花费。[4]（5）尚未出生之继承人的生母的扶养费。[5]（6）负担。被继承人可以以遗嘱使继承人或某个受遗赠人担负给付义务，而不给予另一人请求给付的权利（负担）。[6] 负担为死因处分，其使继承人或受遗赠人负有向受益人给付的义务，但受益人自己并不直接获得请求给付的权利，也不得请求不履行的损害赔偿。负担给付不需要具有财产价值。如免费开放私人图书馆、禁止出让

---

①　生存配偶与第二顺序血亲或者与祖父母同为法定继承人的，除应继份之外，其取得属于婚姻家庭的用具，但以此种用具非为土地从物为限，以及取得结婚赠与物作为先取遗产。生存的配偶与第一顺序血亲同为法定继承人的，其取得此种用具，但以其为处理适当家务而需此种用具为限。对于先取遗产，适用关于遗赠的规定。参见《德国民法典》第 1932 条。

②　在被继承人死亡时，尚在被继承人家中与其共同生活并且受被继承人扶养的家属，在继承开始后 30 日内，继承人对其负有扶养义务，扶养的范围与被继承人生前所为的范围相同，继承人并应允许受扶养人使用住房和家庭用具。但被继承人可以以终意处分另做指示。参见《德国民法典》第 1969 条。

③　生存的夫妻一方不能成为继承人，并且其亦不享有遗赠的，其可以依第 1373 条至第 1383 条、第 1390 条的规定，请求净益结算；在此种情形中，生存的夫妻一方或者其他特留份权利人的特留份，依该方未被增加的法定应继份确定。生存的夫妻一方抛弃继承的，即使其依继承法上的规定不享有特留份，其仍然可以在净益结算之外请求特留份；该方因与其配偶订立的合同，已经抛弃其法定继承权或者特留份的，不适用此种规定。参见《德国民法典》第 1371 条第 2 款、第 3 款。参见杜景林、卢谌：《德国民法典——全条文注释》（下册），中国政法大学出版社 2015 年版，第 914 页。

④　死亡的夫妻一方有直系卑亲属，而其直系卑亲属非由因该方死亡而解除的婚姻出生，并且有继承权的，生存的夫妻一方在这些直系卑亲属对此有需要，并且在其需要的限度内，有义务由其根据法律规定所增加给予的 1/4，向其提供受适当教育所需要的资金。参见《德国民法典》第 1371 条第 1 款、第 4 款，参见杜景林、卢谌：《德国民法典——全条文注释》（下册），中国政法大学出版社 2015 年版，第 913~914 页。

⑤　在继承开始时继承人尚未出生的，以生母无力自行扶养为限，生母在分娩前可以请求由遗产给予适当扶养，或者在还有其他的人被指定为继承人时，可以请求由子女的应继份给予适当扶养。在确定应继份时，应当认为仅生育一名子女。参见《德国民法典》第 1963 条。

⑥　参见《德国民法典》第 1940 条。

土地，以及看护墓地等，都可以成为负担的内容。①

第二，因被继承人去世而产生的与遗产有联系的债务，包括：（1）从遗产中偿还继承人的费用；②（2）死者的丧葬费用；（3）宣布死者死亡的诉讼所产生的遗产的费用；（4）遗嘱费用、遗产保全、遗产保佐、遗产债权人催告及制作遗产清单③等费用；（5）遗产保佐人或遗嘱执行人的法律行为产生的债务；（6）因遗产保护人、遗嘱执行人就拒绝继承之继承人之事务执行所成立之债务；④（7）遗产占有人为支付遗产负担或为清偿遗产债务而进行的支出，亦属于继承费用。⑤

（三）日本遗产债务范围

《日本民法典》未明确遗产债务的具体范围。根据《日本民法典》的规定，遗产债务除包括被继承人生前所欠的债务外，需要从遗产中支出的项目包括：（1）特别贡献费用请求权。通过无偿提供医疗、护理或者其他劳动，对被继承人的财产的维持或者增加作出特别贡献的人而支付的款项。⑥（2）遗赠之债。遗嘱人可以概括或者特定的名义，处分其财产的全部或部分。⑦ 同时，根据《日本破产法》规定，发现对遗产债权人和受遗赠人的债务不能以

---

① 参见杜景林、卢谌：《德国民法典——全条文注释》（下册），中国政法大学出版社 2015 年版，第 1136-1137 页。

② 参见《德国民法典》第 1978、1979 条。

③ 参见《德国民法典》第 2215 条第 5 款，即制作和认证遗产清单的费用。

④ Insolvency Statute(amended in 2011) ,s. 323.

⑤ 《德国民法典》第 2022 条，参见杜景林、卢谌：《德国民法典——全条文注释》（下册），中国政法大学出版社 2015 年版，第 1170 页。

⑥ "特别贡献人"不包括继承人、放弃继承的人以及欠缺资格事由的继承人或者因剥夺继承权而丧失继承权的人。参见《日本民法典》（2020 年修改）第 1050 条第 1 款，载 https：//elaws. e－gov. go. jp/search/elawsSearch/elaws＿search/lsg0500/detail/129AC0000000089＿20220401_430AC0000000059/0？ revIndex＝10&lawId＝129AC0000000089#5048，最后访问日期：2020 年 11 月 5 日。以下简称为《日本民法典》（2020 年修改）。

⑦ 参见《日本民法典》第 964 条，参见刘仕国、牟宪魁、杨瑞贺：《日本民法典》，中国法制出版社 2018 年版。

继承财产全额清偿的，可以申请遗产破产。① 可见，日本也未将遗赠作为遗产债务。（3）特别亲属关系人的分配继承遗产请求权。在没有主张作为继承人时，法院认为适当时，可以根据曾与被继承人共同生活的人、对被继承人的疗养看护尽力的人及其他与被继承人有特别亲属关系的人的请求，将继承的全部或者部分分配给此人。②（4）继承费用。包括：①遗嘱执行人的报酬。③②遗嘱执行费用。④ 但是，因继承人的过失而产生的费用，不在此限。有关继承的费用，无须依特留份权利人因扣减遗赠而取得的财产支付。⑤（5）丧葬费用。在日本，一般认为实质上负责葬礼的继承人必须自费支付丧葬费用。当所有继承人放弃继承时，丧葬费用从被继承人的遗产中支付。⑥（6）公法上的债务。遗产债务不仅包括私法上的债务，还包括税收债务和罚款等公法上的债务。⑦ 但是对于特留份请求权、特别亲属关系人分配继承遗产请求权等是否属于遗产债务，日本无明确规定。⑧

---

① Bankruptcy Act（amended in 2012），a. 223，http：//www. japaneselawtranslation. go. jp/law/detail/？ id=2304&vm=04&re=02&new=1，最后访问日期：2020 年 11 月 5 日。

② 参见《日本民法典》第 958 条之三第 1 款。

③ 家庭法院可以根据继承财产的状况及其他情况确定遗嘱执行人的报酬。但是，遗嘱人在其遗嘱中确定报酬的，不在此限。参见《日本民法典》第 1018 条。

④ 遗嘱执行的费用由继承财产负担，但是，不得因此而减少特留份。参见《日本民法典》第 1021 条。

⑤ 参见《日本民法典》第 885 条。

⑥ Satoshi Minamikata：*Family and Succession Law in Japan*，Alphen aan den Rijn：Wolter Kluwer，2015，p. 254.

⑦ 参见［日］潮见佳男：《详解继承法》（日文版），弘文堂 2018 年版，第 538 页。

⑧ 兄弟姐妹以外的继承人，作为特留份继承人按照法律规定享有被继承人财产的数额。参见《日本民法典》（2020 年修改）第 1042 条。

（四）瑞士遗产债务范围

《瑞士民法典》规定，在死者死亡时，遗产全部由继承人继承。除法定例外情况外，死者的债权、所有权、有限的物权和占有权自动转移于继承人，死者的债务成为继承人的个人债务。[①] 可支配部分根据死者死亡时的资产价值计算。在计算这一价值时，死者的债务、丧葬费、查封和编制遗产清单的费用以及家庭成员 1 个月的扶养费都从遗产价值中扣除。[②] 由此可知，在瑞士，立法也未列明遗产债务的具体范围。需要从遗产中支出的项目包括：（1）家庭贡献费用请求权。子女或孙子孙女对他们与死者共同的家庭所作的贡献应得的适当补偿，必须作为遗产的债务，除非这会使遗产过度负债。[③]（2）受扶养人扶养费请求权。在被继承人死亡时是被继承人的家庭成员并由其供养的继承人可以要求从遗产中给付 1 个月的生活费。[④]（3）遗赠。遗赠人对其遗赠义务人有债权请求权，或在没有人被明确指定为遗赠人的情况下，对法定继承人或指定继承人有债权请求权。[⑤]（4）继承协议。遗嘱人可以通过继承合同，承诺将遗产遗赠他人或第三方。[⑥]（5）特留份份额。如果被继承人有直系卑亲属、父母、配偶或登记同性伴侣作为继承人，则被继承人有权对特留份之外的财产进行遗嘱处分。否则，被继承人应当按照规定为直系卑亲属、父亲或母亲、生存配偶或同性伴侣留有特留份。[⑦]（6）继承开始后所产生的相关费用，包括丧葬费、封存费、财产清单的制作费；[⑧] 对遗产可以主张权利的人，有权

---

① Swiss Civil Code（last amended in 2020），a. 560.
② Swiss Civil Code（last amended in 2020），a. 474.
③ Swiss Civil Code（last amended in 2020），a. 603(2).
④ Swiss Civil Code（last amended in 2020），a. 606.
⑤ Swiss Civil Code（last amended in 2020），a. 562(1).
⑥ Swiss Civil Code（last amended in 2020），a. 494.
⑦ Swiss Civil Code（last amended in 2020），a. 470,471.
⑧ Swiss Civil Code（last amended in 2020），a. 474.

取得遗嘱中与自己相关内容的复印件,其费用从遗产中支付。①

（五）荷兰遗产债务范围

根据《荷兰民法典》的规定,遗产债务包括:② （1）未因被继承人死亡而消灭的死者的法律责任和义务,但该等法律责任和义务不包括因遗赠和赠与所产生的责任和义务。（2）丧葬费用,只要这些费用与死者的情况相符。（3）清算死者遗产的费用,包括清算人的报酬。（4）遗产代理人的费用,包括遗产代理人的报酬。（5）因转移死者遗产而征收的税项,但以继承人应承担的为限。（6）因法定权利而产生的责任和义务,包括:①生存配偶及相关家庭成员的居住权、财产使用权。被继承人的生存配偶,以及在被继承人死亡前长时间与其共同生活的家庭成员所享有被继承人死亡时起6个月的居住权、家庭财产的使用权。③ ②子女抚养费请求权。如被继承人的子女可要求给予其18岁之前照顾和抚养的一次性费用。④ ③家庭贡献费用请求权。死者的子女、继子女、养子女、女婿或孙子女,如已成年,在死者的家庭从事业务时,没有获得适当的报酬,可要求给予一笔相当于公平补偿的款项。⑤ （7）特留份继承人的金钱请求权。⑥ （8）一个或多个继承人因遗赠产生的责任和义务。（9）根据被视为遗赠的赠与和其他行为所产生的责任和义务。⑦ 由此可知,荷兰立法采集中式立法规定遗产债务的范围。

---

① Swiss Civil Code (last amended in 2020), a. 558.

② The Civil Code of the Netherlands (amended in 2012), Book 4, a. 7.

③ The Civil Code of the Netherlands (amended in 2012), Book 4, a. 29.

④ The Civil Code of the Netherlands (amended in 2012), Book 4, a. 35.

⑤ The Civil Code of the Netherlands (amended in 2012), Book 4, a. 36.

⑥ The Civil Code of the Netherlands (amended in 2012), Book 4, a. 80.

⑦ The Civil Code of the Netherlands (amended in 2012), Book 4, a. 126.

（六）埃塞俄比亚遗产债务范围

根据《埃塞俄比亚民法典》的规定，遗产债务范围包括：[①]（1）死者的债务。（2）继承开始后的债务。继承开始后的债务包括：①死者命令作出的单一物遗赠。根据该国立法规定，遗赠分为概括遗赠和单一物遗赠。[②] ②生活保持方面的债务，即受被继承人扶养的人的生活保持请求权。死者的配偶、卑亲属、尊亲属和兄弟姐妹，以及国家取得遗产时，死者死亡时与其共同生活的人，或由其维持生活的人，依法律规定的条件，享有生活保持请求权。[③] 前述法律规定的可以请求生活保持请求权的人，除非为他们需要并且处于不能自食其力的状况，否则不得请求生活保持。[④] 当债权人是死者的配偶或者至少满60岁时，生活保持请求权得通过终生定期金的方式满足。其他情形，得以一次总付的方式支付。[⑤]（3）继承费用，包括：其一，遗产管理和清算费用。①粘贴封条、编制遗产清单和清算报告的费用；②清算人支出的对遗产财产的普通报酬、维修和管理的费用；③分割费用和向继承人移交遗产财产的费用；④遗产税。其二，死者的丧葬费用。死者的丧葬费用不包括纪念死者仪式的费用，并且为死者举行纪念仪式不构成配偶和亲属的法定义务。[⑥] 可见，埃塞俄比亚也采集中式立法。

（七）加拿大魁北克省遗产债务范围

关于遗产债务范围，加拿大魁北克省立法采松散式，未明确遗产债务的具体范围。根据《魁北克民法典》规定，需要从遗产中支付的项目包括：（1）被继承人生前所欠债务。如担保之债，

---

① 参见《埃塞俄比亚民法典》第1014条。
② 参见《埃塞俄比亚民法典》第989条。
③ 参见《埃塞俄比亚民法典》第1026条。
④ 参见《埃塞俄比亚民法典》第1027条。
⑤ 参见《埃塞俄比亚民法典》第1032条。
⑥ 参见《埃塞俄比亚民法典》第1015条。

包括房屋上的法定的和约定的不转移占有的抵押、惩罚性损害赔偿、信用卡债务等。[①]（2）受扶养人的扶养费。每位扶养权利人可在被继承人死亡后6个月内，要求从遗产中提供经济资助作为扶养费。即使扶养权利人是继承人或特定遗赠的受遗赠人，或者在死亡之日前没有行使扶养权，此项权利仍然存在，但无继承资格的人除外。[②]（3）遗赠。遗赠有概括遗赠、部分概括遗赠和特定财产遗赠。[③] 遗产的债权人和特定受遗赠人优先于继承人的任何债权人受偿。[④]（4）生存配偶的补偿金。在夫妻一方死亡时，法院可命令配偶一方向另一方支付一笔一次性或分期支付的津贴，作为对另一方在财产或服务方面为充实其遗产所作的贡献的补偿。[⑤]（5）普通的公共服务使用费。[⑥]（6）继承费用。继承费用是在清算遗产过程中发生的费用，包括：编制财产清册或封存遗产的费用；[⑦] 受遗赠人请求移交遗赠物的费用；[⑧] 遗嘱执行人在履行任务时承担的费用。[⑨] 在司法实践中，这些费用分为四类：丧葬费、遗产清单费、清算费和与清算人报酬有关的费用。[⑩] 在继承事务中，通常认为公证人、会计师或律师费以及为共同利益而发生的法律费用和专业费用应被视为共益费用。[⑪]

---

① See Estate Of J. H. v. Q. J. No. R. H., [2018] 6325, para. 55.

② Civil Code of Québec (last amended in 2020), a. 684.

③ Civil Code of Québec (last amended in 2020), a. 731.

④ Civil Code of Québec (last amended in 2020), a. 781.

⑤ Civil Code of Québec (last amended in 2020), a. 427, 809.

⑥ Civil Code of Québec (last amended in 2020), a. 808.

⑦ Civil Code of Québec (last amended in 2020), a. 792.

⑧ 参见《法国民法典》第1016条。

⑨ 参见《法国民法典》第1034条。

⑩ See Estate of J. H. v. Q. J. No. R. H., [2018] 6325, para. 143.

⑪ See Estate of J. H. v. Q. J. No. R. H., [2018] 6325, para. 122.

二、域外遗产债务范围立法之启示

（一）域外遗产债务范围立法模式之启示

关于遗产债务范围，前述七个国家和地区立法有两种模式：（1）集中式。德国、荷兰、埃塞俄比亚立法使用一个条文专门规定了遗产债务的范围。同时，德国立法规定了遗产债务的概念。（2）松散式。法国、瑞士、日本、加拿大魁北克省则在继承编中分散规定遗产债务的范围。在两种立法模式中，我国采第二种模式。笔者认为，关于遗产债务的范围，采用集中式更为适宜。因为集中式立法能够让继承人和遗产管理人明确哪些属于遗产债务，有利于其及时清理遗产，制作遗产清单，以尽快清偿债务，提高分配遗产的效率。此外，德国立法中遗产债务的概念可供借鉴。

（二）域外遗产债务范围立法内容之启示

关于遗产债务范围，前述域外七个国家和地区立法内容的相同点是：第一，被继承人生前所欠债务和继承费用都属于遗产债务。第二，关于继承费用，一般都包括遗产管理费、遗嘱执行费等。

关于遗产债务范围，前述域外七个国家和地区立法内容的不同点主要为：对于继承开始时产生的债务立法是否明确属于遗产债务。

（1）特留份份额。在前述域外立法中，法国、德国、日本、瑞士、荷兰明确规定特留份从遗产中支付，加拿大魁北克省、埃塞俄比亚未规定此制度。前述设立此制度的国家立法都规定特定的法定继承人享有应继份的份额，被继承人必须为这些法定继承人保留一定的遗产份额。但特留份份额是否属于遗产债务，前述域外立法规定不同，德国、荷兰明确将特留份列入遗产债务，而法国、日本、瑞士则未明确。特留份制度基于法定继承人的亲属身份关系设置，该制度的实质是保护特定近亲属的继承期待权，以维护亲属身份的伦理价值，实现家庭养老育幼的功能。[①] 特留份制度作为限制被继承人自由处分遗产的制度，旨在为一定的亲属提供财产保障。[②] 因此，笔者认为，特留份份额属于遗产的负担。我国没有特留份制度，故在遗产债务中不会有特留份债务。

（2）临时扶养费。除日本外，其他六个国家和地区立法都规定了受被继承人扶养的人的扶养费之债。但是，临时扶养制度在前述立法中有所不同，其不同点是：①称谓不同。埃塞俄比亚表述为生活保持方面的债务，而其他几个国家则称之为扶养费权利。②扶养的主体与内容不同。法国规定被继承人父母以外的直系血亲的赡养债权和健在配偶的扶养费权利。德国规定受被继承人扶养的人在继承开始后最初 30 日内的扶养费。瑞士规定受被继承人供养的人可以请求从遗产中给付 1 个月的生活费。埃塞俄比亚、加拿大魁北克省则是为维持生活而享有的扶养费请求权。荷兰规定被继承人的子女可要求一次性抚养费的权利。③权利行使的条件不同。在前述七个国家和地区中，法国、德国将支付符合条件的受扶养人的扶养费作为继承人和受遗赠人的义务，并且德国将其认定为法定遗赠。而其他六个国家和地区则需要受扶养人自己提出申请，否则，继承人不会主动支付扶养费用。然而，即使制度构造不同，前述六个国家和地区立法都将此权利作为一种债权。笔者认为，因临时扶养费请求权是基于法律规定与扶养事实而产生，故临时扶养费请求权是一种债权，属于法定的遗产债务。此外，临时扶养费制度有利于受扶养人尽快实现其权利，保障受扶养人的基本生活，体现了保护弱者利益的原则。

---

① 参见夏吟兰：《特留份制度之伦理价值分析》，载《现代法学》2012 年第 5 期。

② 参见朱晔：《如何构建民法典继承编中的特留份制度——在家族主义理念与个人主义理念之间摇摆不定的制度走向》，载《苏州大学学报》（法学版）2018 年第 2 期。

（3）遗赠。在前述域外立法中，德国、荷兰、埃塞俄比亚将遗赠明确列入遗产债务，其他四个国家和地区立法虽无明确规定，但通过相关规定可以推知，法国、日本、加拿大魁北克省立法没有将遗赠列入遗产债务的范围。瑞士立法规定遗嘱人有债权请求权，故其也将遗赠作为遗产债务。另外，前述域外立法中，遗赠分为两种立法模式，其一，遗嘱继承与遗赠区分模式，[①] 即以承担的遗产内容作为标准，区分遗赠与遗嘱继承。继承人既继承积极财产，也必须清偿遗产债务，而受遗赠人只享有接受遗赠的权利，没有清偿遗产债务的责任。[②] 此种情况下，遗赠人享有的是债权请求权，德国、瑞士、荷兰采此种模式。因此，遗赠属于遗产债务。其二，遗嘱继承与遗赠同一模式，即不区分遗嘱继承与遗赠的立法模式。[③] 不区分遗赠与遗嘱继承，凡遗嘱人通过遗嘱将遗产进行分配，无论是否在法定继承人的范围内，也不管遗产的内容是积极财产还是消极财产，都称之为遗赠。[④] 法国、日本、埃塞俄比亚、加拿大魁北克省采此模式，这四个国家和地区，除埃塞俄比亚将遗赠分为概括遗赠与单一物遗赠外，其他三个法域都将遗赠分为概括遗赠、部分遗赠与特定遗赠。笔者认为，遗赠属于无偿赠与，无论继承人承担限定清偿责任还是无限清偿责任，继承人都不以自己的固有财产清偿遗赠之债。

（4）继承协议之债。德国、瑞士设有继承合同制度，在继承开始后，继承合同中继承人享有权利。因罗马法和日耳曼法对继承合同的态度迥然不同，因此，在域外立法中对继承合同的态度

---

① 刘耀东：《论基于继承与遗赠发生的不动产物权变动——以〈物权法〉第 29 条为中心》，载《现代法学》2015 年第 1 期。

② 参见郭明瑞、房绍坤、关涛：《继承法研究》，中国人民大学出版社 2003 年版，第 134 页。

③ 刘耀东：《论基于继承与遗赠发生的不动产物权变动——以〈物权法〉第 29 条为中心》，载《现代法学》2015 年第 1 期。

④ 参见郭明瑞、房绍坤、关涛：《继承法研究》，中国人民大学出版社 2003 年版，第 134 页。

也分为两派：一派主张按照日耳曼法传统承认继承合同，以德国、瑞士为代表；另一派则主张订立遗嘱的权利并非私权，禁止订立继承合同，以法国为代表。① 继承合同实质上属于民法中合同的一种类型，故在继承人等主体按照合同履行扶养义务后，对合同中指定的遗产所享有的权利属于债权。笔者认为，继承合同与我国的遗赠扶养协议类似，既然德国、瑞士将继承合同作为遗产债务，我国的遗赠扶养协议中扶养人对遗赠标的的请求权也是遗产债务，应列入遗产债务的范围之中。

（5）丧葬费用。关于丧葬费用，前述七个国家和地区都将丧葬费用作为遗产债务，但是，丧葬费用的支付主体不同。德国、日本规定，丧葬费用由继承人负担，前提是丧葬费用的支付必须与死者的实际情况相符。法国、瑞士、荷兰、埃塞俄比亚则规定从遗产中支付。由继承人支付丧葬费用，原因是继承人对被继承人有扶养义务，同时为避免丧葬费用过度支付而损害继承人的利益。而从遗产中支付丧葬费用的立法，则可能考虑丧葬费用是被继承人死亡后所产生的债务。笔者认为，德国、日本要求继承人负担遗产债务，在无继承人时纳入遗产债务的立法可供我国借鉴。

（6）继承人的贡献份额请求权。瑞士、日本、荷兰规定，对被继承人的事业或家庭作出贡献的继承人，有权获得相应的继承份额，这属于遗产债务。笔者认为，这符合权利义务相一致原则，故对此种支出属于遗产上的负担，此立法值得借鉴。

---

① 参见陈苇主编：《外国继承法比较与中国民法典继承编制定研究》，北京大学出版社 2011 年版，第 482 页。

第三节　我国遗产债务范围制度
立法完善之思考

本节主要通过前述我国立法不足之处，借鉴域外立法的有益经验，考察与评析我国遗产债务范围的立法学者观点，结合我国的民间习惯与司法实践经验，在汲取前人研究成果的基础上，提出完善我国遗产债务范围制度的立法构想。

一、我国遗产债务范围立法学者观点考察与评析

（一）我国遗产债务范围立法学者观点之争议
关于遗产债务范围，笔者主要考察梁慧星[①]、张玉敏[②]、王利明[③]、

---

① 梁慧星等学者认为，遗产债务包括：（1）被继承人生前应当缴纳的税款；（2）完全用于个人生活和生产需要所负债务以及家庭债务中应当由被继承人承担的部分。参见梁慧星主编：《中国民法典草案建议稿附理由：继承编》，法律出版社2013年版，第175-176页。

② 张玉敏等学者认为，遗产债务是指应由遗产负责的债务，包括：（1）继承开始前成立的债务，即被继承人生前因民事行为所负的债务和因侵权行为所欠的债务、欠交的税款和罚款等；（2）继承开始时成立的债务，包括遗赠、遗产酌给债务和特留份债务；（3）继承开始后产生的债务，主要指继承费用，包括遗产税、遗产管理费、遗嘱执行费、遗产清册制作费、公示催告费、诉讼费等费用。参见张玉敏：《继承法律制度研究》，华中科技大学出版社2016年版，第88、93页。

③ 王利明等学者认为，遗产债务包括：（1）被继承人生前欠下的债务；（2）遗产税；（3）遗产酌给债务、因特留份扣减权、遗赠等产生的债务；（4）遗产酌给债务。参见王利明主编：《中国民法典学者建议稿及立法理由·人格权编、婚姻家庭编、继承编》，法律出版社2005年版，第624页。

王歌雅[①]、杨立新[②]、陈苇[③]、陈甦[④]、汪洋[⑤]等学者的观点。前述诸学者所主张的遗产债务范围从时间上可分为三种类型：

第一，继承开始前产生的债务。关于继承开始前的债务，分

---

① 王歌雅认为，遗产债务包括：（1）被继承人生前所负债务，包括欠缴的税款；（2）遗赠扶养协议、继承扶养协议之债、遗赠之债等；（3）合理的丧葬费用、遗产管理费用、遗嘱执行费用等继承费用。参见王歌雅：《〈继承法〉修正：体系建构与制度选择》，载《求是学刊》2013年第2期。

② 杨立新等学者认为，遗产债务包括：（1）继承开始前产生的债务，包括被继承人生前所欠债务和税款；（2）继承开始时产生的债务，包括必留份之债、遗赠扶养协议之债、继承扶养协议之债、遗赠债务；（3）丧葬费用与继承费用，如遗产管理费、遗嘱执行费等。参见杨立新：《民法典继承编草案修改要点》，载《中国法律评论》2019年第1期。

③ 陈苇等学者认为，遗产债务包括：（1）被继承人生前所欠个人债务，包括普通债务和有优先权的担保债务，普通债务包括没有法定扶养人的被继承人生前所欠的医疗费；（2）继承开始时产生的债务，包括必遗份以及确为维持生存所需要的酌分遗产之债、特留份之债、遗赠之债、遗赠扶养协议之债；（3）继承费用，包括遗产的清点和价值评估、制作遗产清单、发布继承开始的通知或公告、管理遗产、清偿遗产债务、分割遗产和执行遗嘱等费用以及没有法定扶养人的被继承人的丧葬费等。参见陈苇主编：《中国遗产处理制度系统化构建研究》，中国人民公安大学出版社2019年版，第344页。

④ 陈甦等学者认为，遗产债务包括：（1）被继承人生前所欠的劳务工资、税款、社会保险费用及其他个人债务等；（2）继承开始时产生的债务，如酌给遗产之债、根据遗赠扶养协议应向受遗赠人给付的财产、遗赠之债；（3）继承费用，如合理的丧葬费用、遗产管理费用、遗产执行费用等继承费用。参见陈甦主编：《中国社会科学院民法典分则草案建议稿》，法律出版社2019年版，第425页。

⑤ 汪洋认为，遗产债务包括：（1）继承开始前存在的债务，包括担保之债；税收债务；涉及生存利益与人格利益的债务，如人身损害赔偿之债、劳动报酬、社会保险与补偿金等劳动债务；惩罚性债务，如侵权债务中的惩罚性赔偿、行政罚款与刑事罚金；普通债务，如因合同、不当得利、无因管理以及劳动债务中超出生存利益的债务、财产侵权之债。其中被继承人以个人名义所欠债务，但是全部或主要部分用于家庭生活的债务，其中应由被继承人清偿的部分属于遗产债务。被继承人为满足继承人的需要以个人名义所欠债务应列入遗产债务。被继承人因继承人有扶养能力而故意或拒绝尽扶养义务，导致被继承人迫于衣食住行医等日常生活需要所欠的债务，认定为被继承人的个人债务。（2）继承开始时产生的债务，包括必留份、遗产酌给份、遗赠扶养协议之债、遗赠之债、遗嘱继承。（3）继承开始后产生的债务，包括继承费用与共益债务。参见汪洋：《遗产债务的类型与清偿顺序》，载《法学》2018年第12期。

为两种：（1）私法债务。其一，对于被继承人生前所欠的债务，诸学者的界定标准也是不同的，分为：①概括式，即被继承人生前所欠的债务，如王利明、杨立新、陈苇、陈甦、汪洋等学者；②用途+责任主体式，如梁慧星等学者认为是完全用于个人生活、生产需要所负债务以及家庭债务中应当由被继承人承担的部分；③行为主体式，如张玉敏等学者认为被继承人生前因民事行为和侵权行为所负的债务。其二，关于特殊债务的界定：①医疗费用。陈苇等学者认为，没有法定扶养人的被继承人生前所欠的医疗费属于遗产债务，汪洋认为，只要是被继承人生前所欠的医疗费用都属于遗产债务，其他学者虽未明确，但如果按照时间和用途进行界定，被继承人所欠的医疗费属于遗产债务。②关于被继承人为满足继承人需要所欠的债务和因继承人未履行赡养扶助义务致使被继承人所欠的债务，汪洋主张应认定为遗产债务，按照梁慧星等学者对被继承人生前所欠债务的界定标准，为满足继承人需要所欠的债务不属于遗产债务。根据张玉敏、王利明、杨立新、陈苇、陈甦等学者的主张，前述两种特殊债务都应认定为遗产债务。（2）公法债务。关于公法债务，诸学者都认为包括税款。张玉敏、汪洋等学者认为还包括罚款。此外，汪洋认为除罚款外，还包括刑事罚金。

　　第二，继承开始时产生的债务。关于继承开始时产生的债务，除梁慧星等学者外，其他学者都主张包括遗赠、遗产酌给债务、必留份债务、遗赠扶养协议之债，其中陈甦等学者认为遗产酌给之债只包括为维持生存所需的债务。张玉敏、王利明、杨立新、陈苇等认为还包括特留份债务。

　　第三，继承开始后产生的债务。关于继承开始后产生的债务，诸学者都主张包括继承费用，如遗产管理费、遗嘱执行费等相关费用。与此不同的是，杨立新、陈甦等学者认为丧葬费用属于继承费用。汪洋主张继承开始后的债务除继承费用外，还包括共益债务。

（二）我国遗产债务范围立法学者观点之评析

关于遗产债务范围之立法学者观点，诸学者的主要争议是：

第一，遗产债务范围的宽窄不同。梁慧星等学者认为遗产债务只包括被继承人生前所欠的债务和税款，其他学者认为除被继承人生前所欠的债务属于遗产债务外，继承开始时以及继承开始后产生的继承费用等也属于遗产债务。笔者认为，从遗产中支付的项目应属于遗产债务的范围。前述除被继承人生前所欠的债务外，继承开始时产生的遗赠、遗产酌给份等以及继承费用等都需要从遗产中支付，故也应纳入遗产债务的范围。

第二，继承开始前成立的债务范围不同。关于继承开始前成立的债务，诸学者观点分为两种：其一，包括被继承人生前所欠的债务和税款，如梁慧星、张玉敏、王利明、杨立新、陈苇等学者。此时，被继承人生前所欠的债务实际上是指私法上的债务，而不包括税收等公法上的债务。张玉敏等学者认为还包括罚款。其二，被继承人生前所欠的债务，包括公法债务和私法债务，汪洋持此观点。笔者认为，被继承人生前所欠的债务既包括私法债务，也包括公法债务，若将被继承人生前所欠债务与税款等并列，也无兜底条款，会导致遗漏行政罚款、刑事罚金等因被继承人的违法行为所欠国家的公法债务类型。

第三，被继承人生前所欠私法债务的界定标准不同。第一种概括地称为被继承人生前所欠的债务，此种标准外延比较广，可以覆盖所有的债务，而第二种标准所覆盖的遗产债务的范围较窄。此种标准将被继承人以个人名义所欠的用于他人的债务排除在外。第三种标准可能会将被继承人应负的家庭债务排除在外。笔者认为，第一种标准即概括式较为可采。

第四，被继承人为满足继承人需要所欠的债务和因继承人未履行赡养扶助义务致使被继承人所欠的债务是否属于遗产债务范围不同。首先，被继承人为满足继承人上学、结婚、营业等所欠的债务。此类债务属于特种赠与。其他学者虽然没有指出，但根据前述各学者对遗产债务范围的界定，可以推断出梁慧星等学者认为此类债务不应属于遗产债务。因其认为只有完全出于被继承人生活需要所欠的债务才属于遗产债务。前述债务的特征是以被继承人的名义欠债，但并非出于被继承人自己生活的需要。笔者认为，将被继承人出于继承人上学、结婚、营业等需要所欠的债务认定为继承人的债务，其优点是有利于保障遗产债权人的利益，同时在我国没有设立遗产归扣的背景下，也有利于被继承人遗产的公平分配。然而，将此类债务认定为继承人的个人债务也存在以下弊端：其一，若将被继承人为满足继承人需要所欠的债务界定为继承人的个人债务，实质上是以"债务的用途"为界定标准。然而，当被继承人举债时，其对继承人有法定扶养义务，此时便不能认定为遗产债务。此外，即使被继承人对继承人已经不再负有法定扶养义务，被继承人所欠的债务是否用于继承人，证明难度也非常大，况且在遗产充足的情况下，遗产债权人可以得到清偿。一旦将此类债务认定为继承人的个人债务，可能会随之衍生一系列问题，因此，有学者提出，"应明晰家庭内部财产关系与外部财产关系，将亲属法与财产法适度脱钩，避免因家庭内部财产关系的复杂化危害交易安全"。① 其二，不宜被民众所接受。根据我国学者近年所进行的实证调查统计数据表明，遗产归扣制度并未得到民众的认可。由此推之，若将被继承人对继承人的特种赠与所欠的债务认定为继承人的个人债务，可能不会被民众接受。其三，即使被认定为继承人的个人债务，如果被继承人因特种赠与而举债，债权人也只有在有充分证据证明其借债用于继承人的生产生活需要时，其诉讼请求才能得到法院的支持。然而，既然债权人可以有充分证据证明，则其很可能在被继承人借债时就得知用途，那么此时债权人就应当承担此种风险。

其次，因继承人未履行扶养义务致使被继承人所欠的债务。

---

① 参见汪洋：《遗产债务的类型与清偿顺序》，载《法学》2018年第12期。

除前述学者观点外，我国有学者认为，此种债务不应属于遗产债务。但是，对于继承人的法定扶养义务，其一，被继承人可以通过诉讼等权利救济方式要求赡养义务人履行赡养义务。其二，从民法基本理论看，除被继承人受继承人委托外，被继承人作为独立的民事主体，其只能代表本人从事民事法律行为，并承担相应的民事法律后果。故从债务的性质看，被继承人以自己的名义所欠的债务，应属于被继承人的个人债务。①

最后，医疗费用是否属于遗产债务。陈苇等学者认为，没有法定扶养人的被继承人生前所欠的医疗费属于遗产债务。汪洋认为，只要是被继承人生前所欠的医疗费用都属于遗产债务，其他学者对此则没有明确表述。笔者认为，被继承人生前所欠的医疗费用，应当属于扶养义务的内容。但是，被继承人如果有遗产，应当首先用遗产清偿医疗费用，如果遗产不能支付的，由继承人承担。

第五，关于继承开始后所发生的费用，首先，前述各学者都认为继承开始后发生的债务为继承费用，汪洋认为除了继承费用外还存在共益债务。在破产法领域，破产费用与共益债务属于同一概念，都是在破产开始后产生。② 笔者认为，可将共益债务列入继承费用中。其次，关于丧葬费用是否属于遗产债务，前述学者的观点分为三种：一是肯定说，即丧葬费用属于继承费用，如杨立新、王歌雅、陈甦等学者；二是否定说，即丧葬费用不属于遗产债务，如梁慧星、王利明、张玉敏等学者；三是折中说，即无法定扶养人时被继承人的丧葬费用才属于遗产债务，如陈苇等学者。笔者认为，丧葬费用应有条件地纳入遗产债务范围。因生养死葬是法定扶养人的义务，也是我国一直以来的传统习惯，若丧

---

① 参见陈文文：《被继承人债务清偿纠纷审判实务若干问题探讨——兼论遗产债务清偿制度的完善》，载《东方法学》2013年第4期。

② 参见李永军：《破产法：理论与规范研究》，中国政法大学出版社2013年版，第221页。

葬费用纳入遗产债务由遗产负担，可能使民众无法接受。故在被继承人没有法定继承人的情况下，丧葬费用才由遗产负担。最后，关于丧葬费用是否属于继承费用的范畴，前述主张丧葬费用应纳入遗产债务范围的学者观点存在争议，王歌雅、陈甦、陈苇等学者认为属于继承费用，杨立新则持相反观点。笔者认为，丧葬费用不宜纳入继承费用的范畴，因为继承费用是为清算遗产而支出的费用，具有共益性质，而丧葬费用是因被继承人死亡而产生的费用，两者的性质不同。

二、我国遗产债务范围制度立法完善之思考

我国《民法典》没有规定遗产债务的概念与范围，导致法院的裁判不一。故笔者通过考察域外立法与学者观点，在前人研究成果的基础上，结合我国实际情况，提出完善遗产债务范围制度的立法构想。关于遗产债务范围的立法模式，我国可借鉴前述德国、荷兰、埃塞俄比亚的集中式立法。关于遗产债务范围的立法内容，应界定遗产债务的概念，细化遗产债务的具体范围。

（一）界定遗产债务的概念

关于遗产债务的概念，笔者认为，我国立法可借鉴前述德国立法的规定和张玉敏等学者的观点，规定由遗产负担的债务属于遗产债务。

（二）明确遗产债务的具体范围

1. 明确被继承人生前所欠的医疗费用属于遗产债务

医疗费用，是指治疗疾病所必需的费用开支，包括诊断费、治疗费、化验费、药费、住院费等一般医疗费用，以及治疗残疾所需要的补救性治疗费用。医疗费用的支出目的是治愈疾病，以维持人的生存，延续人的生命。[①] 我国《婚姻家庭编的解释（一）》第42条规定，抚养费包括子女的生活费、教育费、医疗

---

① 参见高留志：《扶养制度研究》，法律出版社2006年版，第213页。

费等费用。① 此外，2018年修正的《老年人权益保障法》第15条第1款也规定，对于经济困难的老年人，赡养人应当提供医疗费用。② 因此，医疗费用应当属于扶养的内容。然而，并不能因此认定负担医疗费用就是继承人的义务。因为"扶养，谓一定亲属间有经济能力者，本于身份关系，对于无力生活者，应予扶助维持"。③ 所谓的无力生活，是指社会中存在的老、幼、病、残等丧失劳动能力或者没有独立生活来源的"弱者"群体。④ 换言之，扶养以无力自存为逻辑起点。而"无力自存"，是指作为社会成员的人有一定的生存能力，但该能力比较弱，以致不能独自存活下去的状态。⑤ 就此而言，对于被继承人生前所欠的医疗费用，应当认定为遗产债务。

2. 将丧葬费用有条件地纳入遗产债务范围

从性质上而言，丧葬费用是出于被继承人的个人需要，虽然丧葬费用不是为了维持被继承人的生存需要，但是，这种支出是必不可少的。⑥ 故从理论上讲，丧葬费用是出于被继承人的个人需要，应当纳入遗产债务的范围内。然而，"继承制度作为人类最古老的制度之一，具有显著的民族性特征，其发展和完善应与本国的政治、经济、文化和民族传统习惯相适应"⑦。从我国被调查地区的民间习惯看，大部分地区被继承人死亡后的丧葬费用由继承

---

① 《最高人民法院关于适用〈中华人民共和国民法典〉婚姻家庭编的解释（一）》第42条规定："民法典第一千零六十七条所称'抚养费'，包括子女生活费、教育费、医疗费等费用。"

② 2018年修正的《老年人权益保障法》第15条第1款规定："赡养人应当使患病的老年人及时得到治疗和护理；对经济困难的老年人，应当提供医疗费用。"

③ 史尚宽：《亲属法论》，中国政法大学出版社2000年版，第751页。

④ 参见杨大文主编：《婚姻家庭法》，中国人民大学出版社2001年版，第245页。

⑤ 参见高留志：《扶养制度研究》，法律出版社2006年版，第31-32页。

⑥ 参见高留志：《扶养制度研究》，法律出版社2006年版，第214-215页。

⑦ 麻昌华：《论法的民族性与我国继承法的修改》，载《法学评论》2015年第1期。

人负担。从我国司法实践看，大部分法院认为丧葬费用应由继承人负担，不属于遗产债务。从域外立法看，德国、日本立法虽然将丧葬费用认定为遗产债务，但是，该费用由继承人负担。从立法学者观点看，前述各学者都认为，应当由继承人负担丧葬费用。此外，由继承人直接承担丧葬费用，在一定程度上可以使继承人及时履行对被继承人生养死葬的义务，有利于推行节俭办丧事的习惯，符合法律的效率价值。① 而且从伦理上而言，为被继承人办理后事是中国的传统道德文化所要求的。② 因此，笔者认为，我国立法可将丧葬费用有条件地纳入遗产债务，原则上丧葬费用不属于遗产债务，由继承人负担。但是，被继承人无继承人的情况除外。在被继承人没有继承人时，丧葬费用从遗产中支付。

3. 明确继承开始时及开始后成立的债务属于遗产债务

（1）遗产酌给份请求权属于遗产债务。遗产酌给制度是《民法典》中具有中国特色的制度，该制度以扶养为基础，是对在血亲、姻亲关系内亲属财产流转的突破。③ 遗产酌给是受酌给人所享有的请求权，并且在具备适用条件的前提下才能满足。④ 从域外立法看，域外七个国家和地区都规定了一定范围内的近亲属临时扶养费请求权属于遗产债务，应从遗产中支付。从我国学者观点看，除梁慧星等学者外，其他学者都认为遗产酌给之债属于遗产债务，遗产酌给请求权是基于扶养事实而产生的，⑤ 含有死后扶养之思

———————

① 参见陈苇主编：《中国遗产处理制度系统化构建研究》，中国人民公安大学出版社 2019 年版，第 330 页。

② 参见胡明玉、叶英萍：《海南省民众遗产债务清偿习惯调查及其立法启示》，载《私法研究》（第 24 卷）2019 年第 1 期。

③ 参见李佳伦：《民法典编纂中遗产酌给请求权的制度重构》，载《法学评论》2017 年第 3 期。

④ 参见付翠英、王晓宇：《遗产酌给制度的性质、确立基础及其适用》，载《中国政法大学学报》2014 年第 6 期。

⑤ 参见付翠英、王晓宇：《遗产酌给制度的性质、确立基础及其适用》，载《中国政法大学学报》2014 年第 6 期。

想，酌给遗产属于无偿给予财产之行为。① 扶养之事实是遗产酌给制度的请求权产生的基础，扶养事实产生的遗产酌给之债与合同之债、遗赠之债、遗赠扶养协议之债等处于同等地位。在遗产酌给之债中，债权人是受酌给人，债务人是被继承人。②

根据我国《民法典》第1131条的规定，因遗产酌给请求权人与被继承人曾有扶助关系，在被继承人死亡后，或者出于对保障生存者的基本生活，或者出于报偿生存者曾对被继承人所为的扶养扶助行为，而非出于继承。将遗产酌给请求权的性质定性为债权，在遗产酌给请求权人行使权利时，并不一定要获得被继承人的遗产实物，仅获得相应的遗产份额便可。而且将遗产酌给请求权定性为债权，既有利于实现照顾生存者生活急需的目的，也便于实践中对遗产进行分配处理，提高遗产分配的效率，符合法的效益价值。③

（2）遗赠扶养协议中扶养人的受遗赠权属于遗产债务。遗赠扶养协议是受扶养人（遗赠人）与扶养人（受遗赠人）签订的扶养人承担受扶养人生养死葬的义务，受扶养人将自己的部分财产在其死亡后赠与扶养人的协议。④ 遗赠扶养协议是扶养人与受扶养人签订的一种特殊合同，其不同于一般民事合同的是，其是财产行为与道德行为的结合，扶养人除了为受扶养人提供物质支持外，还要履行生活照料和精神慰藉的义务。⑤ 在扶养人履行了生养死葬的义务，受扶养人去世后，扶养人就能取得遗赠扶养协议中约定

---

① 参见林秀雄：《继承法讲义》，（我国台湾）元照出版社2005年版，第86页。

② 参见付翠英、王晓宇：《遗产酌给制度的性质、确立基础及其适用》，载《中国政法大学学报》2014年第6期。

③ 参见和丽军：《对遗产酌给请求权的反思与重构》，载《法治研究》2013年第10期。

④ 参见夏吟兰主编：《婚姻家庭继承法学》，中国政法大学出版社2017年版，第270页。

⑤ 参见徐洁、吴晓倩：《论遗赠扶养协议的法律构造》，载《西南民族大学学报》（人文社会科学版）2018年第8期。

的遗产份额。此外，遗赠扶养协议的性质是合同，故从其本身的属性看，约定的遗产份额属于遗产债务。从域外立法看，德国、瑞士等设立继承合同制度的国家，其立法都将继承合同中应当给付的扶养人的遗产份额作为遗产债务。从前述学者观点看，除梁慧星等学者外，其他学者都认为遗赠扶养协议属于遗产债务。从我国司法实践看，将遗赠扶养协议纳入遗产债务的范畴，也能避免司法实践中法院将遗赠扶养协议中的扶养人作为清偿遗产债务的主体，平衡扶养人与受扶养人的利益。

（3）明确必留份属于遗产债务。必留份制度是对遗嘱自由的限制，遗嘱人在立遗嘱时必须为既没有劳动能力也没有生活来源的继承人保留一定的遗产份额，以实现养老育幼、维护弱者利益的目的。另外，为"双无人员"保留遗产份额是法律赋予遗嘱人的义务，并且必留份份额是从遗产中支付，属于遗产的负担。

（4）增补遗产债务包括遗赠。在我国，遗赠是指自然人以遗嘱的方式将其财产的一部分或全部赠送给国家、集体或法定继承人以外的人，并在其死亡后生效的法律行为。[①] 遗赠是基于遗嘱人的单独行为而发生的债的关系，是单方法律行为之债。[②] 在我国，以遗嘱指定的遗产继受人是否为法定继承人，区分遗嘱继承与遗赠。受遗赠人只承受积极的财产，而不承担遗产债务。"法律设立遗赠制度的目的在于允许遗赠人以遗嘱处分的方式为受遗赠人带来某种财产利益，而不允许遗赠人以遗嘱方式为受遗赠人设定债务。"[③] 反之，继承人则既承受遗产利益又要承担遗产债务。从域外立法看，我国的遗赠制度不同于前述域外法的任何一种立法例，我国遗赠制度采用的是第三种模式。根据此种立法例，在遗嘱中

---

① 参见陈苇主编：《婚姻家庭继承法学》（第三版），群众出版社2017年版，第305页。

② 参见王泽鉴：《债法原理》（第二版），北京大学出版社2013年版，第57页；参见王洪亮：《债法总论》，北京大学出版社2016年版，第11页。

③ 佟柔主编：《继承法教程》，法律出版社1986年版，第131页。

指定继承遗产的人是法定继承人的，为遗嘱继承，而且继承人需要概括承受遗产的全部或部分。在遗嘱中指定法定继承人以外的人继受遗产的，则为遗赠，并且受遗赠人不承担遗产债务。受遗赠人并不负担遗产债务的清偿责任，其仅是在继承人清偿遗产债务后取得受遗赠的财产，换言之，受遗赠人接受遗赠的财产并不以清偿债务为条件。我国采取的此种立法例对于继承法律关系的清晰化以及增强遗产执行中的可操作性都具有一定的现实意义。[①]在被继承人死亡后，受遗赠人和被继承人之间为债权债务关系，基于被继承人的遗嘱，受遗赠人有权请求继承人从遗产中给付遗赠。

（5）明确继承费用应由遗产负担。继承费用是为遗产的管理、分配而支出的必要费用，故继承费用的支出是为全体遗产利害关系人的利益，属于共益费用。[②] 因此，继承费用应由遗产负担。但是，继承人或遗产管理人因过失而产生的费用，不应由遗产负担。因为该费用的支出既非必要，又是因继承人或遗产管理人之过失而发生，若仍由遗产支付，则是将其过失结果转嫁给一切利害关系人，未免有失公平。[③] 同时，这也不符合现代民法所主张的"责任自负"之原则。

---

① 参见郭明瑞、房绍坤、关涛：《继承法研究》，中国人民大学出版社 2003 年版，第 136、137 页。

② 参见郭明瑞、房绍坤、关涛：《继承法研究》，中国人民大学出版社 2003 年版，第 159-160 页。

③ 参见陈棋炎、黄宗乐、郭振恭：《民法继承新论》（修订十版），（我国台湾）三民书局 2016 年版，第 117 页。

第四章　遗产债务申报通知与
公告制度研究

　　本章以遗产债务申报通知与公告制度为研究对象，从民众观念与民间习惯、司法现状和立法现状三方面对我国遗产债务申报通知与公告制度进行考察，分析我国遗产债务申报通知与公告制度立法的优点与不足。在此基础上，考察评析域外立法，指出可供我国立法借鉴的有益经验，参考我国学者观点，从我国实际出发，提出完善我国遗产债务申报通知与公告制度的立法构想。

第一节　我国遗产债务申报通知与
公告制度的现状检视

　　本节主要考察遗产债务申报通知与公告制度的民众观念与继承习惯、司法现状以及立法现状三方面内容。首先，在民众观念与民间习惯方面，笔者主要研究遗产债务申报通知与公告的义务主体、方式、期间的实证调查统计数据，分析其特点与形成原因。其次，在司法实践现状方面，笔者采取个案分析方法，指出司法实践中存在的问题。最后，在考察与评析民众观念、民间习惯与司法现状的基础上，分析我国《民法典》继承通知与公告制度的进步与不足之处。

一、我国遗产债务申报通知与公告的民众观念及民间习惯

关于遗产债务申报通知与公告的民众观念及民间习惯，笔者主要考察了我国学者在 2017 年进行的《当代中国民众财产继承观念与遗产处理习惯实证调查研究》中有关继承开始的通知与公告的主体、方式、期间三方面的实证调查统计数据。需要说明的是，因遗产债务申报通知与公告制度被包含在继承开始的通知与公告制度中，继承开始的通知与公告制度的被通知对象也包括遗产债权人，故笔者对此部分的实证调查统计数据进行考察与评析。

（一）遗产债务申报通知与公告的主体的民间习惯

1. 遗产债务申报通知与公告的主体的民间习惯实证调查情况

在我国十省市被调查地区中，关于遗产债务申报通知与公告的主体民间习惯的实证调查统计数据见表4-1。

表4-1 遗产债务申报通知与公告的主体民间处理方式情况①

项目\地区	知道被继承人死亡的继承人	保管遗产的继承人	知道被继承人死亡的单位、村（居）委会	处理被继承人死亡事件的机构，如公安、交警部门	其他
重庆市	72.24%	65.93%	44.64%	39.75%	5.84%
吉林省	33.83%	73.50%	51.67%	42.50%	18.67%

---

① 数据均来源于陈苇等学者在 2017 年所进行的《当代中国民众财产继承观念与遗产处理习惯实证调查研究》中的数据，参见陈苇主编：《当代中国民众财产继承观念与遗产处理习惯实证调查研究》（上、下卷），中国人民公安大学出版社 2019 年版，第 19、130、222、317、412-413、505、607-608、722、804、900、988 页。

续表

项目 地区	知道被继承人死亡的继承人	保管遗产的继承人	知道被继承人死亡的单位、村（居）委会	处理被继承人死亡事件的机构，如公安、交警部门	其他	
上海市	78.50%	56.50%	30.60%	36.50%	2.40%	
河北省	62.02%	54.77%	42.39%	33.85%	审理继承案件的人民法院	0.43%
					朋友、亲戚或保管人	1.00%
湖北省	71.62%	65.55%	47.34%	37.94%	3.79%	
江西省	71.72%	61.33%	38.16%	25.72%	1.53%	
四川省	71.78%	67.60%	51.39%	46.51%	0.70%	
广东省	71.02%	58.91%	55.58%	30.40%	1.19%	
海南省	58.43%	55.82%	37.05%	37.29%	3.80%	
福建省（民营企业主）	63.91%	48.87%	28.57%	46.62%	1.50%	
川渝等地(民营企业主)	71.51%	63.13%	46.30%	42.46%	3.35%	

　　关于遗产债务申报通知与公告的主体的民间习惯，调查数据显示，在我国重庆市、吉林省、上海市、河北省、湖北省、江西

省、四川省、广东省、海南省、福建省（民营企业主）、川渝等地
（民营企业主）十省市被调查地区中，由"知道被继承人死亡的继
承人"通知的分别占 72.24%、33.83%、78.50%、62.02%、
71.62%、 71.72%、 71.78%、 71.02%、 58.43%、 63.91%、
71.51%，由"保管遗产的继承人"通知的分别占 65.93%、
73.50%、 56.50%、 54.77%、 65.55%、 61.33%、 67.60%、
58.91%、55.82%、48.87%、63.13%，由"知道被继承人死亡的
单位、村（居）委会"通知的分别占 44.64%、51.67%、
30.60%、 42.39%、 47.34%、 38.16%、 51.39%、 55.58%、
37.05%、28.57%、46.30%，由"处理被继承人死亡事件的机构，
如公安、交警部门"通知的分别占 39.75%、42.50%、36.50%、
33.85%、 37.94%、 25.72%、 46.51%、 30.40%、 37.29%、
46.62%、42.46%。

2. 遗产债务申报通知与公告的主体民间习惯之特点与原因
分析

通过前述统计数据可知，在我国被调查十省市中，被继承人
死亡后，继承通知与公告的义务主体即通知与公告遗产债权人申
报债权的义务主体的民间习惯是：（1）十省市中，由知道被继承
人死亡的继承人、保管遗产的继承人履行通知与公告义务的所占
比例居于前两位，各占三成至七成半、五成至七成半。其中，除
吉林省外，其他省市由知道被继承人死亡的继承人履行通知与公
告义务的所占比例最高。（2）由知道被继承人死亡的单位、村
（居）委会履行义务的，占近三成至五成半，除上海市和福建省
（民营企业主）外，此类义务主体履行通知义务的居于第三位。
（3）由处理被继承人死亡事件的机构履行义务的，占二成半至五
成，居于第四位。据此可知，在前述十省市被调查者的继承习惯
中，对于发出通知的主体并未局限于我国 1985 年《继承法》所规
定的知道被继承人死亡的继承人、被继承人生前所在单位或者居
住地的（村）居委会，而是呈现多样化，原因可能是民众从便利

和快捷通知的角度进行选择。①

（二）遗产债务申报通知与公告方式的民间习惯

1. 遗产债务申报通知与公告方式民间习惯的实证调查情况

在我国十省市被调查地区中，关于遗产债务申报通知与公告方式民间习惯的实证调查统计数据见表4-2。

表4-2　遗产债务申报通知与公告方式的民间习惯情况②

项目 地区	口头、电话、微信等方式通知	信件、告知函等书面通知	在报纸、电视、网络等平台上发布被继承人死亡的公告	在被继承人所在地的村（居）委会公告栏公告	申请人民法院以公告程序进行公告	其他
重庆市	81.07%	50.47%	22.24%	33.44%	26.34%	2.21%
吉林省	74.00%	46.00%	20.67%	30.00%	29.83%	3.50%
上海市	75.90%	54.90%	15.80%	17.80%	23.00%	1.70%
河北省	77.38%	48.36%	16.07%	26.88%	29.73%	4.13%
湖北省	66.46%	54.48%	25.64%	57.51%	29.74%	3.93%
江西省	76.32%	48.55%	11.41%	29.30%	25.21%	0
四川省	81.71%	51.05%	28.40%	36.93%	36.93%	0.52%
广东省	75.30%	57.24%	36.34%	33.01%	44.89%	0.95%
海南省	64.61%	51.31%	13.06%	32.54%	31.12%	3.09%

① 参见陈苇主编：《当代中国民众财产继承观念与遗产处理习惯实证调查研究》（上卷），中国人民公安大学出版社2019年版，第73页。

② 参见陈苇主编：《当代中国民众财产继承观念与遗产处理习惯实证调查研究》（上、下卷），中国人民公安大学出版社2019年版，第19、131、223、317、413、505、608、723、805、900、988页。

项目 地区	口头、电话、微信等方式通知	信件、告知函等书面通知	在报纸、电视、网络等平台上发布被继承人死亡的公告	在被继承人所在地的村（居）委会公告栏公告	申请人民法院以公告程序进行公告	其他
福建省（民营企业主）	73.68%	51.13%	18.80%	15.03%	30.83%	1.50%
川渝等地（民营企业主）	68.16%	58.10%	29.05%	40.78%	34.64%	1.17%

关于遗产债务申报通知与公告方式的民间习惯，调查数据显示，在我国重庆市、吉林省、上海市、河北省、湖北省、江西省、四川省、广东省、海南省、福建省（民营企业主）、川渝等地（民营企业主）十省市被调查地区中，以"口头、电话、微信等方式通知"的分别占81.07%、74.00%、75.90%、77.38%、66.46%、76.32%、81.71%、75.30%、64.61%、73.68%、68.16%；以"信件、告知函等书面通知"的分别占50.47%、46.00%、54.90%、48.36%、54.48%、48.55%、51.05%、57.24%、51.31%、51.13%、58.10%；以"在报纸、电视、网络等平台上发布被继承人死亡的公告"的分别占22.24%、20.67%、15.80%、16.07%、25.64%、11.41%、28.40%、36.34%、13.06%、18.80%、29.05%；由"在被继承人所在地的村（居）委会公告栏公告"的分别占33.44%、30.00%、17.80%、26.88%、57.51%、29.30%、36.93%、33.01%、32.54%、15.03%、40.78%；"申请人民法院以公告程序进行公告"的分别占26.34%、29.83%、23.00%、29.73%、29.74%、25.21%、

36.93%、44.89%、31.12%、30.83%、34.64%。

2. 遗产债务申报通知与公告方式的民间习惯之特点与原因分析

关于遗产债务申报通知与公告方式的民间习惯，在我国十省市被调查地区中，上述统计数据显示的特点是：（1）以口头、电话、微信等方式通知的，占近六成至八成半，居第一位；（2）其他省市以信件、告知函等书面方式通知的，占四成半至六成，除湖北省外，此类通知方式在其他省市分别居第二位；（3）在被继承人所在地的村（居）委会公告栏公告的，占一成半至六成，除上海、河北、广东、福建外，在其他省市分别居第三位，其中在上海市、河北省居第四位，在广东省、福建省居第五位；（4）申请人民法院以公告程序进行公告的，占二成至四成半，除在上海市、河北省、广东省、福建省此类方式居第三位外，在其他各省市居第四位；（5）在报纸、电视、网络等平台上发布被继承人死亡的公告的，占一成至四成，除在广东省、福建省居第四位外，在其他各省市都居第五位。

据此可知，在我国十省市被调查地区中，民众选择最多的是以口头、电话、微信等方式通知，原因可能是此类方式不仅成本较低，而且较为便利，效率也比较高。而在报纸、电视等平台上发布公告成本较高。

（三）遗产债务申报通知与公告期间的民众观念

1. 遗产债务申报通知与公告期间的民众观念实证调查情况

在我国十省市被调查者中，关于遗产债务申报通知与公告期间的民众观念实证调查统计情况见表4-30：

表4-3　遗产债务申报通知与公告期间的民众观念情况①

地区＼项目	7日	15日	30日	其他	
重庆市	63.88%	20.03%	11.99%	4.10%	
吉林省	48.50%	25.50%	25.33%	0.67%	
上海市	56.30%	22.60%	16.00%	5.10%	
河北省	70.27%	11.66%	11.66%	立即	4.27%
				当天	2.13%
湖北省	63.43%	17.45%	15.33%	3.79%	
江西省	72.09%	15.75%	9.42%	40日	0.17%
				越快越好	2.23%
				处理完丧事后	0.34%
四川省	65.68%	18.12%	13.59%	2.61%	
广东省	36.57%	10.21%	37.53%	15.69%	
海南省	52.50%	22.80%	16.15%	8.55%	
福建省（民营企业主）	63.57%	15.50%	17.83%	3.10%	
川渝等地（民营企业主）	62.58%	21.79%	10.61%	5.02%	

　　关于遗产债务申报通知与公告期间的民众观念，调查数据显示，在我国重庆市、吉林省、上海市、河北省、湖北省、江西省、四川省、广东省、海南省、福建省（民营企业主）、川渝等地（民

---

　　①　参见陈苇主编：《当代中国民众财产继承观念与遗产处理习惯实证调查研究》（上、下卷），中国人民公安大学出版社2019年版，第20、131-132、223、318、414、506、609、723、805-806、901、989页。

营企业主）十省市被调查者中，主张在继承开始后 7 日内发出通知的分别占 63.88%、48.50%、56.30%、70.27%、63.43%、72.09%、65.68%、36.57%、52.50%、63.57%、62.58%；主张继承开始后 15 日内发出通知的分别占 20.03%、25.50%、22.60%、11.66%、17.45%、15.75%、18.12%、10.21%、22.80%、15.50%、21.79%；主张继承开始后 30 日内发出通知的分别占 11.99%、25.33%、16.00%、11.66%、15.33%、9.42%、13.59%、37.53%、16.15%、17.83%、10.61%。

2. 遗产债务申报通知与公告期间的民众观念之特点与原因分析

关于遗产债务申报通知与公告期间的民众观念，在我国十省市被调查者中，上述统计数据显示的特点是：（1）认为应当在继承开始后 7 日内发出通知的，占三成半至七成半，除在广东居第二位外，在其他地区分别居第一位。（2）认为应当在继承开始后 15 日内发出通知的，占一成至二成半，除在广东、福建居第三位外，在其他地区被调查者观念中分别居第二位。（3）认为应当在继承开始后 30 日内发出通知的，占一成至四成，除在福建、吉林居第二位、广东居第一位外，在其他地区被调查者观念中分别居第三位。

据此可知，从我国十省市被调查者来看，大部分民众认为应当在被继承人死亡后 7 日内通知公告被继承人的债务人申报债务，原因可能是民众希望尽快通知或公告遗产利害关系人，以尽快清偿债务。

二、我国遗产债务申报通知与公告制度司法现状

笔者以 1985 年《继承法》第 23 条的原文为关键字在无讼网

进行搜索，共查找到25个案例，① 通过对这些案例进行分析，筛选出1个较为贴近的样本，即"原告苏某1、苏某2与被告苏某3继承纠纷案"。②

（一）涉及继承开始通知的案例考察③

在"原告苏某1、苏某2与被告苏某3继承纠纷案"中，原告苏某1认为苏某3在其父亲被继承人苏某死亡后，没有及时履行通知义务，并且擅自领取被继承人的抚恤金，故要求平均分割被继承人的遗产。苏某2未提出诉讼请求。经过审理后法院认为，根据《继承法》第23条的规定，苏某3负有通知其他继承人的义务。但是，苏某3在被继承人死亡后，以与弟弟苏某1不和睦为由，未履行通知义务，导致苏某1未及时知晓其父亲死亡的信息而没有参加父亲葬礼。此外，苏某3独自领取被继承人苏某1的抚恤金，该行为不符合公序良俗基本原则。因此，鉴于苏某3在被继承人生前尽了较多赡养义务，法院判决苏某3享有40%的继承份额，苏某1、苏某2享有30%的继承份额。

（二）涉及继承开始通知的案例评析

在上述案例中，在被继承人去世后，继承人苏某3没有履行通知义务，并擅自领取了被继承人的抚恤金，此种行为侵害了苏某1的合法权益。由本案可知，在现实生活中，被继承人死亡后，继

① 参见无讼网：https://www.itslaw.com/search? searchMode=judgements&sortType=1&conditions=reason%2B1959%2B1%2B 被继承人债务清偿纠纷 &conditions=region%2B1%2B6%2B 北京市 &searchView=text&initialization=%7B%22category%22%3A%22CASE%22%2C%22filterList%22%3A%5B%7B%22type%22%3A%22searchWord%22%2C%22id%22%3A%22 继承开始后，知道被继承人死亡的继承人应当及时通知其他继承人和遗嘱执行人%E3%80%82%22%2C%22searchType%22%3A1%2C%22label%22%3A%22 继承开始后，知道被继承人死亡的继承人应当及时通知其他继承人和遗嘱执行人%E3%80%82%22%2C%22category%22%3A%22 搜索词%22%7D%5D%7D，最后访问日期：2020年12月4日。
② （2019）鲁1502民初4404号一审民事判决书。
③ 需要说明的是，因我国并没有遗产债务申报的通知与公告制度，故笔者并未查找到有关继承人未履行通知义务，导致遗产债权人未能及时申报债权的案例。

承人不履行通知义务的情况时有发生。但是，对于未履行通知义务的继承人，法院并没有让其承担相应的法律责任，主要原因是我国 1985 年《继承法》及《执行继承法的意见》对此无规定。法律对继承人不及时履行通知义务，可能会导致其他继承人无法知晓被继承人死亡的信息，也使受遗赠人、被继承人的债权人等遗产债权人不能及时行使自己的权利，这会使继承人、遗产债权人的权利受到损害。

三、我国遗产债务申报通知与公告制度的立法沿革

（一）我国遗产债务申报通知与公告制度立法之考察

1. 我国遗产债务申报通知制度立法之考察

（1）遗产债务申报通知的主体与对象。我国 1985 年《继承法》第 23 条①规定了继承开始的通知主体与对象，2020 年《民法典》继承编第 1150 条②沿用此规定。据此可知，其一，遗产债务申报的通知主体分为两种：①继承人。在继承开始后，知晓被继承人死亡的继承人应立即将被继承人死亡的信息通知其他继承人和遗嘱执行人。②被继承人生前所在单位或者住所地的居民委员会、村民委员会。继承开始后，继承人中无人知道被继承人死亡或者知道被继承人死亡但无法通知，由被继承人生前所在单位或者住所地的居民委员会、村民委员会负责通知。其二，通知的对象为继承人和遗嘱执行人。换言之，2020 年《民法典》只规定了继承开始通知的对象是继承人和遗嘱执行人，并未将遗产债权人

---

①　1985 年《继承法》第 23 条规定："继承开始后，知道被继承人死亡的继承人应当及时通知其他继承人和遗嘱执行人。继承人中无人知道被继承人死亡或者知道被继承人死亡而不能通知的，由被继承人生前所在单位或者住所地的居民委员会、村民委员会负责通知。"

②　2020 年《民法典》第 1150 条规定："继承开始后，知道被继承人死亡的继承人应当及时通知其他继承人和遗嘱执行人。继承人中无人知道被继承人死亡或者知道被继承人死亡而不能通知的，由被继承人生前所在单位或者住所地的居民委员会、村民委员会负责通知。"

等其他遗产利害关系人作为通知的对象。

然而，继承开始的通知不仅影响继承人的利益，而且对受遗赠人、被继承人的债权人的利益也有重要的影响。在我国，根据《民法典》第1124条规定，受遗赠人知道受遗赠的信息后，应在法定期限内作出是否接受遗赠的意思表示。否则，视为放弃遗赠。被继承人的债权人只有收到继承开始的通知，才能向遗产管理人申报债务。此外，继承开始的通知还关系到遗赠扶养协议中的扶养人等其他利害关系人的利益。①《民法典》没有将受遗赠人、被继承人的债权人等遗产利害关系人列入继承开始通知的对象，这可能会导致他们不能及时申报对遗产的债权，从而使他们的利益受到损害。

（2）遗产债务申报通知的要求。其一，遗产债务申报通知的方式要求。关于遗产债务申报通知的方式，我国现行立法并没有规定继承开始通知的具体方式，也未规定继承开始公告的方式。有学者解释，根据《民法典》第1150条规定，发出继承开始通知的方式，既可以是口头通知，也可以是书面通知。随着现代信息技术的不断发展，通知方式灵活多样，可以是电话通知、短信通知或者借助其他互联网即时通信工具发出通知。② 还有学者指出，通知的方式以能将被继承人死亡、继承开始的事实传达到继承人为准，一般以口头为主，如电话通知，也可以采取电报、传真、快递等书面方式等，甚至还可以采取公告的方式通知。③

其二，遗产债务申报通知的内容要求。关于遗产债务申报通知的内容，《民法典》继承编仅规定为将被继承人死亡的事实通知

---

① 参见黄薇主编：《中华人民共和国民法典继承编释义》，法律出版社2020年版，第123页。

② 参见黄薇主编：《中华人民共和国民法典继承编释义》，法律出版社2020年版，第125页。

③ 参见中国审判理论研究会民事审判理论专业委员会编著：《民法典继承编条文理解与司法适用》，法律出版社2020年版，第184页。

继承人和遗嘱执行人，没有规定遗产债权人等利害关系人怠于申报权利的后果，不利于督促遗产利害关系人行使权利。

（3）遗产债务申报通知的时间。1985 年《继承法》第 23 条和 2020 年《民法典》继承编第 1150 条仅规定通知义务人发出通知的时间为"及时"，并没有明确规定继承开始通知的时间。所谓及时通知，就是立刻而不迟延地发出继承开始的通知。[①]

2. 我国遗产债务申报公告制度立法之考察

对于遗产债务申报公告制度，我国立法无规定，但有票据被盗、遗失或者灭失的公示催告程序与认定无主财产的公告制度。首先，关于公示催告程序，我国现行《民事诉讼法》第 218、219 条规定的内容是：（1）适用情况：票据被盗、遗失或者灭失。[②]（2）公示催告的义务主体：人民法院，由申请人向法院提出申请。（3）公示催告的时间：决定受理申请的，人民法院应在 3 日内发出公告。公示催告的期间，由人民法院根据情况决定，但不得少于 60 日。（4）公示催告的内容：催促利害关系人申报权利。其次，关于认定财产无主案件，《民事诉讼法》第 192 条规定，认定财产无主的公告，应向人民法院申请，法院在核实后有发出公告的义务。若公告期限满一年没有人认领的，则作出认定财产无主的判决。[③] 此也没有涉及遗产债务申报的公告。

---

① 参见黄薇主编：《中华人民共和国民法典继承编释义》，法律出版社 2020 年版，第 125 页。

② 《民事诉讼法》第 218 条规定："按照规定可以背书转让的票据持有人，因票据被盗、遗失或者灭失，可以向票据支付地的基层人民法院申请公示催告。依照法律规定可以申请公示催告的其他事项，适用本章规定。申请人应当向人民法院递交申请书，写明票面金额、发票人、持票人、背书人等票据主要内容和申请的理由、事实。"第 219 条规定："人民法院决定受理申请，应当同时通知支付人停止支付，并在三日内发出公告，催促利害关系人申报权利。公示催告的期间，由人民法院根据情况决定，但不得少于六十日。"

③ 《民事诉讼法》第 192 条规定："人民法院受理申请后，经审查核实，应当发出财产认领公告。公告满一年无人认领的，判决认定财产无主，收归国家或者集体所有。"

综上，由于我国《民法典》继承编对遗产债务申报公告制度无规定，这可能会影响未知的遗产权利人主张权利，导致遗产债权人及其他遗产取得权利人的利益受到损害。

（二）我国遗产债务申报通知与公告制度立法之反思

1. 我国遗产债务申报通知与公告制度立法之进步

（1）继承开始通知的主体符合我国实际情况。1985年《继承法》规定的继承开始通知的主体符合民众的继承习惯，在被调查者所在地区，大部分由知道被继承人死亡的继承人或者被继承人生前所在单位或者居住地的村（居）委会发出遗产债务申报（继承开始）的通知与公告，这说明立法得到了民众的认可。因为长期以来我国存在"企业办社会"的状况，被继承人生前所在单位负担职工的生养死葬被认为是天经地义的事。后来，随着企业改革的不断深化，自然人对单位的依赖逐渐减少，企事业单位的社会职责开始移交给社会。我国的民事生活组织化程度高，村委会、居委会职能较多，也得到了民众的认可。① 如《村民委员会组织法》第2条规定，村民委员会有办理本村的公共事务和公益事业、调解民间纠纷的职责。② 同时，此次《民法典》明确了村委会、居委会作为特别法人的法律地位，完善了其自身的职能体系。故《民法典》沿用这一规定是合理的。此外，村委会、居委会属于基层单位，让它们履行通知义务也可以减轻法院的负担。

（2）继承开始通知的方式符合民众习惯。1985年《继承法》未明确规定继承开始通知的方式，故在实际生活中，义务主体可

---

① 参见王利明主编：《中国民法典学者建议稿及立法理由·人格权编、婚姻家庭编、继承编》，法律出版社2005年版，第451页。

② 《村民委员会组织法》第2条规定："村民委员会是村民自我管理、自我教育、自我服务的基层群众性自治组织，实行民主选举、民主决策、民主管理、民主监督。村民委员会办理本村的公共事务和公益事业，调解民间纠纷，协助维护社会治安，向人民政府反映村民的意见、要求和提出建议。村民委员会向村民会议、村民代表会议负责并报告工作。"

以根据自己的实际需要选择通知方式，如关于遗产债务申报的通知方式，在我国十省市被调查地区，存在口头、电话、微信、信件、告知函等多种通知方式。这些通知方式较为便利，而且有利于提高通知的效率，节约资源。随着社会的发展，未来还可能存在其他通知方式，如果立法对通知方式作出要求，则可能不利于民众根据自己的实际需求进行选择。

2. 我国遗产债务申报通知与公告制度立法之不足

《民法典》沿用 1985 年《继承法》之规定虽然符合了民众的处理习惯，但是，关于遗产债务申报通知与公告仍然存在不足之处。结合前述司法实践与民众观念和处理习惯，《民法典》关于遗产债务申报通知与公告立法不足之处是：

（1）继承开始通知的对象范围狭窄，没有将受遗赠人、被继承人的债务人等遗产债权人作为被通知对象。我国立法只是规定继承开始通知的对象为继承人和遗嘱执行人。然而，继承开始的通知并非仅影响继承人的利益，其对受遗赠人、被继承人的债务人的利益都有至关重要的影响。因为知晓继承遗赠的受遗赠人，要在法定期限内作出是否接受遗赠的意思表示，以行使请求权，将遗赠从遗产中支付。被继承人的债务人只有收到继承开始的通知，才能向遗产管理人申报债务，以实现自己的债权。此外，继承开始的通知还关系遗赠扶养协议中的扶养人等其他利害关系人的利益。[1]《民法典》没有将受遗赠人、被继承人的债务人等遗产债权人作为继承开始通知的对象，这不利于他们申报自己的债务，从而使他们的利益受到损害。

（2）对遗产债务申报的通知要求无规定。关于遗产债务申报通知的内容，《民法典》继承编仅规定将被继承人死亡的事实通知继承人和遗嘱执行人，没有规定遗产债权人等利害关系人怠于申

---

[1]　参见黄薇主编：《中华人民共和国民法典继承编释义》，法律出版社 2020 年版，第 123 页。

报权利的后果，不利于督促遗产利害关系人行使权利。

（3）遗产债务申报的通知时间不明确。《民法典》沿用 1985 年《继承法》的规定，将继承开始的通知时间规定为"及时"，但并未规定继承开始通知的期间，即何时起止的时间。《民法典》规定继承开始后发出通知有利于及时通知继承人和遗嘱执行人，值得肯定，但立法存在以下不足：

其一，遗产债务申报通知的开始时间不明确。"及时"具有很大的不确定性，这不利于继承人与遗产利害关系人在确定的时间范围内确认权利，也不利于引导继承人及时履行通知义务，容易引发纠纷。[1] 此外，我国十省市被调查民众对于遗产债务申报通知与公告期间的观念，民众的认识不一致，有的认为应当在继承开始后 7 日内发出通知或公告，有的则认为应当在 15 日或者 30 日内发出，这主要是因为我国立法无规定。

其二，遗产利害关系人申报遗产债务的期限无规定。我国立法规定了在继承开始后发出通知，但对申报的期限无规定。这可能导致遗产利害关系人不能及时申报对遗产的权利，影响遗产清单的准确性。

（4）欠缺遗产债务申报通知的效力。我国立法未规定继承人未按时履行通知义务或者没有履行通知义务的后果，这不利于督促其履行通知义务。从前述司法实践看，被继承人死亡的继承人之所以没有履行通知义务，其原因之一便是没有法律后果。如果立法规定继承人不按照规定履行通知义务所承担的法律责任，有利于对义务主体进行约束。否则，不但会损害继承人和遗产债权人的利益，也会影响整个遗产债务清偿程序的进行，导致继承秩序的混乱。

---

[1] 参见陈苇主编：《当代中国民众财产继承观念与遗产处理习惯实证调查研究》（上卷），中国人民公安大学出版社 2019 年版，第 113 页。

（5）欠缺遗产债务申报的公告制度。虽然我国《民事诉讼法》第219条规定了公示催告程序，但是，公示催告程序只适用于票据被盗、遗失或者灭失的情况。如前所述，在被调查地区的民间习惯中，调查数据反映，存在申请人民法院以公告程序进行公告这一方式，但是，我国立法没有专门规定遗产债务申报的公告制度，《民事诉讼法》也未规定通过公示催告程序进行公告，可能会影响被继承人的债务人债权、受遗赠人主张受遗赠，这忽略了对遗产债权人的保护，导致不知被继承人死亡事实的继承人、遗产债权人及其他遗产取得权利人的利益受到损害。[1] 继承开始后，继承人与遗产利害关系人很难掌握继承开始的信息，让遗产管理人将全部债权人的信息与债权数量、种类在最佳的时间内获取也是不现实的，为保障债权人的利益，应界定债权通知与公告的主体、期间及公告期间遗产管理人不得清偿债务的义务。[2]

第二节　域外遗产债务申报通知与公告制度立法之镜鉴

本节主要从遗产债务申报通知与公告的义务主体、时间与终止、对象、内容、限制、债权债务的登记及查阅、效力等方面对域外法国、德国、日本、瑞士、荷兰、埃塞俄比亚、加拿大魁北克省等国家和地区的相关立法进行考察与评析，并总结可供我国立法借鉴的益处。

---

① 参见杨立新：《民法分则继承编立法研究》，载《中国法学》2017年第2期。

② 参见王歌雅：《〈民法典·继承编〉的编纂理念与制度构想》，载《求是学刊》2018年第6期。

一、域外遗产债务申报通知与公告的主体立法之启示

（一）域外遗产债务申报通知与公告的义务主体立法之启示

1. 域外遗产债务申报通知与公告的义务主体立法之考察

关于遗产债务申报通知与公告的义务主体，前述七个国家和地区的立法中，法国、日本为限定继承人。[①] 德国为继承人、遗嘱执行人、遗产管理人、遗产的保佐人等都有权向法院申请公示催告。[②] 瑞士为遗产管理人或者主管机关，遗产管理人由主管机关指定，包括遗嘱执行人、继承人等。[③] 荷兰、埃塞俄比亚、加拿大魁北克省为遗产清算人。[④] 荷兰的遗产清算人包括继承人、遗产代理人或者其他人。[⑤] 埃塞俄比亚的遗产清算人包括法定继承人、遗嘱执行人、概括遗赠的受遗赠人等。[⑥] 加拿大魁北克省的遗产清算人包括继承人、遗嘱执行人、遗产管理人等任何能充分行使民事权利的人。[⑦] 此外，关于义务主体履行义务的内容，除发出申报遗产债务的公告外，日本、荷兰还规定继承人、遗产清算人需要对已知的遗产债权人发出通知。[⑧]

[①] 参见《法国民法典》第 788 条第 1 款，《日本民法典》第 927 条第 1 款。

[②] 参见《德国家事事件和非讼事件程序法》第 454 条第 2 款。

[③] Swiss Civil Code (last amended in 2020), a. 582(1), 595(1), 551, 554, 制作遗产清单必须由主管机关发出公告，催告债权人申报债权，进行官方清算可以由遗产管理人或者主管机关发出公告。

[④] The Civil Code of the Netherlands (amended in 2012), Book 4, a. 206(2)(6), 214(1), 《埃塞俄比亚民法典》第 1017、1018 条, Civil Code of Québec (last amended in 2020), a. 795.

[⑤] The Civil Code of the Netherlands (amended in 2012), Book 4, a. 206(2)(6), 214(1).

[⑥] 参见《埃塞俄比亚民法典》第 947、948 条。

[⑦] Civil Code of Québec (last amended in 2020), a. 783, 786.

[⑧] 参见《日本民法典》第 927 条第 3 款, The Civil Code of the Netherlands (amended in 2012), Book 4, 214(2)。

2. 域外遗产债务申报通知与公告的义务主体立法之评析

对于遗产债务申报通知与公告的义务主体，前述域外立法的相同点为：除德国外，其他六个国家和地区都包括继承人。德国继承人只是向法院申请公告的主体，而非发出公告的义务主体。不同点为：（1）关于义务主体主要分为两种，一是由继承人、遗产管理人或遗产清算人等自然人发出，如除德国外的其余六个国家和地区；二是由法院或主管机关等公权力机关发出，如德国、瑞士。（2）义务主体所履行义务的内容不同。前述七个国家和地区的立法均规定了发出公告的义务，日本、荷兰还规定了义务主体对已知债权人的通知义务。

笔者认为，一方面，关于发出通知与公告的义务主体范围，由国家公权力机关法院作为发出公告的主体，具有权威性，但由法院发出公告可能会增加法院的工作压力，成本较高，不适合我国国情。反之，由继承人或遗产管理人等自然人作为通知与公告的义务主体，可以节约成本，也能达到告知遗产债权人及时申报债权之目的。另一方面，关于义务主体履行义务的内容，日本、荷兰区别规定，对已知债权人应履行通知义务；对未知债权人应履行公告义务，这有利于保障制作遗产清单的准确性。

（二）域外遗产债务申报通知与公告的对象立法考察与评析

1. 域外遗产债务申报通知与公告的对象立法之考察

关于遗产债务申报通知与公告的对象，法国、德国、荷兰、埃塞俄比亚为遗产债权人；[1] 日本为遗产债权人和受遗赠人；[2] 瑞士为被继承人的债务人、债权人和保证债权人；[3] 加拿大魁北克省

---

[1]　参见《法国民法典》第792条第1款，《德国民法典》第1970条，《德国家事事件和非讼事件程序法》第458条第1款，The Civil Code of the Netherlands（amended in 2012），Book 4，a. 214（1）（2），《埃塞俄比亚民法典》第1018条。

[2]　参见《日本民法典》第927条第1款。

[3]　Swiss Civil Code（last amended in 2020），a. 595（2）。

为继承人、特定所有权的受遗赠人和已知的债权人。① 虽然都规定了遗产债权人，但是，各国遗产债权人的含义不同。对于遗产债权的含义，法国、日本、瑞士、加拿大魁北克省立法中的"遗产债权人"采狭义，即只包括被继承人生前所欠债务的债权人，而不包括受遗赠人等。德国、荷兰、埃塞俄比亚则采广义，遗产债权人不仅包括被继承人生前所欠债务的债权人，而且包括遗赠、特留份等可以对遗产享有权利的人。

2. 域外遗产债务申报通知与公告的对象立法之评析

对于遗产债务申报通知与公告的对象，前述域外立法相同点为：被通知与公告的对象都包括被继承人的债权人。不同点是：被通知与公告对象范围的宽窄不同，德国、荷兰范围较宽，包括被继承人的债权人、特留份权利人、受遗赠人、被继承人生前受其扶养的人等对遗产享有权利的人；日本、瑞士、加拿大魁北克省居中，瑞士包括被继承人的债务人、债权人，日本包括被继承人的债权人、受遗赠人，加拿大魁北克省包括继承人、特定所有权的受遗赠人和已知的债权人；法国最窄，仅有被继承人的债权人。此外，与其他六个国家和地区不同的是，瑞士的被公告对象还包括被继承人的债务人，加拿大魁北克省被通知的对象包括继承人。原因是加拿大魁北克省通过遗产清单的公示实现遗产债务的申报，遗产清单也涉及继承人的利益，故继承人也成为被通知的对象。

笔者认为，通知与公告的对象不仅应当包括被继承人的债权人，而且还应当包括受遗赠人、酌情分配遗产请求权人等其他遗产权利人。因为不仅被继承人的债权人之利益应当受到保护，受遗赠人、酌情分配遗产请求权人等其他遗产权利人也应当及时知晓继承开始的信息，以使其在法定期限内申报对遗产的权利，如

---

① Civil Code of Québec（last amended in 2020），a. 796.

我国的受遗赠人必须在法定期间作出是否接受遗赠的意思表示。[①] 但被继承人的债务人和继承人不宜作为被通知的对象。一方面，被继承人的债务人不宜作为被通知的对象，因为遗产债权人等利害关系人对遗产享有权利，其申报权利是维护自己的利益，故应当是积极主动的。反之，被继承人的债务人则不具有此种动因，其一般也不会提前主动申报自己对遗产的欠债。故即使将其作为被通知对象，也不会起到应有的作用。另一方面，继承人不宜作为被通知对象，因为我国有专门的继承开始的通知制度，遗产债务申报的通知与公告制度也针对遗产债权人等继承之外的利害关系人，故不宜将其作为被通知对象。

二、域外遗产债务申报通知与公告的要求立法之启示

（一）域外遗产债务申报通知与公告的启动条件立法考察与评析

1. 遗产债务申报通知与公告的启动条件立法之考察

关于遗产债务申报通知与公告的启动条件，法国、日本规定，遗产债务申报的通知与公告作为继承人承担限定责任的前提条件。瑞士规定，制作遗产清单或进行官方清算，必须发出申报遗产债务的公告。荷兰、加拿大魁北克省规定，在进行遗产清算时，必须要发出申报遗产债务的通知与公告。[②] 德国规定，由继承人、遗嘱执行人、遗产保佐人等遗产利害关系人申请启动公示催告程序，若非继承人申请，法院不得启动。[③]

---

① 2020 年《民法典》第 1124 条第 2 款规定："受遗赠人应当在知道受遗赠后六十日内，作出接受或者放弃受遗赠的表示；到期没有表示的，视为放弃受遗赠。"

② 参见《法国民法典》第 787、788 条，《日本民法典》第 927 条第 1 款、第 3 款、第 4 款，Swiss Civil Code（last amended in 2020），a. 582（1），595（1），The Civil Code of the Netherlands（amended in 2012），Book 4，a. 206（6），214（1）（2）。

③ 参见《德国家事事件和非讼事件程序法》第 455 条。

2. 遗产债务申报通知与公告的启动条件立法之评析

对于遗产债务申报通知与公告的启动条件，前述域外立法的相同点为，除德国、埃塞俄比亚外，其余五个国家和地区立法都规定遗产债务申报通知与公告为必经程序。不同点为：法国、日本是在承担限定继承责任时启动，瑞士、荷兰则是在进行遗产清算或制作遗产清单时启动，德国则是由继承人申请法院启动，并且不是必经程序。埃塞俄比亚则是赋予了遗产清算人可以采取任何措施查明遗产债权的权利，故也未将此作为前置程序。

笔者认为，关于以启动通知与公告程序作为限定责任继承的前提条件（必经程序），由于我国《民法典》继承编仍然沿用1985年《继承法》的规定①，采取无条件的限定责任继承，故无须启动此程序。另外，我国也没有设立遗产清算、官方清算程序，故也无法在此条件下启动此程序。然而，为保护遗产债权人利益，继承开始后需要启动通知与公告程序，催告遗产债权人等遗产利害关系人及时申报权利，制作准确的遗产清单，才能确定遗产债务的范围，前述国家将遗产债务申报通知与公告程序作为制作遗产清单的必经程序，可资我国借鉴。

（二）域外遗产债务申报通知与公告的方式考察与评析

1. 遗产债务申报通知与公告的方式立法之考察

关于遗产债务申报通知与公告的方式，法国须在国内进行公示，并未特别规定公示的载体要求。② 德国为法院须发布公告，应通过在法院公告栏上张贴公告的方式作出，且应在《联邦公报》③

---

① 参见 2020 年《民法典》继承编第 1161 条和 1985 年《继承法》第 33 条。

② 参见《法国民法典》第 787、788 条。

③ 《联邦公报》由联邦司法部发行，是《联邦法律公报》之外，德国联邦机关的主要公布和公告事项的官方义务公告刊物。参见台湾地区"行政院"研究发展考核委员会编印：《公报法制化之研究》，2009 年内部资料，第 71 页。转引自《德国〈家事事件和非讼事件程序法〉》，王葆莳、张桃荣、王婉婷译注，武汉大学出版社 2017 年版，第 207 页。

上发布一次,法律对所涉事项有特别规定的除外。另外,还可以通过在电子信息与通信系统内的发布代替在法院公告栏张贴。法院也可以命令以其他形式发布公告。① 日本为限定继承人作出的公告应刊登在官报上。② 荷兰规定公告应在《国家公报》和任命清算人时指定的一份或多份报纸上公布,并且通知已知债权人的方式必须是信函。③ 埃塞俄比亚为在经查询有未被发现的债权人时,清算人在最为有用和合适的地点进行公告。④ 加拿大魁北克省规定的公告方式是在债权和动产物权登记册上公示,并且通知应刊登在死者最后已知地址所在地的报纸上。⑤

2. 遗产债务申报通知与公告的方式立法之评析

对于遗产债务申报通知与公告的方式,前述域外立法的相同点为:除埃塞俄比亚无规定外,前述六国立法都要求在报纸上公告。不同点为:遗产债务申报通知与公告的方式规定方法不同,第一,立法明确要求通知与公告方式,其一,要求在官报上发布,如德国、荷兰、日本、加拿大魁北克省。其二,要求在公告栏上张贴公告,如德国。其三,通过电子系统发布公告,如法国、德国。其四,在债权和动产物权登记册上公示,如加拿大魁北克省。第二,立法不明确规定通知与公告方式,由清算人自由选择,在合适的地点进行公告。

笔者认为,第一,对于已知债权人的通知方式,荷兰要求统一采用信函,有利于举证,但从我国十省市被调查民众的习惯看,民众更乐于采取口头、微信、电话等通知方式,从便捷的角度考虑,我国不宜统一规定必须采用书面信函方式。故我国《民法典》

---

① 《德国家事事件和非讼事件程序法》第435条。

② 参见《日本民法典》第927条第4款。

③ The Civil Code of the Netherlands(amended in 2012),Book 4,a. 206(6),214(1)(2).

④ 参见《埃塞俄比亚民法典》第1018条。

⑤ Civil Code of Québec(last amended in 2020),a. 795.

继承编对于继承开始的通知方式不予规定，符合我国国情。第二，对于未知债权人的公告方式，首先，对于在官报上进行公告，具有权威性，但是，成本较高。其次，对于在公告栏上张贴公告，我国作为拥有 14 亿人口的大国，张贴在社区或乡镇公告栏上，成本低，也便于群众知晓，符合民众的习惯。再次，对于采用电子途径发布公告，发布及时，受众范围广，而且节约资源，符合《民法典》规定的绿色原则，对有条件的城乡社区可采取此种方式。但如果有偿发布成本较高，我国可不作强行规定，以减轻民众负担。最后，对于在登记册进行公示，我国没有设立在物权和债权登记册上进行公示的制度，故此种方式不适合我国。第三，对于立法不明确要求公示的方式，此种立法例可以使发布公告的义务主体自由选择公告方式，但是如果义务主体选择的公告载体不具有权威性，很可能导致部分遗产债权人无法得知申报遗产债权的信息，进而会使其无法及时申报债权。因此，立法明确规定公告的方式较为适宜。

（三）域外遗产债务申报通知与公告的内容要求立法之考察与评析

1. 遗产债务申报通知与公告的内容要求立法之考察

关于遗产债务申报通知与公告的内容，法国、加拿大魁北克省无规定。其他五国立法主要包括三方面：一是遗产债权人等利害关系人须在法定或者指定日期内申报债权，如德国、日本、瑞士、荷兰。① 埃塞俄比亚规定，遗产清算人得要求债权人在法定期间内向其表明债权人身份。② 虽然法国对此无规定，但继承人在国内以公示方式作出限定接受继承的声明，也可以达到催告遗产债权人申报债权之目的。二是未申报债权的后果，如德国、日本、

---

① 参见《德国家事事件和非讼事件程序法》第 434 条，《日本民法典》第 927 条第 1 款、第 3 款，Swiss Civil Code（last amended in 2020），a. 582（1）（2），The Civil Code of the Netherlands（amended in 2012），Book 4，214（1）。

② 参见《埃塞俄比亚民法典》第 1018 条。

瑞士。三是申请公示催告的申请人的信息，如德国。

2. 遗产债务申报通知与公告的内容要求立法之评析

对于遗产债务申报通知与公告的内容，前述域外立法的相同点为：都要求说明被继承人死亡的事实，使遗产债权人等利害关系人在法定或指定日期内申报权利。不同点是：其一，是否说明未申报或逾期申报债权的后果；其二，是否包括申报人的信息。

笔者认为，应当将通知与公告的具体内容予以细化。除应当告知被继承人死亡的事实、遗产债权人等利害关系人须在法定或指定日期内申报权利外，还应当说明遗产债权人等利害关系人不申报或逾期申报遗产债权的后果。这有利于督促遗产债权人等利害关系人积极行使自己的权利。但《民法典》继承编仅将被继承人死亡的事实作为通知内容，尚未规定遗产债权人等利害关系人在法定或指定日期内申报对遗产的权利以及不申报或逾期申报的后果，前述德国、日本、瑞士的立法值得我国借鉴。

三、域外遗产债务申报通知与公告的时间立法之启示

（一）域外遗产债务申报通知与公告的时间立法之考察

法国为继承人应在继承开始后 6 个月内作出选择。遗产债权人报明债权的期限为继承人将限定继承的声明在国内进行公示之日起 15 个月内。[①]

德国为继承人公告首次在信息与通信系统或《联邦公报》上发布的日期，与登记日期之间，至少应有 6 周的时间间隔（公告期间），法律另有规定的除外。[②] 公告期间最长为 6 个月。[③] 已经启动遗产破产程序的，不得发布公示催告。遗产破产程序启动后，已经开始的公示催告程序即告终止。[④]

---

① 参见《法国民法典》第 792 条第 2 款。
② 《德国家事事件和非讼事件程序法》第 437 条。
③ 《德国家事事件和非讼事件程序法》第 458 条第 2 款。
④ 《德国家事事件和非讼事件程序法》第 457 条。

日本为继承人须自知道为自己的继承已经开始之时起 3 个月内，作出单纯、限定的承认或者放弃表示，该期限可以根据利害关系人或检察官的请求由家庭法院延长。① 限定承认人须在作出限定承认后 5 日内，作出要求继承债权人与受遗赠人申报债权的公告，并且指定申报债权的期间不能少于 2 个月。②

荷兰为主管机关要求被继承人的债务人、债权人在一定期限内申报其债权和债务，该期限不得少于 1 个月，自主管机关进行第一次公告之日起算。③ 官方清算与编制遗产清单同时开始，并应公示催告债权申报。④

埃塞俄比亚为清算人应在分区法院规定的日期前，对遗产的债权人发出公告。在可能的情况下，与公告接受继承或指定清算人同时发出。⑤ 遗产清算人得要求债权人在公告之日起 3 个月内申报债权。⑥

关于遗产债务申报通知与公告的时间，加拿大魁北克省无规定。

（二）域外遗产债务申报通知与公告的时间立法之评析

1. 遗产债务申报通知与公告的时间立法之相同点

对于遗产债务申报通知与公告的期间，前述五国立法相同点为：除荷兰由法院指定具体期间、加拿大魁北克省无规定外，其余五国都由法律直接规定通知与公告期间的长短。

2. 遗产债务申报通知与公告的时间立法之不同点

第一，期间的起算点不同。规定通知与公告时间的国家立法分为两种：其一，作出限定继承的声明后。法国为限定继承人作

---

① 参见《日本民法典》第 915 条第 1 款。

② 参见《日本民法典》第 927 条第 1 款。

③ Swiss Civil Code (last amended in 2020), a. 582 (1) (3).

④ Swiss Civil Code (last amended in 2020), a. 592 (2).

⑤ The Civil Code of the Netherlands (amended in 2012), Book 4, a. 214 (1) (2).

⑥ 参见《埃塞俄比亚民法典》第 1018 条。

出限定继承声明后遗产债权人开始申报债权。日本为继承人作出限定承认后 5 日内，继承人发出公告。其二，与接受继承的公告同时发出。荷兰为在可能的情况下，与接受继承或者指定清算人的公告同时发出。笔者认为，关于通知与公告期间的开始时间，前述法国、日本规定自继承人作出限定继承的声明之日起算，是因为其实行有条件的限定继承制度，申报遗产债权的目的是保障遗产债权人在遗产范围内受偿，故规定自继承人作出限定继承的声明之日起算。而此种起算点并不适合我国，因为我国采用的是无条件的限定继承制度。

第二，通知与公告期间的确定方式不同。前述规定通知与公告期间的六个国家，除荷兰由法院指定期限外，其他五国中立法直接规定了期间。笔者认为，关于遗产债务申报通知与公告期间的确定方式与期限长短，应当由法律统一规定公告期限。因为由法院自由裁量确定公告期间，不适合我国国情。我国是一个人口大国，若所有的遗产债务申报公告都要向法院提出申请，会增加法院的工作压力，也会增加当事人的讼累。

第三，通知与公告期间的长短不同。法国要求 15 个月，德国规定了最长与最短期间，至少为 6 个星期，最长为 6 个月；日本规定了最短期间，不能少于 2 个月；荷兰由法院规定发出公告的期限；埃塞俄比亚为公告之日起 3 个月。笔者认为，关于期限的长短，法国的 15 个月期限过长，不利于提高制作遗产清单的效率。德国规定了最长与最短期限，虽然规定 6 个月有利于遗产债权人及时申报债权，可以提高制作遗产清单的效率，但是在特殊情况下，可能公告期限需要超过 6 个月，此时就无法起到公告制度原来的作用。而日本立法规定的期限为不能少于 2 个月，可由义务主体自由选择，可资借鉴。这与我国现行《民事诉讼法》规定公示催告程序的时间为不少于 60 日大致相同，可供参考。

四、域外遗产债务的登记、查阅与异议立法之启示

(一) 域外遗产债务的登记、查阅与异议立法之考察

关于遗产债务的登记、查阅与异议，前述七个国家和地区的立法，只有法国、德国、荷兰、加拿大魁北克省有规定。

法国规定，遗产的债权人通过向限定继承人选定的住所通知其债权证书报明各自的债权。[①]

德国规定，债权登记时，应注明标的和债权基础。应附上书证原件或复印件。[②] 法院应允许任何有法律利益关联的人查阅已经登记的债权。[③] 公告期间届满后、债权裁定发布之前进行的登记，视同在公告期间的登记。[④]

荷兰规定，在通知债权人的期限届满后，清算人必须尽快将其承认并提出异议的债权和债权排序清单提交给死者遗产公证处，如果没有这样的办公室，则提交给分区法院书记处，供继承人、受赠人和所有已登记为债权人的人查阅。清算人应将其所存放的债权清单通知他们每一个人。[⑤] 在规定的申报债权的期限届满后6个月内，清算人必须在死者遗产的公证机关说明并提交一份分配清单，如果没有公证人，则提交到分区法院书记处，供公众查阅。分区法院可以延长这一期限。[⑥] 清算人应以与申报债权通知相同的方式进行公告，并将寄存情况通知继承人、受遗赠人和所有以债权人身份提出债权的人。在收到通知后的1个月内，各利害关系人可向分区法院或（如已任命监督法官）地区法院提出反对意见。[⑦]

---

① 参见《法国民法典》第792条第1款。
② 参见《德国家事事件和非讼事件程序法》第459条第1款。
③ 参见《德国家事事件和非讼事件程序法》第458条第2款。
④ 参见《德国家事事件和非讼事件程序法》第438条。
⑤ The Civil Code of the Netherlands (amended in 2012), Book 4, a. 214(5).
⑥ The Civil Code of the Netherlands (amended in 2012), Book 4, a. 218(1).
⑦ The Civil Code of the Netherlands (amended in 2012), Book 4, a. 218(2)(3).

（二）域外遗产债务的登记、查阅与异议立法之评析

关于遗产债务的登记，前述七国立法，法国要求债权人在申报债权时提供债权证书；① 德国要求在进行债权登记时，应注明标的和债权基础，并应附上书证原件或复印件。② 笔者认为，遗产债权人申报债权时，应当要求其提供证据，以避免其虚构债务，法国、德国立法可供我国借鉴。

关于遗产债务的查阅，德国、荷兰、加拿大魁北克省都规定，遗产利害关系人有权查阅已经登记的债权。其中荷兰明确规定继承人、受遗赠人和所有已经登记的债权人有权查阅，德国、加拿大魁北克省立法规定的查阅权利人范围较广，只要是利害关系人就有权查阅。笔者认为，赋予遗产利害关系人查阅已经登记债权的权利，有利于保障申报的遗产债权的真实性、准确性。关于查阅权利主体，除荷兰立法的规定外，德国、加拿大魁北克省规定尚未登记的债权人也应有权查阅已经登记的债权，扩大查阅权利主体范围，有利于他们行使监督权，更有利于保障遗产清单的准确性、真实性。

关于异议权，前述域外立法中，只有荷兰规定，清算人如不同意债权人所提出的债权或债权等级，应立即通知申报债权的人，并同时说明理由。③ 此外，在申报债权期间届满后，清算人应当在6个月内提交一份分配清单，并将此清单进行公告，继承人、受遗赠人以及被继承人的债权人等遗产利害关系人可以就该分配清单提出异议。④ 笔者认为，既然允许相关权利人查阅，就应当赋予其相应的异议权。否则，此权利就可能形同虚设。

---

① 参见《法国民法典》第 792 条第 1 款。

② 参见《法国民法典》第 792 条第 1 款，《德国家事事件和非讼事件程序法》第459 条第 1 款。

③ The Civil Code of the Netherlands（amended in 2012），Book 4，a. 214（4）.

④ The Civil Code of the Netherlands（amended in 2012），Book 4，a. 218（1）（2）（3）.

五、域外遗产债务申报通知与公告的效力立法之启示

（一）域外遗产债务申报通知与公告期间对遗产债务清偿的限制立法考察与评析

1. 遗产债务申报通知与公告期间对遗产债务清偿的限制立法之考察

法国规定，在进行公示以及在遗产债权人报明债权的期间内，即停止或禁止任何执行措施以及遗产的债权人就动产与不动产进行任何新的担保登记。但是，实施扣押的债权人，视为对此前被扣押的财产与权利享有担保利益。①

德国规定，继承人在承认继承后一年内，申请对遗产债权人公示催告，并经准许的，在公示催告程序届满前，得拒绝清偿遗产债务。② 但是，下列遗产债权人不受公示催告程序的影响：①破产程序中的取回权人；②其请求权由土地登记簿或者船舶登记簿中的预告登记担保的债权人；③在强制执行不动产时享有由不动产受清偿的债权人；④合同质权、法定质权和扣押质权情形的质权人；⑤破产程序中的其他别除权人；⑥商事留置权情形的债权人。其效力在于，在公示催告期间，对于这些享有优先权利的遗产债权人，继承人不享有给付拒绝权。③

瑞士规定，在编制遗产清单期间，不能强执行被继承人的债务。④

荷兰对遗产债务申报通知与公告期间对遗产债务清偿的限制无规定。

埃塞俄比亚规定，在清算人编制出遗产清单前，可以推迟偿

---

① 参见《法国民法典》第792-1条。

② 参见《德国民法典》第2015条第1款。

③ 参见《德国民法典》第1971条，杜景林、卢谌：《德国民法典——全条文注释》（下册），中国政法大学出版社2015年版，第1150页。

④ Swiss Civil Code (last amended in 2020),a.586(1).

付所有的债务。如果遗产明显地处于支付此等债务的状况中，法院可应任何利害关系人的申请，命令清算人在完成遗产清单前支付债务。①

加拿大魁北克省规定，如果遗产没有明显的清偿能力，自财产清单完成通知登记之日或者从免除制作遗产清单之日起至60天期限届满前，遗产清算人不得对遗产债务或者特定受遗赠人进行清偿。但因情况需要，清算人可以提前清偿一般公用事业费和急需清偿的债务。②

2. 遗产债务申报通知与公告期间对遗产债务清偿的限制立法之评析

（1）遗产债务申报通知与公告期间对遗产债务清偿的限制之立法相同点。关于遗产债务申报通知与公告期间对遗产债务清偿的限制，前述域外立法的相同点为：除荷兰无规定外，对于遗产债权人等利害关系人申报权利的期间，都规定了一定的限制。

（2）遗产债务申报通知与公告期间对遗产债务清偿的限制之立法不同点。关于遗产债务申报通知与公告期间对遗产债务清偿的限制，前述七个国家和地区域外立法的不同点为：其一，限制的程度不同。在遗产债权人等遗产利害关系人申报遗产债权期间，法国禁止清偿任何债务，德国、日本规定继承人可以拒绝在申报遗产债务期间清偿债务。瑞士则是在制作遗产清单期间，不能强制执行被继承人的债务。其二，对于违反清偿遗产债务限制的后果不同，前述域外立法，只有日本有规定。如果继承人因未按照规定在公告期间内向遗产债权人或受遗赠人清偿，导致无法向其他遗产债权人或受遗赠人清偿时，则要对此发生的损害负赔偿责任，并且其他遗产债权人或者受遗赠人也可以向接受不当清偿的遗产债权人或者受遗赠人求偿。

---

① 参见《埃塞俄比亚民法典》第1020条。

② Civil Code of Québec（last amended in 2020），a. 810.

笔者认为，关于遗产债务申报通知与公告期间对遗产债务清偿的限制，遗产债务申报通知与公告期间禁止清偿的法国、德国、日本之立法可供借鉴；日本规定不当清偿的法律后果，亦可资借鉴。因为在公示催告期间内，遗产管理人不能单独对某个或某一部分遗产债权人和受遗赠人给付，目的是保护其他遗产债权人和受遗赠人等遗产利害关系人的权利不被侵害。尤其是在遗产无法全部清偿债务时，如果继承人或遗产管理人随意清偿，有可能侵害债权顺序优先者的利益。故法律对遗产债务清偿的限制性规定，体现了公平原则，有利于保护各种遗产债权人的利益。

（二）域外遗产债务申报通知与公告期间届满后遗产债务的清偿立法之考察与评析①

1. 遗产债务申报通知与公告期间届满后遗产债务的清偿立法之考察

关于遗产债务申报期间届满后遗产债务的清偿，前述七个国家和地区立法都规定，公告期间届满后，遗产债权人等利害关系人按照规定受清偿。② 关于未到期限的债权，法国、日本规定，应依据法律的规定进行清偿。③ 德国规定，保留必需的遗产数额。④ 关于附条件、存续期间不确定的债权，日本规定，须按家庭法院选任的鉴定人的评估进行清偿。关于有争议的债权，法国、德国规定，将相应的款项予以寄存或者保留。瑞士、荷兰对此无规定。

---

① 关于期限届满后遗产债务的清偿，在本书第六章遗产债务清偿顺序制度部分予以专门研究，故为避免重复，在此部分进行简单阐释。

② 参见《法国民法典》第796条，《德国家事事件和非讼事件程序法》第458条第1款，《日本民法典》第929条，Swiss Civil Code（last amended in 2020），a. 589（3），593（3），The Civil Code of the Netherlands（amended in 2012），Book 4，a. 220（1）。

③ 参见《法国民法典》第796条，《日本民法典》第930条。

④ 参见《德国民法典》第2046条。

2. 遗产债务申报通知与公告期间届满后遗产债务的清偿立法之评析

对于申报遗产债务的期间届满后遗产债务的清偿，前述域外立法相同点为：其一，都规定期间届满后，遗产债权人等利害关系人按照规定受偿。其二，关于有争议的债权，都要求争议解决后再进行清偿。不同点为：关于未到期债权和附条件、附期限的债权分为两种立法例：一是视为债权到期或者条件成就，可以清偿；二是不予清偿，但应将相应的遗产予以寄存或保留。

笔者认为，除对已经到期的债权的债务进行清偿、有争议的债务待争议解决后清偿外，关于尚未到期、条件尚未成就的遗产债务，如提前清偿，可以使继承法律关系能够尽快得到处理，继承人尽快实现遗产的分割。[①] 虽然提前清偿债务有利于提高遗产处理效率，但不能为了提高效率而损害其他法律价值。若提前清偿附期限、附条件的债务时，期限尚未届至、条件尚未成就，则会导致遗产数额减少，进而损害继承人和其他遗产利害关系人的利益。因此，对于尚未到期、条件尚未成就的债务，在期间届满、条件成就时才能清偿，同时应为该债权的实现保留相应的遗产份额，这才是合理的。针对我国对此立法的空白，前述法国、德国立法可资借鉴。

（三）域外遗产债务申报通知与公告义务主体怠于履行义务的后果立法考察与评析

1. 遗产债务申报通知与公告义务主体怠于履行义务的后果立法之考察

关于通知与公告义务主体怠于履行义务的后果，前述七个国家和地区的立法，只有法国、日本、埃塞俄比亚有规定。法国规定，限定继承人未在法定期限内作出限定继承的声明，则对遗产

---

① 参见陈甦主编：《中国社会科学院民法典分则草案建议稿》，法律出版社 2019 年版，第 425 页。

债务承担无限清偿责任。① 日本规定，限定承认人怠于履行公告或者催告义务，对由此造成的损害承担损害赔偿责任。② 埃塞俄比亚规定，清算人得对因其过失或疏忽导致的任何损失承担责任。当其违反法律规定、遗嘱规定、由死者或法院对其作出的指示行事时，被视为有过失。当有迹象表明其已经以履行职责的意图诚信行事时，法院可全部或部分地减免他对继承人或受遗赠人的责任。③

2. 遗产债务申报通知与公告义务主体怠于履行义务的后果立法之评析

对于通知与公告义务主体怠于履行义务的后果，前述三国立法规定的后果不同，主要分为两种：（1）继承人丧失限定继承利益，对遗产债务承担无限清偿责任，如法国；（2）对造成的损害承担赔偿责任，如日本、埃塞俄比亚。笔者认为，有义务就应当有责任，否则无法约束义务主体履行应尽的义务，故怠于履行义务的主体应当承担责任。但法国规定的责任过重，日本要求对造成的损害程度承担相应的损害赔偿责任是公平合理的，可供我国借鉴。

（四）域外债权人怠于申报债权的后果立法考察与评析

1. 债权人怠于申报债权的后果立法之考察

法国规定，在法律规定的报明债权的期限之内于资产用尽之后才报明债权的债权人，只能对权利已得到满足的受遗赠人提出求偿。④ 法律规定的自继承人在作出限定接受继承的声明公示起15个月内没有报明债权的情况下，对遗产的财产享有的不附担保的债权即告消灭。⑤

---

① 参见《法国民法典》第 772 条第 2 款。

② 参见《日本民法典》第 934 条第 1 款。

③ 参见《埃塞俄比亚民法典》第 961 条。

④ 参见《法国民法典》第 799 条。

⑤ 参见《法国民法典》第 792 条第 2 款。

德国规定，未登记权利的，仅在遗产清偿未排除债权后仍有剩余的情况下，才能向继承人主张权利。但是，优于特留份权利、遗赠和继承负担之债的权利不受影响。[1]

日本规定，未在指定期限内申报债权的继承债权人及受遗赠人，为限定继承人所不知时，仅可以就剩余财产行使其权利。但是，就继承财产有特别担保人时，不在此限。[2]

瑞士规定，因债权人未及时登记债权而未列入财产清单的遗产的债权人，继承人不负个人责任，也不承担继承责任。在任何情况下，对遗产财产享有担保物权的债权人都可以行使其债权。[3]对于主管机关怠于履行义务的，《瑞士民法典》无规定。

荷兰规定，在分配清单具有约束力后才出现的死者遗产的债权人，在不损害其对以其全部遗产资产承担责任的继承人的资产追索权的情况下，只有对当时未售出的资产和死者遗产余额的追索权。当他们提出请求权时，应向他们作出和解。[4]

埃塞俄比亚规定，清算终止后出现的遗产债权人，可对继承人主张偿付对他们的所有负欠。他们对继承人从遗产中接受的财产，不享有优于此等继承人之个人债权人的请求权。继承人得在其从遗产中接受财产价值的范围内，对此等债权人承担责任。[5] 在清算终止后出现的遗产债权人，只能向单一物遗赠的受遗赠人主张在后者从遗产接受的财产的价值范围内偿付对他们所欠的债务。单一物遗赠的受遗赠人只有在无继承人时才承担责任。[6]

加拿大魁北克省规定，不知遗产已经清算的债权人和特定财产受遗赠人在进行正常清偿后才提出，他们对已经收到预付款的

---

[1] 参见《德国家事事件和非讼事件程序法》第 458 条第 1 款。

[2] 参见《日本民法典》第 935 条。

[3] Swiss Civil Code (last amended in 2020), a. 590(1)(3).

[4] The Civil Code of the Netherlands (amended in 2012), Book 4, a. 220(2).

[5] 参见《埃塞俄比亚民法典》第 1054 条。

[6] 参见《埃塞俄比亚民法典》第 1058 条。

继承人和已经受到偿付的损害赔偿的特定财产受遗赠人不享有诉权，但是，他们能证明有重大理由未能按时提出的除外。在任何情况下，如果他们在清算人解职后 3 年期满后提出自己的债权请求，则他们无权提起诉讼，对受遗赠人或继承人的个人债权人也不享有任何优先权。① 被继承人的唯一继承人对清算人未清偿的所有债务承担责任，但以其所继承财产的价值为限。但是，债权人和特定所有权的受遗赠人在正常清偿后才提出请求权的，对继承人的个人债权没有优先权。如果遗产转移给数个继承人的，每一个继承人对债务承担责任的比例仅限于他作为继承人所获得的份额，但须遵守不可分割债务的规定。②

2. 债权人怠于申报债权的后果立法之评析

对于债权人怠于申报债权的后果，前述域外立法的相同点为：遗产债权人怠于申报债权，都应承担一定的后果。

关于债权人怠于申报债权的后果，前述域外立法的不同点为：债权人所承担的怠于申报债权的后果程度不同，分为两种立法例：一是债权人未在法定期限内报明债权，债权消灭，如法国、瑞士；二是仅能就剩余遗产行使权利，但优先权除外，如德国、日本、荷兰。③ 笔者认为，前者的后果过于严重，后者较为合理，可资我国借鉴。因为公告程序的目的不仅是提醒债权人主张债权，也可以督促其及时主张权利，以推进遗产债务清偿与遗产分割程序的进行。况且，法律不会保护躺在权利上睡觉的人，故未按时申报债权的债权人，如果遗产已经被分配，其无权再要求进行重新分

---

① Civil Code of Québec (last amended in 2020), a. 816.

② Civil Code of Québec (last amended in 2020), a. 823.

③ 参见《法国民法典》第 792 条第 2 款，Swiss Civil Code (last amended in 2020), a. 590(1)(3)。

配，但其可就剩余遗产受偿。① 从而既保证遗产首先被用于清偿被继承人的债务，又在一定程度上保护未申报的遗产债权人利益。②

第三节 我国遗产债务申报通知与公告制度立法完善之思考

通过分析我国继承开始通知制度的不足之处，结合前述域外立法有益经验，本节通过考察我国部分学者的立法观点，在前人研究成果的基础上，提出完善我国遗产债务申报通知与公告制度的立法完善构想，即完善我国现行的继承开始通知制度，建立申报遗产债务的公告制度。

一、我国遗产债务申报通知与公告制度立法学者观点考察与评析

关于遗产债务申报通知与公告制度，笔者主要考察了梁慧星、王利明、张玉敏、杨立新、陈苇、陈甦等立法的学者观点。

（一）我国遗产债务申报通知与公告的主体立法学者观点考察与评析

1. 遗产债务申报通知与公告的义务主体立法学者观点考察与评析

（1）遗产债务申报通知与公告的义务主体立法学者观点之考察。关于遗产债务申报通知与公告的义务主体，前述诸学者观点分为三种：①继承人向法院提交遗产清单后，由法院发出公示催

---

① 参见梁慧星主编：《中国民法典草案建议稿附理由：继承编》，法律出版社2013年版，第191页；陈甦主编：《中国社会科学院民法典分则草案建议稿》，法律出版社2019年版，第425页。

② 参见陈苇主编：《中国遗产处理制度系统化构建研究》，中国人民公安大学出版社2019年版，第61页。

告，梁慧星、王利明、张玉敏、陈甦等学者持此观点。[1] ②由继承人或遗产管理人通知已知的债权人，并公告通知可能存在的未知债权人。杨立新等学者持此观点。[2] ③由知道被继承人死亡的继承人发出通知，由遗产管理人发出公告，催促相关债权人和债务人，申报遗产债权和债务。陈苇等学者持此观点。[3]

（2）遗产债务申报通知与公告的义务主体立法学者观点之评析。关于通知与公告的义务主体，前述学者观点的相同之处是都规定了履行通知与公告义务的主体。不同之处是：其一，通知与公告的义务主体不一致。杨立新、陈苇等主张区分通知与公告的义务主体，梁慧星、王利明、张玉敏、陈甦则认为公告的义务主体应当是法院，没有规定通知的义务主体，即所有的遗产债权人都应当通过公告申报债权。在前述学者观点中，是否区分通知与公告义务主体与有无通知制度密切相关。同时设立通知与公告制度，让继承人或遗产管理人及时通知已知的遗产债权人申报债权，对未知的债权人进行公告，可以让遗产权利人及时申报权利，有利于提高制作遗产清单的效率，保障遗产清单的真实性与准确性，以提高遗产处理的效率。其二，通知与公告的义务主体分为两种：①法院等公权力机关；②继承人或遗产管理人等自然人。由法院发出公示催告的，原因是法院已经介入继承关系，由法院进行公告顺理成章，并且可以引起债权人的重视，也有利于债权人申报债权。[4] 而主张由遗产管理人发出公告的可能是认为遗产管理人发

---

[1] 参见"梁稿"第 2017 条第 1 款，"王稿"第 652 条第 1 款，"张稿"第 18 条第 1 款，"陈甦稿"继承编第 76 条。

[2] 参见"杨稿"第 81 条第 2 款。

[3] 参见"杨稿"第 81 条第 2 款，"陈苇稿"第 8 条，"陈苇等学者建议稿"，陈苇主编：《中国继承法修改热点难点问题研究》，群众出版社 2013 年版，第 547-578 页，以下本章简称"陈苇稿"。

[4] 参见张玉敏主编：《中国继承法立法建议稿及立法理由》，人民出版社 2006 年版，第 65 页。

出公告成本较低。并且，公告债权人申报遗产债权应当是遗产管理人的义务。

笔者认为，一方面，应当将通知与公告的主体予以区分，由知道被继承人死亡的人通知已知的债权人、受遗赠人等遗产债权人，由法院或遗产管理人发出申报债权的公告，杨立新、陈苇等学者的观点可供我国立法借鉴。另一方面，关于义务主体的选定，可以赋予遗产管理人和法院发出公告的义务，在被继承人财产数额庞大、债权债务复杂的情况下，可以向法院申请公示催告。

2. 我国遗产债务申报通知与公告的对象立法学者观点考察与评析

（1）我国遗产债务申报通知与公告的对象立法学者观点之考察。关于通知与公告的对象，前述学者观点分为两种：①通知与公告的对象为遗产债权人，持此观点的有梁慧星、王利明、张玉敏、杨立新、陈甦等学者。① 其中，杨立新认为，通知的对象是已知的债权人，公告的对象是可能存在的未知债权人。此处的遗产债权人不包括受遗赠人。②通知与公告的对象是继承人、遗嘱执行人、受遗赠人、遗嘱保管人、遗产债权人等利害关系人，持此观点的有陈苇等学者。②

（2）我国遗产债务申报通知与公告的对象立法学者观点之评析。前述学者观点的相同之处为都认为公告的对象包括遗产债权人，不同之处为是否区分通知与公告的对象。如前所述，杨立新、陈苇等学者认为应区分通知与公告的主体，故在此笔者也认为应当区分通知与公告的对象，即通知是针对已知的债权人，而陈苇等学者认为通知的对象较为广泛，除了遗产债权人外，还包括受遗赠人等利害关系人。

---

① 参见"梁稿"第 2017 条第 1 款，"王稿"第 652 条第 1 款，"杨稿"第 81 条第 2 款，"陈甦稿"继承编第 76 条第 1 款。

② 参见"陈苇稿"第 8 条。

笔者认为，既然区分通知与公告的主体，则被通知与公告的对象也应是不同的，即通知已知的债权人或者受遗赠人，而公告的对象是存在未知的被继承人的债务人、受遗赠人等。

（二）我国遗产债务申报通知与公告的要求立法学者观点考察与评析

1. 我国遗产债务申报通知与公告的启动条件立法学者观点考察与评析

关于遗产债务申报通知与公告的启动条件分为两种：（1）作为继承人承担有限清偿责任的前提条件，继承人向法院提交遗产清单后，法院主动启动公示催告程序。梁慧星、王利明、张玉敏、陈甦等学者持此观点。（2）无论继承人是否承担有限清偿责任，都必须发出申报遗产债务的通知与公告。陈苇、杨立新持此观点。

对于遗产债务申报通知与公告的启动条件，前述学者观点的不同之处主要在于是由法院主动启动，还是由遗产管理人或继承人启动。主张由法院启动的学者观点与域外法国、日本等国立法较为一致。笔者认为，公示催告程序不宜作为继承人承担有限清偿责任的前提条件，因为我国是一个人口大国，法院办案压力较大，若将其作为法院的义务，则可能会导致法院的负担过重。

2. 我国遗产债务申报通知与公告的内容立法学者观点考察与评析

前述诸学者观点都认为公告的内容是要求遗产债权人在一定期限内申报债权。① 此外，陈苇等学者认为，通知的内容是被继承人死亡的事实。但是，对于具体公告中的内容要求，前述学者观点都未作出规定。

笔者认为，前述学者中所要求的公告内容是必需的，但是，应当将通知与公告的内容予以细化，不应当进行概括性的规定。

---

① 参见"梁稿"第 2017 条第 1 款，"王稿"第 652 条第 1 款，"杨稿"第 81 条第 2 款，"陈甦稿"继承编第 76 条第 1 款，"陈苇稿"第 8 条。

即便是发出的通知，除了被继承人死亡的事实外，还应当说明遗产债权人等利害关系人不申报债权的后果，以使此程序更具有规范性。

（三）我国遗产债务申报通知与公告的时间立法学者观点考察与评析

1. 我国遗产债务申报通知与公告的时间立法学者观点之考察

关于遗产债务申报通知与公告的时间，包括：（1）通知与公告的开始时间。关于通知与公告的开始时间，前述学者的观点分为三种：①继承人或遗产管理人向法院提交遗产清单后，发出公示催告。持此观点的有梁慧星、王利明、张玉敏。[①]②继承开始后发出通知与公告。持此观点的有陈苇等学者。[②]③进入遗产清算程序后，发出公告。持此观点的有杨立新等学者。[③]（2）关于通知与公告的期限，前述学者观点分为两种：①不得少于3个月，持此观点的有梁慧星、王利明、杨立新、陈甦等学者。[④]②不得少于2个月，持此观点的有张玉敏、陈苇等学者。[⑤]

2. 我国遗产债务申报通知与公告的时间立法学者观点之评析

一方面，关于通知与公告的开始时间，前述学者观点的主要区别是是否在继承开始后立即发出申报债务的通知。笔者认为，虽然在继承人或遗产管理人提交遗产清单后发出公示催告有利于债权人查阅遗产清单，但是，这可能导致遗产清单中遗漏遗产债务，一旦遗产清单有遗漏，还需要制作人补正，会影响清偿遗产债务的效率。而在继承开始后就发出申报遗产债务的通知与公告，

---

① 参见"梁稿"第2017条第1款，"王稿"第652条第1款，"张稿"第18条第1款。

② 参见"陈苇稿"第8条。

③ 参见"杨稿"第81条第2款。

④ 参见"梁稿"第2017条第2款，"王稿"第652条第2款，"杨稿"第81条第2款，"陈甦稿"继承编第76条。

⑤ 参见"张稿"第18条第1款，"陈苇稿"第8条。

不但有利于保障遗产债权人的利益，也有利于遗产清单的制作。

另一方面，关于通知与公告的期间长短，前述学者都主张规定最短期限，主要争议在于最短期限的长短不同。笔者认为，无论最短期限为 2 个月还是 3 个月都没有较大区别，但是，我国现行《民事诉讼法》中公示催告程序的期限为不少于 60 日，为保持一致，可借鉴张玉敏、陈苇等学者观点。

（四）我国遗产债务申报通知与公告的效力立法学者观点考察与评析

1. 我国遗产债务申报通知与公告对清偿遗产债务的限制立法学者观点考察与评析

关于遗产债务申报通知与公告对清偿遗产债务的限制，前述诸学者观点分为两种：（1）继承人和遗产管理人有权拒绝任何债权人和受遗赠人的给付请求，持此观点的有梁慧星、王利明、陈甦等学者。[①]（2）继承人不得向任何遗产债权人清偿债务，持此观点的有张玉敏、杨立新等学者。[②] 此外，杨立新等学者还认为，继承人故意不通知债权人的，丧失限定继承利益。[③]

笔者认为，关于公告期间届满后的效力，前述两种学者观点的区别主要在于，在通知与公告期间内清偿遗产债务是继承人或者遗产管理人的权利还是义务，将此规定为遗产管理人的权利，若在紧急情况下，便于遗产管理人行使权利。但是，一旦赋予继承人或遗产管理人选择权，很可能会出现遗产管理人或者继承人滥用权利，损害遗产债权人利益的现象。在公示催告期间内，继承人或遗产管理人不能单独对某个或某一部分遗产债权人和受遗赠人给付，目的是保护其他遗产债权人和受遗赠人的权利不被侵害。故如果将拒绝清偿遗产债务作为遗产管理人的权利，立法就

---

① 参见"梁稿"第 2017 条第 3 款，"王稿"第 652 条第 3 款，"陈甦稿"继承编第 76 条。

② 参见"张稿"第 19 条第 1 款，"杨稿"第 81 条第 3 款。

③ 参见"杨稿"第 81 条第 4 款。

应该明确遗产管理人清偿部分遗产债务而对其他遗产债权人造成损害时的责任。

2. 我国遗产债务申报通知与公告期限届满遗产债务清偿立法学者观点考察与评析

关于遗产债务申报通知与公告期限届满遗产债务的清偿，对于已经到期债权的清偿效力，前述学者观点分为两种：（1）在催告期限届满后，继承人和遗产管理人应当依据已经申报的债权和其他已知债权的数额或比例，以遗产分别偿还。对遗产享有担保物权的债权人可以实行担保物权。持此观点的有梁慧星、王利明、陈甦等学者。① （2）申报期限届满后，对于在规定期限内申报的债权和继承人已知的债权人，继承人应按照债权的数额，以遗产清偿。遗产的价值不足以清偿被继承人的全部债务时，继承人应立即申请法院对遗产进行清算。持此观点的有张玉敏等学者。② 由此可知，前述学者都认为在期限届满后应当按照规定清偿遗产债务。

对于清偿特殊债权的效力，主要包括尚未到期的债权、附条件的债权以及有争议的债权。前述各学者的观点分为两种：（1）对于继承开始时尚未到期的遗产债务，应视为已到期，与其他债务一并偿还，但应扣除相应的利息。对于清偿债务时所附条件尚未成就的，待条件成就时清偿；对债务数额有争议的，待争议解决后清偿。陈甦等学者持此观点。③ （2）对于尚未到期的遗产债务或有争议的遗产债务，继承人和遗产管理人应当在遗产分割前保留为清偿此债务所必要的财产。梁慧星、王利明等学者持此观点。④ 由此可知，学者观点的主要区别是尚未到期的债务是否加速到期。尚未到期的债务在遗产债务清偿中视为已经到期，采用债权加速到

---

① 参见"梁稿"第 2018 条第 1 款，"王稿"第 653 条第 1 款，"陈甦稿"继承编第 77 条。

② 参见"张稿"第 19 条第 1、3 款。

③ 参见"陈甦稿"继承编第 77 条。

④ 参见"梁稿"第 2018 条第 2 款，"王稿"第 652 条第 2 款。

期的规定，可以使继承法律关系能够尽快得到处理，继承人尽快实现遗产的分割。①。但是，有学者指出，债务加速到期造成履行期偏离原债务规划，期限"提前"届满会产生以下两方面的体系效应：第一，债务加速到期，如果提前清偿债权人，则可能会导致债权人怠于履行义务，更容易陷入迟延履行，此时也会随之启动迟延违约金，加速发生抵销的适用状况，并且也会导致诉讼时效的起算点"提前"。第二，债务加速到期可能会导致债权人对次债务人"提前"行使代位权与撤销权。②故债务加速到期有利于提高继承效率，可是效率不能成为整个遗产债务清偿程序规则中的唯一标准，更不能为了提高效率而损害其他法律价值。因此，笔者认为，对于尚未到期的债务，如果在一般程序中，期限届满时清偿较为妥当。

关于有争议的债务与附条件的债务，应当在争议解决、条件成就后再进行清偿。争议性债务可因继承人怀疑或否认债权的真实性的认定，直接涉及继承人及债权人的切身利益，因此，当争议性债务出现时，应当暂时停止债务的清偿，以防侵害继承人、债权人的利益。同时，应由继承人、债权人本着以事实为根据、以法律为准绳的态度，对债权的真实性进行确认。如未达成共识，继承人或债权人有权诉请法院就债权的真实性进行查证、核实。③

3. 我国遗产债务申报的义务主体不履行义务立法学者观点考察与评析

关于义务主体不履行通知与公告的义务，只有杨立新等学者建议稿中作出了规定，即继承人不履行通知义务，丧失限定继承

① 参见陈甦主编：《中国社会科学院民法典分则草案建议稿》，法律出版社2019年版，第425页。

② 参见李建星：《法定加速到期的教义学构造》，载《法商研究》2019年第1期。

③ 有争议性债务的清偿、争议性债务，是指继承人与债权人之间对债务的有无、多少不能达成共识，致使不能正常清偿的债务。参见王歌雅主编：《婚姻家庭继承法学》（第二版），中国人民大学出版社2013年版，第236页。

利益。笔者认为，既然发出通知与公告是义务，有义务就有责任，否则，将不利于义务主体履行此义务。故除了规定继承人不履行通知的责任外，还应当明确继承人或遗产管理人不履行公告义务的责任。

4. 我国债权人怠于申报债权立法学者观点考察与评析

前述诸学者观点中，认为遗产债权人不按照规定的期限申报债权的，并且为继承人和遗产管理人所不知的，仅得就剩余遗产行使权利。但就遗产享有担保物权的人，不在此限。持此观点的有梁慧星、张玉敏、王利明、杨立新、陈甦等学者。[①] 其原因是公告程序的目的不仅是提醒债权人主张债权，也可以督促其及时主张权利，以推进遗产债务清偿与遗产分割程序的进行。故对于未按时申报债权的债权人，如果已经分配，其无权再要求进行重新分配。[②] 此观点与日本立法一致，可供我国立法予以借鉴。

二、我国遗产债务申报通知与公告制度立法完善构想

在此部分，笔者通过考察前述民众观念、继承习惯和司法实践现状，分析我国现行立法之不足，借鉴域外立法的有益经验，参考学者观点，在前人研究成果的基础上，提出完善我国遗产债务申报通知与公告制度的立法完善构想。

（一）明确遗产债务申报通知与公告制度的适用情况

关于遗产债务申报通知与公告制度，我国可借鉴日本、荷兰等国立法，参考杨立新、陈苇等学者观点，明确通知与公告制度的适用情况。关于通知制度，立法应明确继承开始后，知道被继承人死亡的继承人必须针对已知的债权人、受遗赠人发出继承开

[①] 参见"梁稿"第 2020 条，"王稿"第 655 条，"张稿"第 19 条第 3 款，"杨稿"第 81 条第 2 款，"陈甦稿"继承编第 78 条。

[②] 参见梁慧星主编：《中国民法典草案建议稿附理由：继承编》，法律出版社2013 年版，第 191 页；陈甦主编：《中国社会科学院民法典分则草案建议稿》，法律出版社 2019 年版，第 425 页。

始，要求债权人、受遗赠人等遗产债权人在一定期限内申报债权的通知。

关于公告制度，继承人或遗产管理人可以根据法律规定的方式发出公告。此外，继承人或遗产管理人也可以向法院申请公示催告程序，由法院按照规定进行公示催告。对于公示催告制度，可扩大《民事诉讼法》中公示催告制度的适用范围，借鉴前述德国的立法模式，设立专门对遗产债权人的公示催告程序。

（二）增补遗产债务申报通知与公告的义务主体与对象

关于遗产债务申报通知与公告的义务主体，从我国十省市被调查民众的民间习惯看，遗产债务申报通知与公告的义务主体除法律规定的知道被继承人死亡的继承人、被继承人所在单位、村（居）委会外，还包括保管遗产的继承人、处理被继承人死亡事件的机构（见表4-1）。我国《民法典》继承编规定继承人、村（居）委会有通知义务是合理的，这有利于通知的及时发出。此外，《民法典》已经规定处理债权债务是遗产管理人的职责，如增补其作为通知和公告的义务主体，有利于其制作准确的遗产清单，更好地处理涉及遗产的债权债务。故我国可借鉴前述域外立法，适当扩大义务主体的范围。

关于遗产债务申报通知与公告的对象，从我国立法看，《民法典》继承编规定的继承开始的被通知对象，欠缺被继承人的债权人、受遗赠人等其他遗产权利人，故可借鉴德国、荷兰立法和杨立新等学者观点，扩大被通知对象的范围，将被继承人的债权人、受遗赠人等遗产利害关系人纳入，对继承已知的债权人、受遗赠人等遗产利害关系人发出通知，对未知或者无法取得联系的遗产债权人进行公告。因为公告的目的是使遗产债权人得到公平受偿，故已知的债权人不应受到公告影响。对于已知的债权人，遗产管理人或继承人应以通知的形式告知其有关事项，即使不能通知，也应当为其保留相应的遗产份额。[1]

（三）增加遗产债务申报通知与公告的要求

关于遗产债务申报通知与公告的启动条件，我国可借鉴荷兰、埃塞俄比亚、加拿大魁北克省立法，以启动通知与公告程序作为制作遗产清单的前提条件，以保障遗产管理人制作准确的遗产清单。

关于遗产债务申报通知与公告的方式，一方面，对于已知债权人的通知方式，从我国十省市被调查民众的习惯看，民众更乐于采取口头、微信、电话等通知方式，从便捷的角度考虑，我国不宜统一规定对已知债权人的通知方式。另一方面，对于公告的方式，从我国十省市被调查民众的习惯看，有的选择在报纸、电视、网络等平台上发布公告，有的选择在被继承人所在地的村（居）委会公告栏公告，也可以向人民法院申请公示催告。故上述民众继承习惯可供我国立法参考。

关于遗产债务申报通知与公告的内容要求，除告知被继承人死亡的事实外，可借鉴德国、日本、瑞士等国的立法，在通知与公告中明确以下三方面内容：一是被继承人死亡的事实；二是要求遗产债权人等在一定期限内申报债权；三是提醒遗产债权人未按时申报债权的后果。

（四）细化遗产债务申报通知与公告的时间

关于遗产债务申报通知与公告的开始时间，从我国被调查民众的观念看，大部分民众认为应在继承开始后 7 日内发出遗产债务申报的通知与公告（见表4-3）。目前我国《民法典》对继承开始通知发出的具体时间未规定，上述我国十省市被调查民众的观念可供我国立法参考。

---

[1] 参见郭明瑞、房绍坤、关涛：《继承法研究》，中国人民大学出版社 2003 年版，第 158 页。

关于公告的期限，我国可借鉴前述德国、日本、瑞士、埃塞俄比亚的立法，参考前述学者观点，规定公告的最短期限，以保障遗产债权人等利害关系人可以知晓相关信息。对于具体的期限，可参考我国《民事诉讼法》中公示催告程序的期限规定，即不少于60日，以保持法律的一致性。

（五）补充遗产债务的登记、查阅与异议

关于遗产债务的登记，我国可借鉴法国、德国立法，在遗产债权人申报遗产债权、遗产管理人进行登记时，应附有书证原件或复印件。

关于遗产债务的查阅，我国可借鉴德国、荷兰立法，赋予遗产利害关系人查阅已经登记的债权的权利。

关于异议权，我国可借鉴荷兰立法，对于享有查阅权的遗产利害关系人，应赋予其相应的异议权，遗产管理人应对提出的异议进行核实，并及时告知。

（六）增补遗产债务申报通知与公告的效力

关于遗产债务申报通知与公告的限制，我国可借鉴法国、德国、日本立法，明确申报遗产债务期间，遗产管理人有权拒绝清偿任何遗产债务。如果遗产管理人违反此规定造成损害的，可参考《民法典》继承编第1148条之规定承担相应的损害赔偿责任；受到损害的遗产债权人或受遗赠人也可以向恶意的受清偿的债权人求偿，不当受偿人应予返还遗产。

关于遗产债务申报通知与公告的效力，对已经到期的债务，我国遗产债务申报通知与公告期限届满，遗产管理人应按照规定清偿遗产债务。对于未到期或附条件的遗产债务，可借鉴德国立法，保留一定的份额或者将该份额予以提存。对于有争议的遗产债务，待争议解决后再予以清偿。

关于义务主体未履行通知与公告义务的后果，我国可借鉴日本、埃塞俄比亚立法，要求违反义务的遗产管理人承担损害赔偿责任。

关于遗产债权人未申报债权的后果，可借鉴前述域外德国、日本、荷兰立法，参考梁慧星、张玉敏、王利明、杨立新、陈甦等学者观点，未在法定期限内申报债权，且为继承人所不知的遗产债权人，仅能就剩余财产行使权利。

第五章 遗产债务清偿责任制度研究

本章以遗产债务清偿责任主体与遗产债务清偿责任类型为研究对象。首先，考察我国遗产债务清偿责任类型的民众观念与民间习惯，分析我国1985年《继承法》及司法解释有关遗产债务清偿责任立法在司法实践适用中出现的问题，进而评析我国《民法典》继承编相关立法的进步与不足之处。其次，通过研究遗产债务清偿责任的域外立法，分析可供我国借鉴的立法经验。最后，结合前述域外立法经验与我国现实情况，参考学者观点，提出完善我国遗产债务清偿责任制度的构想。

第一节 我国遗产债务清偿责任制度的现状检视

本节考察我国遗产债务清偿责任类型的民众观念与民间习惯实证调查情况，分析我国遗产债务清偿主体与清偿责任类型立法在司法适用中存在的问题，进而评析我国《民法典》继承编涉及遗产债务清偿责任制度立法的进步与不足。

一、我国遗产债务清偿责任类型民众观念与民间习惯

（一）我国遗产债务清偿责任类型之民众观念

1. 我国遗产债务清偿责任类型的民众观念实证调查情况

表 5-1　遗产债务清偿责任类型民众观念实证调查统计情况①

责任类型 地区	有限清偿责任	自愿的无限清偿责任	强制的无限清偿责任
重庆市	58.52%	74.93%	48.26%
吉林省	79.17%	65.33%	56.67%
上海市	61.10%	67.50%	44.00%
河北省	46.23%	73.25%	42.25%
湖北省	48.16%	66.87%	43.25%
江西省	44.63%	65.76%	31.35%
四川省	59.93%	70.73%	45.99%
广东省	77.91%	36.10%	70.97%
海南省	58.67%	80.28%	42.76%
福建省 （民营企业主）	47.36%	60.90%	34.59%
川渝等地 （民营企业主）	8.38%	65.29%	40.78%

---

① 以下数据来源于陈苇主编：《当代中国民众财产继承观念与遗产处理习惯实证调查研究》（上、下卷），中国人民公安大学出版社 2019 年版，第 44、154、249、340、438、533、635、743、829、919、1014 页。其中各省市地区所体现的数据，是持此种观点的被调查者所占当地被调查者总数之比例。

关于遗产债务清偿责任类型的民众观念，在陈苇教授项目组所进行的我国十省市地区的调查数据显示，在我国重庆市、吉林省、上海市、河北省、湖北省、江西省、四川省、广东省、海南省、福建省（民营企业主）、川渝等地（民营企业主）十省市被调查地区中，对于继承人承担的遗产债务清偿责任，主张承担"有限清偿责任"的分别占 58.52%、79.17%、61.10%、46.23%、48.16%、44.63%、59.93%、77.91%、58.67%、47.36%、8.38%；主张承担"自愿的无限清偿责任"的分别占 74.93%、65.33%、67.50%、73.25%、66.87%、65.76%、70.73%、36.10%、80.28%、60.90%、65.29%；主张承担"强制的无限清偿责任"的分别占 48.26%、56.67%、44.00%、42.25%、43.25%、31.35%、45.99%、70.97%、42.76%、34.59%、40.78%。

2. 我国遗产债务清偿责任类型的民众观念之特点与原因分析

关于遗产债务清偿责任类型的民众观念，在我国十省市被调查者中，上述统计数据显示的特点是：（1）主张实行有限清偿责任的，吉林、广东所占比例最高，占近八成，居第一位，川渝等地（民营企业主）持此主张的比例最低，其他各省市占四成半至六成。其原因可能是受到我国 1985 年《继承法》的影响。[①]（2）主张实行自愿的无限清偿责任的，广东所占比例最低，除吉林、广东外，在其他各省市都居第一位，占六成至八成。其原因可能是我国一直有"父债子还"的传统习惯，此习惯在当今社会仍然存在于民众的思想之中。在被继承人死亡后，无论是债权人还是社会舆论，往往都倾向于认为继承人应偿还被继承人的全部债务。此外，无论债务是否超过遗产的价值，继承人也愿意承担清偿被继承人全部债务的责任。[②]（3）主张实行强制的无限清偿责任的，占三成至

---

① 参见陈苇主编：《当代中国民众财产继承观念与遗产处理习惯实证调查研究》（下卷），中国人民公安大学出版社 2019 年版，第 694 页。

② 参见陈苇主编：《当代中国民众财产继承观念与遗产处理习惯实证调查研究》（下卷），中国人民公安大学出版社 2019 年版，第 693-694 页。

五成半。其原因可能是民众认为侵害遗产属于违法行为，应受到法律的惩罚。① 由此可知，强制的无限清偿责任是得到民众认可的。

（二）继承人侵害遗产的法律责任之民间习惯

1. 继承人侵害遗产的法律责任之民间习惯考察

表 5-2　继承人侵害遗产的法律责任之民间习惯实证调查数据②

地区 \ 项目	法律责任类型	占比	理由
重庆市	应承担返还遗产及其相应责任	31.92%	继承人转移、隐瞒遗产，主观恶性大，侵害遗产利害关系人的财产权益，以示惩戒
	交给司法、行政等相关部门处置	38.30%	以体现公平
	剥夺继承权、不分遗产	29.78%	根据当地习俗
吉林省	一般不予处理	58.33%	
	起诉由法院处理	25.55%	
	承担无限清偿责任	16.67%	

① 参见陈苇主编：《当代中国民众财产继承观念与遗产处理习惯实证调查研究》（下卷），中国人民公安大学出版社 2019 年版，第 694 页。

② 参见陈苇主编：《当代中国民众财产继承观念与遗产处理习惯实证调查研究》（上、下卷），中国人民公安大学出版社 2019 年版，第 44、154、249-250、438、534、635、829、1014 页。

续表

项目 地区	法律责任类型	占比	理由
上海市	继承人仍然承担有限清偿责任	29.41%	我国实行限定继承制度
	继承人对被继承人生前所有债务都承担清偿责任	58.82%	为保护债权人的合法权益，所有继承人对上述侵害行为均负有偿还义务
	对超过遗产偿付限度的被继承人生前债务，由转移、隐匿遗产行为的继承人予以偿还	11.77%	有转移、隐瞒遗产等行为的继承人侵害了债权人的合法权益，也仅应由其承担相应的责任，与其他继承人无关，符合自己责任原则
湖北省	由法院处理	25.00%	
	继承人承担无限清偿责任	30.88%	
	对有转移、隐匿遗产的继承人应当少分或者不分	23.53%	
	应当返还转移部分	14.71%	
	遗产应该重新分配	5.88%	

项目 地区	法律责任类型	占比	理由
江西省	该继承人少分或不分	40.85%	继承人转移、隐瞒遗产,主观恶性大,应予以惩戒
	起诉由法院处理	32.93%	法院处理更公平
	向村委会干部求助	10.37%	村委会更可靠
	承担无限清偿责任	23.17%	这样做更合理
	继承人协商	8.54%	
	责令该继承人归还该部分财产再分配	20.73%	
	继承只包括财产不包括债务	4.27%	
四川省	返还遗产并承担相应责任	43.19%	继承人转移、隐瞒遗产,主观恶性大,侵害遗产利害关系人的财产权益,以示惩戒
	交给司法、行政等相关部门处置	22.72%	以体现公平
	剥夺继承权、不分遗产	34.09%	根据当地习俗
海南省	禁止此继承人继承遗产	10.00%	
	承担无限清偿责任	55.00%	
	此继承人少分遗产	10.00%	
	到法院起诉	25.00%	

续表

项目 地区	法律责任类型	占比	理由
川渝等地(民营企业主)	承担所有债务	58.06%	
	承担无限清偿责任	33.87%	
	承担有限清偿责任	8.06%	

关于继承人隐匿、转移遗产的法律责任，我国十省市被调查地区的民间习惯是：在重庆市，让继承人承担返还遗产及其相应责任的占31.92%，交给司法、行政等相关部门处置的占38.30%，剥夺继承权、不分遗产的占29.78%。在吉林省，一般不予处理的占58.33%，起诉由法院处理的占25.55%，继承人承担无限清偿责任的占16.67%。在上海市，继承人仍然承担有限清偿责任的占29.41%，继承人对被继承人生前所有债务都承担清偿责任的占58.82%，对超过遗产偿付限度的被继承人生前债务，由转移、隐匿遗产行为的继承人予以偿还的占11.77%。在湖北省，由法院处理的占25.00%，继承人承担无限清偿责任的占30.88%，对有转移、隐匿遗产的继承人少分或者不分遗产的占23.53%，继承人返还转移部分的占14.71%，重新分配遗产的占5.88%。在江西省，少分或不分遗产的占40.85%，起诉由法院处理的占32.93%，向村委会干部求助的占10.37%，让继承人承担无限清偿责任的占23.17%，由继承人协商处理的占8.54%，责令继承人归还隐匿、转移的遗产并再次进行分配的占20.73%。在四川省，让继承人返还遗产并承担相应责任的占43.19%，交给司法、行政等相关部门处置的占22.72%，剥夺继承权、不分遗产的占34.09%。在海南省，剥夺继承人继承遗产权利的占10.00%，继承人承担无限清偿责任的占55.00%，继承人少分遗产的占10.00%，到法院起诉的占25.00%。在川渝等地（民营企业主），对于隐匿、转移遗产的

继承人，承担所有债务的占 58.06%，承担无限清偿责任的占 33.87%，承担有限清偿责任的占 8.06%。

2. 继承人侵害遗产的法律责任民间习惯之特点与原因分析

关于继承人侵害遗产的法律责任的民间习惯，在我国十省市被调查地区，统计数据显示的特点是：对于继承人转移、隐瞒遗产的行为，各省市都有一定的惩罚措施，其中占比最高的分别是：(1) 重庆地区为交给司法、行政等相关部门处置，占近四成；(2) 吉林省为一般不予处理，占近六成；(3) 上海为要求继承人承担无限清偿责任，占近六成；(4) 湖北为要求继承人承担无限清偿责任，占三成多；(5) 江西为要求继承人不分或少分遗产，占四成多；(6) 四川为返还遗产并承担相应责任，占近四成半；(7) 海南为继承人承担无限清偿责任，占五成半；(8) 川渝等地为继承人承担所有债务，占近六成。

可见，在各地占比最高的处理方式中，让转移、隐匿遗产的继承人承担无限清偿责任的处理方式较多。并且，吉林、上海、湖北、江西、海南、川渝等地（民营企业主等）都有让侵害遗产的继承人承担无限清偿责任的习惯，此种惩罚措施在海南占五成半，在川渝等地（民营企业主）占近三成半，在湖北省占三成，在江西省占近二成半，在上海市占一成多。这说明强制的无限清偿责任在民众中还是有一定存在基础的。而让继承人承担无限清偿责任的理由大部分是认为侵害遗产的继承人应当为自己的行为负责，让其承担无限清偿责任更合理。而对于此种行为一般不予处理的情况较少，在被调查地区中，只有吉林省、上海市存在不予处理的情况。由此可见，让侵害遗产的继承人承担相应的法律责任是得到民众认可的。

二、我国遗产债务清偿责任制度司法现状

笔者在无讼网上搜索了部分案例，主要涉及三个方面：(1) 法院如何认定遗产债务的清偿责任主体；(2) 1985 年《执行继承法意

见》第 59 条规定的继承人隐匿、转移遗产的法律后果的适用情况；
（3）法院如何认定共同继承人对被继承人债务的清偿责任。

（一）我国遗产债务清偿责任主体的司法现状

在笔者搜索到的案例中，承担遗产债务清偿责任的主体大部分为继承人。但是，其中有两个案例样本，法院认为遗赠扶养协议中的扶养人也属于清偿责任主体。

一方面，在"吴某 1 与伍 1、吴某 2 等被继承人债务清偿纠纷案"① 中，被继承人吴某 6 生前欠原告吴某 1 购房补偿款，其中金某某是遗赠扶养协议中的遗赠扶养人，原告要求金某与其他继承人、受遗赠人共同承担偿还债务的责任，虽然法院最后没有支持，但法院的理由是"金某某于 2009 年与吴某 6 签订《遗赠扶养协议》直到 2016 年吴某 6 去世，其始终与吴某 6 共同生活且进行照料并负责办理吴某 6 的丧事，这与其他四位被告无偿地接受吴某 6 的遗产相比，显然付出了更多的金钱和心血，因此本院采纳金某某的辩称意见，在其他四位被告（继承人和受遗赠人）所获得遗产足够清偿原告债务的情况下，金某某不需就其获得的遗产和其他四位被告（继承人和受遗赠人）共同清偿债务"。由此推之，若继承人和受遗赠人所继受的遗产无法清偿债务，则金某某就需要承担偿还责任。

另一方面，在"张某、刘某被继承人债务清偿纠纷上诉案"② 中，张某作为遗赠扶养协议的扶养人，与被继承人刘某英签订了遗赠扶养协议，被继承人生前有 5 万元欠款尚未偿还，之后债权人起诉到法院要求张某承担清偿责任。一审法院判决张某在遗产范围内承担清偿责任，张某不服，提起上诉，二审法院认为，"上诉人因履行了与被继承人刘某英签订的遗赠扶养协议而继承了刘某英的遗产，依法应当清偿刘某英生前所欠的债务"。

---

① （2018）沪 0109 民初 24466 号一审民事判决书。
② （2019）鲁 02 民终 2108 号二审民事判决书。

综上所述，在司法实践中，有的法院将遗赠扶养协议中的扶养人认定为遗产债务清偿责任主体，此种认识是错误的。

（二）遗产债务清偿责任类型的司法现状

此部分主要针对前述涉及遗产债务范围的案例进行研究，即通过查询关键字"遗产债务"所筛选出的 282 个案例样本。[①] 在 282 个案例样本中，关于遗产债务的清偿责任类型，包括有限清偿责任与自愿的无限清偿责任。

1. 遗产债务清偿责任类型

表 5-3　遗产债务清偿责任类型情况

责任类型＼项目	案件数量(个)	比例
有限清偿责任	281	99.65%
自愿的无限清偿责任	1	0.35%
共同清偿责任	111	39.36%
总计[②]	282	100.00%

在司法实践中，关于继承人承担有限清偿责任的案件为 281 件，占 99.65%；关于继承人自愿承担无限清偿责任的案件只有 1 件，占 0.35%；关于涉及继承人对遗产债务承担共同清偿责任的有 111 件，占 39.36%。据此可知，在被抽样的案件中，继承人对遗产债务承担无限清偿责任的情况非常少。

2. 遗产债务之有限清偿责任

如前所述，在司法实践中，继承人所承担的遗产债务清偿责

---

① 必须说明，此处的案例与第三章遗产债务范围制度的案例相同，但考察的内容不同。

② 需要说明的是，共同清偿责任的类案是从承担限定责任的案件中提取出来的，故两者是重合的，并不计入案件总数中。

任的案件比例占 99.65%。但是，在这部分案例样本中没有涉及继承人隐匿、侵吞遗产的后果。我国《执行继承法意见》第 59 条规定，继承人隐匿、侵吞、争抢遗产的后果是不分或者少分遗产。故为了考察该条在司法实践中的适用情况，笔者将该条文的原文作为关键字，在无讼网进行搜索，共搜索到 191 个案例。此类案例呈现情况见表 5-4①。

（1）继承人隐匿、侵吞、争抢遗产的后果之总体情况。

表 5-4　继承人隐匿遗产、侵吞、争抢遗产的后果案件数量情况

年份	案件数量(个)	占比
2010	1	0.52%
2012	2	1.05%
2013	3	1.57%
2014	17	8.90%
2015	17	8.90%
2016	17	8.90%
2017	28	14.66%
2018	49	25.65%
2019	34	17.80%
2020	23	12.04%
总计	191	100.00%

① 参见无讼网，载 https://www.itslaw.com/search？initialization＝%7B%22category%22%3A%22CASE%22%2C%22filterList%22%3A%5B%7B%22type%22%3A%22searchWord%22%2C%22id%22%3A%22人民法院对故意隐匿、侵吞或争抢遗产的继承人，可以酌情减少其应继承的遗产%E3%80%82%22%2C%22searchType%22%3A1%2C%22label%22%3A%22人民法院对故意隐匿、侵吞或争抢遗产的继承人，可以酌情减少其应继承的遗产%E3%80%82%22%2C%22category%22%3A%22搜索词%22%7D%5D%7D，最后访问日期：2020 年 11 月 13 日。

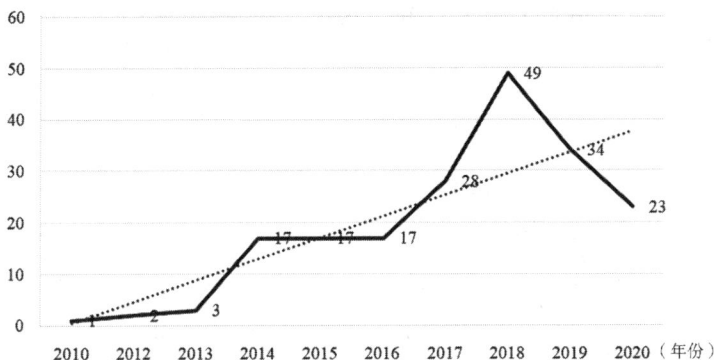

图 5-1 继承人隐匿遗产、侵吞、争抢遗产的后果案件数量情况

从被抽样的案例样本数据看，2010 年至 2013 年案件数量非常少，占不到 2%；2014 年至 2016 年数量增加，每年都是 17 件，各占 8.90%；2018 年案件数量最多，有 49 件，占 25.65%；2019 年有 34 件，占 17.80%；2020 年有 23 件，占 12.04%。由此可见，关于继承人隐匿遗产、侵夺、争抢遗产的案例呈现出波动上升的趋势。

（2）继承人隐匿、侵吞、争抢遗产的后果之具体情况。在搜索到的 191 个案例中，法院判决共 180 个，裁定共 11 个，为进一步了解案件的具体情况，笔者对前述 180 个案例进行分析，通过剔除无效样本，合并二审与再审案件，最终的案件样本数量为 138 个，此类案例在司法实践中呈现出以下特点①：

---

① 需要说明的是，在 180 份判决文书中，有部分是二审与再审案件，其中一审 86 件，二审 91 件，再审 3 件，故笔者将一审、二审案件、再审案件进行合并处理，最后实际不同的案例样本共 138 件。

①继承人隐匿、侵吞、争抢遗产之情况。

表5-5　继承人隐匿、侵吞、争抢遗产之情况

				项目	案件数量（个）	占比
法院判决支持				转移遗产	42	30.43%
				直接隐瞒财产	8	5.80%
				隐瞒有其他继承人,骗取办理公证继承	8	5.80%
				虚构自己是唯一继承人的事实,侵占遗产	4	2.90%
				虚构债务	2	1.45%
				提供虚假证据,以多分遗产	2	1.45%
	擅自处分遗产			擅自赠与第三人	2	1.45%
		擅自出售遗产		以低价出售	2	1.45%
				恶意串通出售	4	2.90%
				正常价格出售	5	3.62%
				合计	11	7.97%
		擅自装修房屋后出租给他人			1	0.72%
		擅自拆除房屋			3	2.17%
		私自更换拆迁补偿方式				
		擅自注销被继承人的公司				
		合计			17	12.32%
	合计				83	60.14%
法院判决不予支持				主观恶意不大	1	55	39.86%
				证据不足	54	
总计					138	100%

在司法实践中，继承人隐匿、侵吞、争抢遗产的方式主要表现为：1）转移遗产的继承人有30.43%，占三成多。2）擅自处分遗产的继承人有12.32%，占近一成半。3）直接隐瞒遗产、隐瞒有其他继承人的各有5.8%，占近半成。4）虚构债务；提供虚假证据，以多分遗产的各占1.45%。由此可知，在司法实践中，继承人隐匿、侵吞遗产的现象是比较普遍的，甚至有的为了多获得遗产欺骗公证机关。

②继承人隐匿、侵吞、争抢遗产后果之法院裁判情况。

本部分主要针对前述法院判决支持的83个案例样本中所要求继承人承担的后果进行研究，其情况如下：

表5-6 继承人隐匿、侵吞、争抢遗产后果之法院裁判情况

法院判决结果	项目	案件数量（个）	占比
法院判决确定减少继承人继承遗产份额的比例	1%-2%	3	3.61%
	5%	5	6.02%
	10%-13%	10	12.05%
	25%	2	2.41%
	30%	1	1.20%
未明确减少遗产份额的比例		44	53.01%
未减少遗产的份额	情节轻微	2	2.41%
	生前尽了主要扶养义务，多分份额与少分份额抵销	14	16.87%
	合计	16	19.28%
法院判决继承人只对其侵占的遗产不再享有继承权，对其他遗产正常分割		1	1.20%

项目 法院判决结果	案件数量 （个）	占比
原告请求侵占遗产的继承人不分遗产,法院不予支持,酌情减少份额	1	1.20%
总计	83	100.00%

关于继承人隐匿、侵吞、争抢遗产的后果，调查统计数据显示，法院的裁判结果分为四种：1) 减少继承人应继份的比例，其中减少 1%-2% 的，占 3.61；减少 5% 的，占 6.02；减少 10%-13% 的，占 12.05%；减少 25% 的，占 2.41；减少 30% 的，占 1.20。2) 继承人只对其侵占的遗产不再享有继承权的，占 1.20。3) 只在判决书中阐明减少遗产份额，未明确减少遗产份额的比例的，占 53.01。4) 未减少遗产份额的，占 19.28%。法院未减少隐匿、侵吞、争抢遗产的继承人的遗产份额的原因有二：一是情节轻微；二是继承人生前对被继承人尽了主要扶养义务，故将多分的份额与少分的份额抵销。

通过上述案例情况可知，在司法实践中，即使继承人出现隐匿、侵吞遗产的现象，最后承担的结果也只是少分遗产，而且少分得的遗产数额相对比较少，对继承人的利益不会产生太大的影响。此外，从笔者所检索的案例来看，并未出现继承人因隐匿、侵吞遗产而承担不分遗产的后果。为此，可能会助长继承人的此种行为，不利于维护继承秩序。

3. 遗产债务之共同清偿责任

其中涉及遗产债务继承人共同清偿责任的不同案例共筛选出 111 个。关于共同继承人的遗产债务清偿责任，法院判决书中要求继承人所承担的责任形式主要有以下几种：

表 5-7　遗产债务共同清偿责任之法院裁判结果情况

法院判决	项目	案件数量（个）	比例
各继承人在遗产范围内共同承担清偿责任		87	78.38%
继承人对遗产债务承担连带清偿责任		5	4.50%
遗产债务被认定为夫妻共同债务	各继承人在遗产范围内与配偶承担连带清偿责任	4	3.60%
	配偶承担连带清偿责任，其他继承人在遗产范围内承担清偿责任	9	8.11%
	配偶承担一半，另一半各继承人平均分担	3	2.70%
	合计	16	14.41%
遗产能够清偿债务时，明确各继承人应承担的份额		2	1.80%
未明确继承人在遗产范围内承担清偿责任		1	0.90%
总计		111	100%

　　由上述数据可知，在司法实践中，针对共同继承人所承担的遗产债务清偿责任，法院的判决结果并不一致。其中，判决继承人在遗产范围内共同承担清偿责任的占近八成，而要求继承人对遗产债务承担连带清偿责任的只占不到一成。此外，在遗产债务被认定为夫妻共同债务时，法院也没有一致的判决结果。

三、我国遗产债务清偿责任制度立法沿革

（一）我国遗产债务清偿责任制度立法之考察

1. 我国遗产债务清偿责任主体立法之规定

（1）我国 1985 年《继承法》及司法解释之规定。1985 年

《执行继承法意见》第 62 条规定，在先分割遗产后清偿债务时，分两种情况，其一，如有法定继承又有遗嘱继承和遗赠的，清偿顺位是：①由法定继承人用所继承的份额清偿；②法定继承人的遗产份额不足清偿全部债务时，由遗嘱继承人和受遗赠人按比例用所得遗产清偿。其二，只有遗嘱继承和遗赠的，遗嘱继承人和受遗赠人按比例用所得的继承份额清偿债务。①

（2）2020 年《民法典》继承编之规定。2020 年《民法典》继承编第 1163 条规定，在既有法定继承又有遗嘱继承、遗赠的情况下，税款和债务应当按照下列顺序清偿：①由法定继承人用所得的遗产份额清偿；②法定继承份额无法支付全部债务的，遗嘱继承人和受遗赠人按其继承的遗产份额比例清偿。② 关于此条的解释，部分学者认为此条是就遗产债务的清偿主体顺位作出的规定，即法定继承人是第一顺位的清偿责任主体；遗嘱继承人和受遗赠人是居于第二顺位的清偿主体。③ 笔者认为，对于此条的理解应当进行整体解释。《民法典》第 1161 条规定，继承人承担清偿税款和债务的责任。④ 换言之，根据此条的规定，只有继承人才是税款和债务的清偿责任主体。此外，由《民法典》第 1133 条可知，在我国遗嘱继承与遗赠是有区别的，遗嘱继承人只指法定继承人，

---

① 1985 年《执行继承法意见》第 62 条规定："遗产已被分割而未清偿债务时，如有法定继承又有遗嘱继承和遗赠的，首先由法定继承人用所得遗产清偿债务；不足清偿时，剩余的债务由遗嘱继承人和受遗赠人按比例用所得遗产偿还；如果只有遗嘱继承和遗赠的，由遗嘱继承人和受遗赠人按比例用所得遗产偿还。"

② 2020 年《民法典》第 1163 条规定："既有法定继承又有遗嘱继承、遗赠的，由法定继承人清偿被继承人依法应当缴纳的税款和债务；超过法定继承遗产实际价值部分，由遗嘱继承人和受遗赠人按比例以所得遗产清偿。"

③ 参见陈甦、谢鸿飞主编：《民法典评注·继承编》，中国法制出版社 2020 年版，第 317 页。

④ 2020 年《民法典》第 1161 条规定："继承人以所得遗产实际价值为限清偿被继承人依法应当缴纳的税款和债务。超过遗产实际价值部分，继承人自愿偿还的不在此限。继承人放弃继承的，对被继承人依法应当缴纳的税款和债务可以不负清偿责任。"

而受遗赠人则是法定继承人以外的人。① 故《民法典》中的"继承人"应只包括遗嘱继承人与法定继承人，而不包括受遗赠人。如果将第 1163 条中的受遗赠人解释为遗产债务清偿责任主体，则会导致前后立法不一致。因此，在本条规定中，不能将受遗赠人作为遗产债务清偿责任的主体。

此外，《民法典》第 1147 条规定，遗产管理人有处理被继承人债权债务的职责。② 由此可知，处理被继承人的债权债务是遗产管理人的职责之一，但其并非承担遗产债务清偿责任的主体。

2. 我国遗产债务清偿责任类型立法之规定

（1）我国 1985 年《继承法》及司法解释之规定。我国 1985 年《继承法》第 33 条规定，接受继承的继承人应在遗产范围内对遗产债务承担清偿责任。③ 由此可见，遗产债务的清偿主体是继承人。1985 年《继承法》关于遗产债务清偿责任规定了两种类型：

第一，遗产债务之有限清偿责任。在继承开始后，接受继承的继承人在遗产范围内对被继承人生前缴纳的税款和债务承担清偿责任。

第二，遗产债务之无限清偿责任。对于超过遗产实际价值的债务，继承人可以自愿偿还。此即自愿的无限清偿责任。关于强

---

① 2020 年《民法典》第 1133 条规定："自然人可以依照本法规定立遗嘱处分个人财产，并可以指定遗嘱执行人。自然人可以立遗嘱将个人财产指定由法定继承人中的一人或者数人继承。自然人可以立遗嘱将个人财产赠与国家、集体或者法定继承人以外的组织、个人。自然人可以依法设立遗嘱信托。"

② 2020 年《民法典》第 1147 条规定："遗产管理人应当履行下列职责：（一）清理遗产并制作遗产清单；（二）向继承人报告遗产情况；（三）采取必要措施防止遗产毁损、灭失；（四）处理被继承人的债权债务；（五）按照遗嘱或者依照法律规定分割遗产；（六）实施与管理遗产有关的其他必要行为。"

③ 1985 年《继承法》第 33 条规定："继承遗产应当清偿被继承人依法应当缴纳的税款和债务，缴纳税款和清偿债务以他的遗产实际价值为限。超过遗产实际价值部分，继承人自愿偿还的不在此限。继承人放弃继承的，对被继承人依法应当缴纳的税款和债务可以不负偿还责任。"

制的无限清偿责任，我国 1985 年《继承法》无规定。仅《继承法》第 24 条规定，任何人禁止侵吞或争抢遗产。①《执行继承法意见》第 59 条规定，对于隐匿、侵吞或争抢遗产的继承人，法院有权酌情减少其应得的遗产份额。② 可见，对于侵吞遗产的行为，其承担的后果是可能少分遗产，并未规定强制的无限清偿责任。

（2）2020 年《民法典》继承编之规定。第一，无条件的有限清偿责任与自愿的无限清偿责任。根据我国《民法典》继承编第 1124 条和第 1161 条的规定，我国仍以当然的限定继承为原则。继承人承担有限清偿责任的形式有两种：①明确表示接受继承；②默示接受。既不表示放弃，也不表示接受，则推定为接受继承。《民法典》所规定的遗产债务清偿责任沿用 1985 年《继承法》之规定，包括有限清偿责任与自愿的无限清偿责任。③ 但是，2020 年《民法典》第 1147 条第 1 项规定，遗产管理人应当履行清理遗产并制作遗产清单的职责。④

第二，关于强制的无限清偿责任，《民法典》继承编仍无规定，只是第 1151 条沿用原《继承法》第 24 条之规定。⑤《最高人

---

① 1985 年《继承法》第 24 条规定："存有遗产的人，应当妥善保管遗产，任何人不得侵吞或者争抢。"

② 1985 年《执行继承法意见》第 59 条规定："人民法院对故意隐匿、侵吞或争抢遗产的继承人，可以酌情减少其应继承的遗产。"

③ 2020 年《民法典》第 1124 条第 1 款规定："继承开始后，继承人放弃继承的，应当在遗产处理前，以书面形式作出放弃继承的表示；没有表示的，视为接受继承。"第 1161 条规定："继承人以所得遗产实际价值为限清偿被继承人依法应当缴纳的税款和债务。超过遗产实际价值部分，继承人自愿偿还的不在此限。继承人放弃继承的，对被继承人依法应当缴纳的税款和债务可以不负清偿责任。"

④ 2020 年《民法典》第 1147 条规定："遗产管理人应当履行下列职责：（一）清理遗产并制作遗产清单；（二）向继承人报告遗产情况；（三）采取必要措施防止遗产毁损、灭失；（四）处理被继承人的债权债务；（五）按照遗嘱或者依照法律规定分割遗产；（六）实施与管理遗产有关的其他必要行为。"

⑤ 2020 年《民法典》第 1151 条规定："存有遗产的人，应当妥善保管遗产，任何组织或者个人不得侵吞或者争抢。"

民法院关于适用〈中华人民共和国民法典〉继承编的解释（一）》① 第 43 条沿用原《执行继承法意见》第 59 条之规定。② 相较于 1985 年《继承法》，《民法典》对遗产债务清偿责任的规定并未发生变化。妥善保管遗产是遗产处理的前提和基础，无论在遗产处理前还是在遗产处理中，若遗产毁损灭失，遗产债务的清偿则成为无源之水、无本之木。《民法典》沿用 1985 年继承法之规定，为存有遗产的人设置了妥善的保管义务，有利于后续遗产的顺利处理，也为继承人等利害关系人的侵权损害赔偿请求权提供了规范基础，具有重要的规范意义和实践意义。③

第三，遗产债务之共同清偿责任。关于共同继承人对遗产债务的清偿责任，《民法典》无明确规定，只是第 308 条规定，没有约定或约定不明确的，具有家庭关系的共有人之间共有的动产或不动产为共同共有。据此可知，继承人之间具有家庭关系，对于共有的物权属于共同共有。④

（二）我国遗产债务清偿责任制度立法之反思

1. 我国遗产债务清偿责任立法进步之处

（1）遗产债务清偿责任主体的顺位适用范围扩大。2020 年《民法典》第 1163 条是将 1985 年《执行继承法意见》上升为立法，同时删除了"分割遗产而尚未清偿债务"这一适用条件。根据原来的规定，在先清偿债务未分割遗产时，无法确定法定继承人和遗嘱继承人的清偿顺位。这是立法的一大进步，体现了我国

---

① 以下简称为《〈民法典〉继承编解释（一）》。

② 《〈民法典〉继承编解释（一）》第 43 条规定："人民法院对故意隐匿、侵吞或者争抢遗产的继承人，可以酌情减少其应继承的遗产。"

③ 参见陈甦、谢鸿飞主编：《民法典评注·继承编》，中国法制出版社 2020 年版，第 254 页。

④ 2020 年《民法典》第 308 条规定："共有人对共有的不动产或者动产没有约定为按份共有或者共同共有，或者约定不明确的，除共有人具有家庭关系等外，视为按份共有。"

立法尊重被继承人意愿的原则。

（2）设立有限清偿责任与自愿的无限清偿责任符合民众的观念。关于遗产债务清偿责任的类型，我国《民法典》并没有实质性的改变，仍是包括无条件的有限清偿责任与自愿的无限清偿责任。在前述两种责任类型中，前者有利于维护继承人的利益，后者体现了尊重继承人的意思自治。同时，无条件的有限清偿责任与自愿的无限清偿责任，与部分被调查民众的观念相符。关于涉及遗产债务清偿责任的我国民众观念，主张实行有限清偿责任的民众，除川渝地区民营企业被调查者中占不到一成外，其他地区占四成半至八成不等；主张实行自愿的无限清偿责任的民众，除广东省占不到四成外，其他地区占六成至八成不等。据此可见，遗产债务有限清偿责任与自愿的无限清偿责任是得到民众认可的（见表5-1）。

（3）新增遗产债务清偿责任规则。1985年《执行继承法意见》第62条规定了尚未清偿遗产债务便已经分割遗产的情况下遗产债务清偿责任的分配规定。2020年颁布的《民法典》将此规则上升为立法，[①] 并且将继承人承担遗产债务的清偿责任从"遗产已经被分割而未清偿债务"的情形予以扩大，扩展至整个遗产处理的过程。这可以避免继承人分割遗产后逃避承担遗产债务、侵害遗产债权人的利益，也有利于构建良好的遗产分配秩序，减少遗产债务纠纷，保障遗产债权人及其相关利害关系人的合法权益，维护市场交易安全。[②]

（4）将制作遗产清单作为遗产管理人的职责。遗产清单是记载被继承人权利和义务的簿册。在清理遗产后，遗产管理人应当制作忠实、准确的遗产清单。制作遗产清单的目的有两个：一是

---

① 参见张平华：《〈民法典·继承编〉的创新与继承法之整理》，载《甘肃政法大学学报》2020年第6期。

② 参见陈苇、贺海燕：《论民法典继承编的立法理念与制度新规》，载《河北法学》2020年第11期。

固定遗产的范围、种类和数额，保护继承人、受遗赠人和其他遗产利害关系人的利益，防止遗产应收未收、被转移隐匿或者毁损灭失；二是为后续遗产债务清偿中限定继承原则的落实提供前提和基础，遗产清单所列明的财产的实际价值构成继承人清偿遗产债务的责任财产范围，无遗产清单制度，限定继承原则就难以贯彻实施。① 我国《民法典》将制作遗产清单作为遗产管理人职责，有利于限制清偿遗产债务责任财产的范围，根据遗产清单依顺序和比例清偿遗产债务，保护继承人和遗产债权人的利益。②

2. 我国遗产债务清偿责任立法不足之处

（1）遗产债务清偿责任主体将遗嘱继承人与受遗赠人置于承担清偿责任的同一顺位不科学。我国《民法典》第1163条规定，在遗产债务超过法定继承遗产实际价值的部分时，遗嘱继承人和受遗赠人按比例在所得遗产的范围内承担遗产债务清偿责任。而第1161条又规定，继承人要在遗产范围内承担清偿责任。此时，便导致主体的不一致。而结合该法第1133条之规定，遗嘱继承人和受遗赠人并非种属的关系。故原《执行继承法意见》与《民法典》继承编确立的遗嘱继承人和受遗赠人在遗产债务清偿中处于同一顺位是不合适的。实际上，受遗赠人不负担遗产债务的清偿责任，其仅是在遗产管理人或继承人清偿遗产债务后取得受遗赠的财产。③

（2）无条件的有限清偿责任不合理。我国采取无条件的有限清偿责任原则，没有明确规定限定继承的条件。无条件的有限清偿责任虽然简便易行，但是，其过度保护继承人的利益。实行无条件的有限清偿责任，也是继承人隐匿、转移、侵吞遗产的原因

---

① 参见陈甦、谢鸿飞主编：《民法典评注·继承编》，中国法制出版社2020年版，第230-231页。

② 参见陈苇、刘宇娇：《中国民法典继承编之遗产清单制度系统化构建研究》，载《现代法学》2019年第5期。

③ 参见郭明瑞、房绍坤、关涛：《继承法研究》，中国人民大学出版社2003年版，第136页。

之一，这严重损害了遗产债权人的利益。因此，我国现行的当然的限定继承存在弊端。

（3）遗产清单制度规定不具体。《民法典》只是将制作遗产清单作为遗产管理人的职责，对于遗产清单的制作程序、制作方式、是否需要公证、对遗产清单提出异议的救济程序等问题，《民法典》均未延伸规定，而这些问题在遗产管理人履行职责时都是可能遇到的，故在实践中都可能被提出，因为其涉及一些重要的法律问题，如遗产清单的有效性、遗产清单是否具有对抗效力等。[①]

（4）缺少强制的无限清偿责任制度。我国《民法典》第1151条虽规定了存有遗产的人不得侵吞遗产，该条规范了遗产保管人的行为，也有利于确保遗产范围与安全，倡导继承人不隐匿、不侵吞遗产，有助于保障继承主体实现其继承权益。但其仅为倡导性规定，并未体现任何惩罚性、制裁性的功能。[②] 更何况，即便1985年《执行继承法意见》明确规定继承人隐匿、侵吞遗产的，可以不分或者少分遗产的后果，也未达到规制继承人此种行为的效果。所以，为保障继承秩序，维护其他继承人与遗产利害关系人的利益，我国有必要规定强制的无限清偿责任制度。

如前所述，遗产债务清偿责任中的无限清偿责任包括自愿的无限清偿责任与强制的无限清偿责任两种类型。但我国《民法典》第1161条只规定了自愿的无限清偿责任，没有规定强制的无限清偿责任，这可能会损害遗产债权人的利益。在域外，大陆法系国家遗产债务清偿责任的历史演进中，法国、德国等具有代表性的国家所规定的无限清偿责任，由古罗马时期的完全的无限清偿责任分成两种，一种是自愿的无限清偿责任，另一种则是强制的无限清偿责任。而对于强制的无限清偿责任，一般是对于侵害遗产

---

① 参见陈甦、谢鸿飞主编：《民法典评注·继承编》，中国法制出版社2020年版，第231页。

② 参见王歌雅：《〈民法典·继承编〉的人文观照与制度保障》，载《法学杂志》2020年第2期。

的继承人的惩罚措施，故我国强制的无限清偿责任的缺失，可能会导致继承人侵害遗产的现象的增加。因为继承人在损害遗产后，可能面临的就是少分遗产，无法起到遏制此种现象的作用，造成整个继承秩序的混乱。故补充强制的无限清偿责任制度，是维护继承秩序必不可少的措施。从前述我国十省市被调查民众的观念看，主张继承人承担强制的无限清偿责任的民众占三成至七成不等（见表5-1）。可见，民众也认为应当规定强制无限清偿责任。

（5）共同继承人的遗产债务清偿责任是否连带立法不明确。我国立法没有规定共同继承人间的遗产债务清偿责任是否连带。从前述司法现状来看，1985年《继承法》对此无规定，导致法院对共同继承人承担清偿责任的判决不一致，有的判决继承人在遗产范围内承担清偿责任，有的判决继承人承担连带清偿责任，有的判决继承人承担按份责任。而在我国《民法典》中仍未明确共同继承人对遗产债务的责任是否承担连带责任，可能导致在《民法典》实施过程中仍会出现同案不同判的现象。因此，关于共同继承人对遗产债务的清偿责任，有待于在未来立法中予以明确，以引导法院作出一致的裁判。

第二节　域外遗产债务清偿责任制度立法之镜鉴

本节针对我国遗产债务清偿责任制度立法之不足，从遗产债务清偿责任主体与清偿责任类型两方面考察评析域外立法，分析论证可资我国借鉴的有益经验。

一、域外遗产债务清偿责任主体立法之启示

（一）域外遗产债务清偿责任主体立法之考察

关于遗产债务清偿责任主体，法国为全部概括受遗赠人、部

分概括受遗赠人与法定继承人。特定受遗赠人只对其自身受领遗产上的抵押请求承担责任。① 德国为继承人，包括法定继承人与遗嘱继承人。② 日本为继承人与概括受遗赠人，③ 其中继承人包括特留份权利人。④ 瑞士为继承人，包括法定继承人与遗嘱继承人，受遗赠人只受领财产利益，而不承担遗产债务。⑤ 荷兰为继承人，包括法定继承人与遗嘱继承人，受遗赠人只继受积极财产，而不承担义务。⑥ 埃塞俄比亚为继承人和概括遗赠的受遗赠人。⑦ 加拿大魁北克省为继承人与全部概括受遗赠人、部分概括受遗赠人，特定受遗赠人只有在遗产不足以清偿债务时才承担责任。⑧

（二）域外遗产债务清偿责任主体立法之评析

前述域外国家和地区中，遗产债务清偿责任主体分为两种：（1）继承人，包括遗嘱继承人和法定继承人，如德国、瑞士、荷兰。（2）法定继承人和受遗赠人。在受遗赠人中，法国规定承担清偿责任的主体是全部概括受遗赠人和部分概括受遗赠人，特定受遗赠人只对其自身受遗赠财产上的抵押承担责任。日本、埃塞俄比亚规定，概括受遗赠人承担遗产债务清偿责任。加拿大魁北克省规定，全部概括受遗赠人、部分概括受遗赠人承担遗产债务清偿责任，而特定受遗赠人只有在遗产不足以清偿债务的情况下才承担遗产债务清偿责任。

前述采取直接继承制度的域外国家和地区，其相同点是继承人都要承担遗产债务清偿责任，不同点是受遗赠人是否要承担遗

---

① 参见《法国民法典》第 871、1009 条。
② 参见《德国民法典》第 1967 条第 1 款。
③ 参见《日本民法典》第 896、964、990 条。
④ 特留份权利人也继受被继承人开始时的债务，参见《日本民法典》（2020 年修改）第 1046 条。
⑤ Swiss Civil Code (last amended in 2020), a. 483, 484(1), 560(2).
⑥ The Civil Code of the Netherlands (amended in 2012), Book 4, a. 1, 182.
⑦ 参见《埃塞俄比亚民法典》第 912、915、920、921 条。
⑧ Civil Code of Québec(last amendedin 2020), a. 738, 739.

产债务清偿责任。前述域外立法，区分遗嘱继承与遗赠的国家和地区，受遗赠人受领的是遗产利益，而不承担遗产债务。反之，在不区分遗嘱继承与遗赠的国家和地区，受遗赠人不但要受领财产，也要承担债务。但是，一般情况下，概括受遗赠人才负责清偿债务和负担。笔者认为，遗产债务的清偿主体是否包括受遗赠人，与该法域所采的立法模式有关。但无论遗赠具有债权效力还是物权效力，都不能影响遗产债务的清偿。换言之，在遗产总额扣除遗赠财产而不足以清偿债务时，受遗赠人不再纯受利益，必须负有清偿义务。此种情况下，其面临两种选择：要么如同继承人一样对外承担责任（外部关系的责任）；要么不出现外部关系，完全由继承人来承担遗产清算，为清偿遗产债务继承人有权处分遗赠物（内部关系的责任）。①

二、域外遗产债务清偿责任类型立法之启示

在此部分，笔者主要从三个方面针对遗产债务清偿责任的类型进行考察与评析：（1）有限清偿责任；（2）无限清偿责任，包括自愿的无限清偿责任与强制的无限清偿责任；（3）共同清偿责任。有学者指出，尽管欧洲各国的继承法都是源于罗马法，但是继承法还是有很大区别的。关于死者向其法定继承人转让权利和义务的原则，至少存在三个概念：（1）继承人被认为是从死者死亡之时起继承的观念；（2）空位继承观念；②（3）遗产管理继承的观念。故各国立法机构根据不同的观念，对继承债务规定了不同的责任原则。在（欧洲和）世界上，人们可以区分三种主要的继承债务责任模式：（1）无限责任（与整个财产有关的责任）；

---

① 参见庄加园：《试论遗赠的债物两分效力》，载《法学家》2015 年第 5 期。

② 空位继承，即待继承遗产，罗马法中指在被继承人死亡之后和继承人接管之前处于一种管理真空状态的遗产。参见薛波主编：《元照英美法词典》（缩印版），北京大学出版社 2013 年版，第 634 页。

（2）仅限于特定资产的责任；（3）责任限制在特定价值。[1]

（一）域外遗产债务之有限清偿责任立法考察与评析

1. 域外遗产债务之有限清偿责任立法之考察

（1）法国立法例。法国规定，在符合下列条件时继承人对遗产债务承担有限清偿责任：第一，作出限定继承的声明。继承人应向继承开始地的法院作出限定继承的声明，并且该项声明应进行登记并在国内进行公示。[2] 第二，制作遗产清单。继承人在提交限定继承声明的同时或其前后，提交遗产清册，并对资产与负债的每一构成内容与数额作出估价。遗产清单由司法拍卖评估人、执达员或者公证人制定。[3] 遗产清单应当自提出限定继承的声明之日起2个月内存交法院。继承人如果能证明有正当原因推迟提交遗产清单，可以向法院申请延长期限。存交遗产清单，应当以与作出限定继承声明相同的方式进行公示。[4] 遗产债权人与钱款受遗赠人若提出文书作为证明，有权查阅遗产清单并取得复印件。[5] 继承人承担有限清偿责任后，享有下列利益：①避免其个人财产与属于遗产的财产相混同；②对遗产保留其此前对死者的财产所享有的全部权利；③仅有义务按照其受领的财产的价值限度清偿遗产的负债。[6]

（2）德国立法例。德国规定，继承人申请遗产管理或开始支付不能程序的，对遗产债务承担有限清偿责任。[7] 第一，命令遗产管理。继承人申请遗产管理，法院应要求进行遗产管理。有多个

---

[1] Mariusz Zatucki, "Attempts to Harmonize the Inheritance Law in Europe: Past, Present, and Future," *Iowa Law Review*, Vol. 103, No. 5, July 2018, p.2319.

[2] 参见《法国民法典》第787、788条。

[3] 参见《法国民法典》第789条。

[4] 参见《法国民法典》第790条。

[5] 参见《法国民法典》第790条。

[6] 参见《法国民法典》第791条。

[7] 参见《德国民法典》第1975条。

继承人的，必须共同申请。遗产已经分割的，不得命令遗产管理。① 遗产法院因继承人的申请，应命令为遗产管理。遗产债权人因继承人的行为或其财产的状况，认为可能会危及其债权清偿的，可以向法院申请命令遗产管理。自承认继承后超过两年的，不得再申请命令遗产管理。②

第二，遗产破产程序。继承人知道其没有支付能力或者债务超过遗产的，应当即时申请遗产破产的宣告。继承人违反此项义务给债权人造成损害的，承担损害赔偿责任。③

第三，在遗产债权人申请启动破产程序前，为对遗产有全面了解，其可以申请制作遗产清单，但是，遗产清单的编制并不会产生限定继承人责任的效力。遗产清单制度的具体内容是：其一，遗产清单的制作主体与要求。①继承人。继承人为全面了解遗产债务，可以制作遗产清单，并将制作的遗产清单提交给法院。④ 继承人编制遗产清单时，应由主管机关、主管公务员或公证人参与。⑤ ②官方编制。遗产法院可以根据继承人的申请自行编制或者委托主管机关、主管公务员或公证人编制。在官方编制遗产清单时，继承人负有必要的报告义务。⑥ 继承人拒绝报告的，对遗产债务承担无限清偿责任。⑦ 继承人应遗产债权人之请求，应在遗产法院公开宣誓：其本于良知，竭尽所能，在遗产清单中之遗产标的物为完整记载。继承人拒绝公开宣誓，或在宣誓期日或因债权人的申请所指定的新期日均不到场，对申请的遗产债权人负无限清偿责任。原请求公开宣誓之债权人或其他债权人，有理由足以认

---

① 参见《德国民法典》第 2062 条。

② 参见《德国民法典》第 1981 条。

③ 参见《德国民法典》第 1980 条。

④ 参见《德国民法典》第 1993 条。

⑤ 参见《德国民法典》第 2002 条。

⑥ 参见《德国民法典》第 2003 条。

⑦ 参见《德国民法典》第 2005 条第 1 款。

定继承人于公开宣誓后，知道有其他遗产标的物的，可以请求再次公开宣誓。①

其二，制作遗产清单的时间。①遗产清单的编制期间，至少为1个月，至多为3个月。②延长期间。因继承人的申请，遗产法院根据其裁量得以酌情延长该期间。② ③重新指定期间。继承人因不可抗力不能及时编制遗产清单，或不能在申请遗产清单编制期间依法延长或遵守2个星期的期间的，遗产法院因继承人的申请，应为其重新指定遗产清单编制的期间。③ ④不得指定期间的情形：在遗产管理或者遗产破产程序开始时，不得指定制作遗产清单的期间，如果指定期间的，指定的期间不发生效力。④ 对遗产保佐人及遗产管理人不得指定遗产清单编制的期间。遗产保佐人、遗产管理人对遗产债权人负有报告遗产状况的义务。⑤

其三，遗产清单的内容。遗产开始时，现存遗产标的物及遗产债务，应完整记载于遗产清单。有确定价值的必要时，遗产清单应当记载遗产标的物的明细表及其价额。⑥

其四，遗产清单的提交及查阅对象。制作的遗产清单应提交给遗产法院。⑦ 对于法律上的利害关系人，遗产法院应允许其查阅遗产清单。⑧

其五，遗产清单的补正。在继承人非故意而导致遗产标的说明不完备时，可以补充遗产清单而向继承人指定新的期间。⑨ 继承

---

① 参见《德国民法典》第 2006 条。
② 参见《德国民法典》第 1995 条。
③ 参见《德国民法典》第 1996 条。
④ 参见《德国民法典》第 2000 条。
⑤ 参见《德国民法典》第 2012 条。
⑥ 参见《德国民法典》第 2001 条。
⑦ 参见《德国民法典》第 2003 条第 3 款。
⑧ 参见《德国民法典》第 2010 条。
⑨ 参见《德国民法典》第 2005 条第 2 款。

人得于公开宣誓前，补正遗产清单。①

其六，制作不实遗产清单的后果。继承人在遗产清单中故意遗漏遗产标的或者损害遗产债权人的利益虚报遗产债务的，就遗产债务应负无限清偿责任。

（3）日本立法例。日本规定，继承人承担有限清偿责任必须符合下列条件：

第一，选择限定继承的期限。继承人应在继承开始时起3个月内，作出单纯、限定承认或放弃继承的意思表示。家庭法院可以根据利害关系人或者检察官的请求延长期限。②

第二，继承人准备承担有限清偿责任的，自知道继承开始时起3个月内向家庭法院提出作成的继承财产目录，并作出以限定承认为意旨的陈述。③遗嘱执行人须毫不迟延地作出遗产清单，并交付继承人。在继承人提出请求时，遗嘱执行人须在其见证下作成遗产清单或者让公证员作成。④

（4）瑞士立法例。瑞士规定，请求官方清算的继承人对遗产债务承担有限清偿责任。⑤此外，如死者的债权人有充分理由担心其债权得不到清偿，在死者死亡或宣读遗嘱后3个月内，债权人可要求遗产的官方清算。在同等条件下，受遗赠人可以请求采取临时措施作为担保。⑥

（5）荷兰立法例。荷兰规定，继承人限定接受继承，应当符合下列条件：第一，继承人选择限定继承的时间。继承人应当在分区法院指定的期限内作出限定继承的选择，其可以申请一次或

---

① 参见《德国民法典》第2006条第2款。
② 参见《日本民法典》第915条。
③ 参见《日本民法典》第924条。
④ 参见《日本民法典》第1011条。
⑤ Swiss Civil Code（last amended in 2020），a. 593.
⑥ Swiss Civil Code（last amended in 2020），a. 594.

者多次延期。① 继承人作出限定继承的选择，须在死者最后地址的地方法院书记官处作出声明，声明须记入死者遗产登记册。② 第二，作出限定继承的声明。继承人如果限定接受继承，分区法院可以依利害关系人的请求或者依职权，命令继承人在国家公报和其指定的一份或多份报纸上公布其限定接受继承。③ 第三，进行遗产清算。当有一名或多名继承人限定接受继承时，必须按照法律规定进行遗产清算。④ 第四，选任继承遗产的公证人。应继承人的请求，可以选任一名公证人担任限定继承遗产的公证人，并促使其在死者遗产登记册上登记，并应尽快通知其他继承人。⑤ 第五，编制遗产清单。清算人必须在适当的时间内，以临时名单的方式，编制一份私人或公证清单，列出死者遗产的负债，该清单必须提交给遗产公证人办公室，如果没有这种公证人，则提交给街道法院书记处，供被继承人的遗产继承人和债权人查阅；继承人的其他债权人，即使他们放弃了死者的遗产，也可以由街道法院授权进行查阅。⑥

（6）埃塞俄比亚立法例。埃塞俄比亚规定，无论是法定继承还是遗嘱继承转移，都必须由清算人进行清算。遗产的债权人对继承人的个人财产没有任何权利。⑦ 但是，在遗嘱没有指定清算人的情况下，如果继承人接受继承，或者概括遗赠的受遗赠人接受遗赠，则其必须履行遗产清算的义务。⑧

遗产清算人有义务制作遗产清单，在清算人制作遗产清单时，

① The Civil Code of the Netherlands（amended in 2012），Book 4，a. 192（1）（2）.
② The Civil Code of the Netherlands（amended in 2012），Book 4，a. 191（1）.
③ The Civil Code of the Netherlands（amended in 2012），Book 4，a. 196.
④ The Civil Code of the Netherlands（amended in 2012），Book 4，a. 195（1）.
⑤ The Civil Code of the Netherlands（amended in 2012），Book 4，a. 197.
⑥ The Civil Code of the Netherlands（amended in 2012），Book 4，a. 211（3）.
⑦ 参见《埃塞俄比亚民法典》第943、946条。
⑧ 参见《埃塞俄比亚民法典》第947、948、950条。

继承人应告知清算人所有有关死者的权利或义务的资料，以便清算人编制遗产清单。据此可知，埃塞俄比亚立法中，继承人对遗产债务承担有限清偿责任。虽然埃塞俄比亚未规定制作遗产清单是继承人的义务，但要求必须进行遗产清算，而遗产清算人也必须制作遗产清单。可见，制作遗产清单是继承人承担有限清偿责任的间接条件。

根据《埃塞俄比亚民法典》的规定，制作遗产清单必须要符合下列条件：①制作遗产清单的主体及时间。清算人应当在死者死亡之日起 40 天内，通过编制遗产清单确定遗产的组成。如果发现其他财产，必要时应当在发现后的 15 天内编制补充说明。① ②遗产清单的要求。遗产的每个组成部分，无论是资产还是负债，清算人都应当在上述制作遗产清单的期间内进行估价。必要时，估价得在专家的协助下进行。② ③继承人的协助义务。在继承人与遗产的关系中，他们可以保留其所有对死者不利或有利的权利或义务，因死者终止的权利和义务除外。继承人负有告知清算人有关遗产权利和义务的资料，以便其能够编制遗产清单。③ ④利害关系人的查阅权。任何被召集接受遗产份额的人都可要求自负费用寄给其遗产清单的复制件。同样的权利可由法院授予死者的债权人或遗产的债权人。④

（7）加拿大魁北克省立法例。加拿大魁北克省规定，除特殊情形外，继承人对被继承人的遗产债务承担有限清偿责任。⑤ 在被继承人去世或使遗赠生效的事件发生时，继承人有权占有被继承人的遗产，但应遵守关于遗产清算的规定。除继承编的特殊情况外，继承人对超过其所继承财产价值的被继承人的债务不承担责

---

① 参见《埃塞俄比亚民法典》第 1005 条。
② 参见《埃塞俄比亚民法典》第 1006 条。
③ 参见《埃塞俄比亚民法典》第 1007 条。
④ 参见《埃塞俄比亚民法典》第 1008 条。
⑤ Civil Code of Québec(last amendedin 2020), a. 625.

任，并保留要求从继承中支付其债权的权利。①

遗产清算人有义务按照他人财产管理规定的方式制作遗产清单。② 有义务制作遗产清单的管理人应将其管理的所有财产忠实、准确地列入遗产清单。受托管理的财产应包括一份完整的财产清单。其一，该清单应包括以下内容：①对不动产和动产的说明，并说明其价值，并且在动产为集合体的情况下，对该集合体的充分确认；②现金和其他有价证券的货币说明；③有价值文件的目录。遗产清单还应包括对责任说明，最后是对资产和负债情况的概述。③ 其二，遗产清单的制作方式，遗产清单以保存在公证人处的公证书制作。遗产清单也可以在两个证人面前以私人文书制作。在后一种情况下，制作人和证人在其上签字，注明执行日期和地点。④ 其三，遗产清单的公告与公示。被继承人身份的确定以及表明利害关系人查询遗产清单地点的通知的登记在债权和动产物权登记册上公示意味着遗产清单制作完成。此外，通知也应当在被继承人最后在的地点流通的报纸上公示。⑤ 其四，遗产清单的查阅。遗产清算人应通知继承人、尚未行使选择权的继承人、特定所有权的受遗赠人、遗产清单完成的通知和遗产清单查询地点登记的已知的债权人。如果方便，应将遗产清单的副本交给他们。⑥ 其五，遗产清单的异议权人。遗产债权人、继承人和特定受遗赠人既可以对遗产清单中的任何条款提出异议，也可以协商修改遗产清单或者要求制作一份新的遗产清单。⑦ 如果继承人或其他利害

---

① Civil Code of Québec (last amendedin 2020), a. 625.

② Civil Code of Québec (last amended in 2020), a. 794.

③ Civil Code of Québec (last amended in 2020), a. 1326；参见《魁北克民法典》，孙建江、郭站红、朱亚芬译，中国人民大学出版社 2005 年版，第 168 页。

④ Civil Code of Québec (last amended in 2020), a. 1327；参见《魁北克民法典》，孙建江、郭站红、朱亚芬译，中国人民大学出版社 2005 年版，第 168 页。

⑤ Civil Code of Québec (last amended in 2020), a. 795.

⑥ Civil Code of Québec (last amended in 2020), a. 796.

⑦ Civil Code of Québec (last amended in 2020), a. 797.

关系人已经制作完成遗产清单，遗产清算人应进行核实。他应当确定遗产清单的完成通知已经登记，并且所有应通知的人已经被通知。① 其六，免除编制遗产清单的情形。清算人得免除制作遗产清单，但得经全体继承人同意。如果他们同意，继承人对超过他们所继承财产价值的继承债务承担责任。② 其七，未按规定编制遗产清单的后果。继承人明知清算人拒绝或者怠于制作遗产清单，而自己在 6 个月考虑期届满后 60 日内，仍不编制遗产清单，或向法院申请更换清算人或命其制作遗产清单，应对遗产债务承担无限清偿责任。③

2. 域外遗产债务之有限清偿责任立法之评析

关于继承人承担有限清偿责任的条件，前述七个国家和地区立法的相同点为：其一，继承人对遗产债务承担有限清偿责任都是有条件的。法国、日本要求作出限定继承的声明并制作遗产清单，德国要求作出遗产管理命令或申请遗产破产，瑞士要求进行官方清算，荷兰、埃塞俄比亚、加拿大魁北克省要求进行遗产清算。此外，荷兰还要求作出限定继承的声明、选任公证人、制作遗产清单。其二，承担有限清偿责任的法律效力相同，即继承人以其继承的遗产为限清偿遗产债务。

关于继承人承担有限清偿责任的条件，前述域外立法不同点为：

其一，关于选择承担有限清偿责任的期限，法国规定为继承开始后 4 个月。德国规定，继承人知道其无支付能力或债务超过遗产时，应当立即申请遗产破产。继承人应当在承认继承后 2 年内申请遗产管理。日本规定为继承开始时 3 个月内。瑞士规定应当于被继承人死亡后遗嘱开始后 3 个月内进行官方清算。荷兰则由分区法

---

① 　Civil Code of Québec (last amended in 2020), a. 798.

② 　Civil Code of Québec (last amended in 2020), a. 799.

③ 　Civil Code of Québec (last amended in 2020), a. 800.

院规定期限。埃塞俄比亚、加拿大魁北克省无规定，原因是这两个国家和地区的立法实行当然的限定继承，而法国、德国、日本、瑞士、荷兰以概括继承为原则，若继承人未在法定期限内作出选择，就要对遗产债务承担无限清偿责任。

其二，关于作出限定继承的声明，前述域外立法中，法国、日本、荷兰三国要求作出限定继承的声明，其他四国无规定。但作出限定继承声明的方式不同，法国、荷兰必须将声明在国内进行公示。笔者认为，在国内进行公示，有利于遗产债权人及时知晓继承人选择限定继承的信息，但成本较高。

其三，必须编制遗产清单。法国、日本、荷兰立法规定继承人承担有限清偿责任，必须要编制遗产清单。虽然埃塞俄比亚、加拿大魁北克省要求进行遗产清算，但制作遗产清单是遗产清算的必经程序，此两国立法间接将制作遗产清单作为承担限定继承责任的前提条件。另外，这些国家和地区立法都明确规定了遗产清单的制作主体、制作要求、制作方式、提交对象及查阅对象、制作的效力以及制作不实的法律后果等。但是，各立法又有不同之处，主要体现在以下几个方面：

（1）遗产清单的制作主体及要求。前述域外立法，遗产清单的制作主体分为：①继承人或者官方机构编制。德国规定遗产清单既可以由继承人编制，继承人可以请求法院编制。但是，继承人编制需要由公务员、公证员参与。②继承人或者遗嘱执行人、遗产清算人、遗产代理人编制。日本规定继承人或遗嘱执行人。但遗嘱执行人编制时须有继承人在场见证，埃塞俄比亚、加拿大魁北克省为遗产清算人。③官方机构。法国规定由司法拍卖评估人、执达员或者公证人制定。笔者认为，由官方机构编制遗产清单，更能保证遗产清单的真实性与准确性。但由官方机构进行编制费用较高。反之，由继承人或者遗产管理人编制，同时有见证人在场，既能保证遗产清单的真实性，在某种程度上也可以减轻遗产的负担。

（2）遗产清单的制作时间及超过期限的后果。其一，遗产清单制作时间的长短。①一般期限。前述遗产清单的时间从 40 天至 3 个月不等，法国为继承人提出限定继承的声明之日起 2 个月提交遗产清单；德国为 1 个月至 3 个月；日本为自继承开始之日起 3 个月；埃塞俄比亚为 40 天内完成；瑞士、加拿大魁北克省无规定。②延长的期限。法国、德国、日本都规定可以申请延长遗产清单的制作期间。此外，德国还规定在有不可抗力等特殊原因时，可以重新指定遗产清单的制作期间。笔者认为，规定遗产清单的制作时间，可以督促继承人或遗产管理人等制作主体尽快完成遗产清单的制作，提高遗产债务清偿的效率，保护遗产利害关系人的利益。其二，未在法定期限内制作遗产清单的后果。德国、加拿大魁北克省规定，继承人未在规定时间内制作或者明知遗产清算人怠于制作的，应当对遗产债务承担无限清偿责任。笔者认为，既然编制遗产清单是遗产管理人或继承人的义务，有义务就有责任，故在制作主体怠于履行义务时，其应承担相应的不利后果。

（3）继承人对制作遗产清单的协助义务。德国、埃塞俄比亚规定继承人应协助制作遗产清单，负有告知义务。笔者认为，一般而言，继承人可能更清楚被继承人的遗产和债务情况，在遗产清单的制作主体非继承人时，继承人的告知有利于提高制作遗产清单的效率，保障遗产清单制作的准确性。

（4）遗产清单的内容及其补正。其一，遗产清单的内容。法国、德国、埃塞俄比亚、加拿大魁北克省规定遗产清单应包括遗产和债务的数量、种类以及价值等内容。笔者认为，对遗产清单包含的内容作出法律上的要求，有利于保障遗产清单的明确性，便于后续清偿遗产债务，分割遗产。其二，遗产清单的补正。德国规定，继承人非故意情况下，可以对遗产清单进行补正，但是必须在宣誓前进行。笔者认为，在遗产清单制作完成后，如果遗产清单的制作主体非故意导致遗产或债务被漏记的，应允许对遗产清单进行一次补正。

（5）遗产清单的提交及查阅对象。关于遗产清单的提交对象，法国、德国、日本要求将遗产清单提交给法院，瑞士要求主管机关在制作遗产清单后交给利害关系人审阅。关于遗产清单的查阅对象，法国规定为遗产债权人、受遗赠人提供证明予以查阅，德国、埃塞俄比亚、加拿大魁北克省规定利害关系人可以查阅遗产清单。笔者认为，允许遗产利害关系人查阅遗产清单，能够保障遗产清单的准确性与真实性。此外，加拿大魁北克省规定了利害关系人对遗产清单提出异议的权利，埃塞俄比亚赋予利害关系人对遗产清单的财产估价作出修改的权利。笔者认为，既然允许利害关系人查阅遗产清单，则应当赋予其相应的救济权利。

（6）制作不实遗产清单的后果。法国、德国、日本等立法规定，若制作不实的遗产清单，则继承人要对遗产债务承担无限清偿责任。加拿大魁北克省规定，继承人明知清算人拒绝或者怠于制作遗产清单，而自己在法定期限届满后仍然不采取相应措施的，则对债务承担无限清偿责任。笔者认为，要求制作不实遗产清单的人以及利害关系人承担相应的后果，在一定程度上能够保障遗产清单的真实性。

综上所述，笔者认为，首先，关于选择有限清偿责任的期限与声明，域外立法较为复杂，程序比较烦琐，故我国可不规定选择限定继承的期限，也不需要继承人作出限定继承的声明。因我国一直实行无条件的限定继承制度，若制定复杂的程序，不易被民众接受。其次，确定遗产债务有限清偿责任，应当从该制度的起源出发。有限清偿责任的确立是为了保护继承人的利益，而有限清偿责任在产生时就是以制作遗产清单为前提的。限定继承制度产生于罗马法，当时继承人承担有限清偿责任的条件便是制作遗产清单。故我国可借鉴前述域外立法之规定，将制作遗产清单作为继承人承担有限清偿责任的前提条件。最后，与无条件的有限清偿责任比较，有条件的无限清偿责任可平衡继承人与债权人之间的利益，避免有限清偿责任过度偏向保护继承人一方。我国

《民法典》明确规定了制作遗产清单是遗产管理人的职责，而继承开始后，选任遗产管理人已经成为一个必经的程序，这也应该成为继承人承担有限清偿责任的一个条件。关于制作遗产清单，我国《民法典》的规定较为概括，也应当予以细化。

关于遗产清单的制作程序，前述域外立法明确规定了遗产清单的制作主体及要求、制作时间及延期的后果、继承人的协助义务、遗产清单的内容要求与补正、遗产清单的查阅主体与提交对象、遗产利害关系人对遗产清单的异议权以及制作不实遗产清单的法律后果。我国只是将制作遗产清单作为遗产管理人的一项职责，并未对遗产清单的具体制度作出明确规定。笔者认为，为方便遗产清单制度的实施，前述域外立法中遗产清单制度的具体内容可供我国立法借鉴。

（二）域外遗产债务之无限清偿责任立法考察与评析

1. 域外遗产债务之无限清偿责任立法考察

（1）法国立法例。关于自愿的无限清偿责任，继承人可以自愿选择无条件接受继承。[①]

关于强制的无限清偿责任，其一，在下列情形下，继承人对遗产债务承担无限清偿责任：①未在法定期限内作出选择。自继承开始后 4 个月期限届满，遗产债权人、共同继承人、后一顺序的继承人或者国家有权以司法外文书催告继承人作出决定。[②] 继承人应在收到催告后 2 个月决定，如其不可能终结已经开始的遗产盘点或者证明有其他严肃的正当理由，可以向法官请求给予补充期限。自延长期限的申请提出至法官作出裁判决定，期间中止。继承人在 2 个月期限中止或者同意延长的期限届满后仍未作出决定的。[③] ②继承人无偿或者有偿转让其对被继承人遗产的全部或一部分权

---

① 参见《法国民法典》第 768 条。

② 参见《法国民法典》第 771 条。

③ 参见《法国民法典》第 787 条。

利的；继承人为其他共同继承人中一人或数人之利益，或者为后一顺序的继承利益所为之放弃继承，即使是无代价的放弃；继承人不加区别地为其他全体共同继承人或后一顺序的继承人的利益所为之有偿放弃继承。① ③继承人隐匿属于遗产的财产或权利，或者隐瞒存在某一共同继承人，即使其已作出任何放弃继承或者按净资产接受继承的表示。同时不妨碍给予损害赔偿，并且不得对其隐匿或隐瞒的财产或权利主张任何份额。② ④继承人未在法定期限内提交遗产清单的。③ ⑤继承人故意在遗产清单中漏记积极财产或遗产债务的，或者不将所保留或者转让的财产价金清偿遗产债务的。④

关于选择承担无限清偿责任的形式，继承人用公证文书或私署文书使用继承人的名义或资格时，为明示接受继承；有继承权的人实施只能以继承人的身份或资格实施的行为时，为默示接受继承。⑤

关于无限清偿责任的效力，无条件接受继承的继承人不得再放弃继承，也不得再以净资产为限接受继承。但是，如无条件接受继承的人在接受继承之当时有正当原因不知遗产的某项债务，而如其清偿该债务将导致其本人的概括财产严重负债时，得请求免负该项债务之全部或一部。继承人应在其知道该债务的存在及其很高的数额起5个月内提起诉讼。⑥

（2）德国立法例。关于自愿的无限清偿责任，除继承人申请遗产管理、宣告遗产破产及遗产不足时，继承人原则上对遗产债

---

① 参见《法国民法典》第 783 条。
② 参见《法国民法典》第 778 条第 1 款。
③ 参见《法国民法典》第 790 条第 3 款。
④ 参见《法国民法典》第 800 条第 4 款。
⑤ 参见《法国民法典》第 782 条。
⑥ 参见《法国民法典》第 786 条。

务自始负无限责任。①

关于强制的无限清偿责任，在下列情形下，继承人对遗产债务承担无限清偿责任：①继承人未在法院指定期间内编制遗产清册的。② ②继承人在记载遗产时有重大遗漏，或者为损害遗产债权人的利益虚报遗产债务，或负有必要报告义务的继承人拒绝报告或故意迟延而情节重大的。③ ③继承人拒绝宣誓的，或者继承人在宣誓期日或因债权人之申请而所指定之新期日均不到场的。但是，如果该期日不到场系非其应负责之事由所致者，不在此限。④

（3）日本立法例。关于自愿的无限清偿责任，继承人作出单纯承认时，对遗产债务承担无限清偿责任。⑤

关于强制的无限清偿责任，下列情形，视为继承人已作出单纯承认：①继承人处分继承财产的全部或者部分时。但是，保存行为不超过短期租赁期限的租赁，不在此限。②继承人未在法定期限内作出限定承认或者放弃继承时。⑥ ③继承人作出限定承认或者放弃继承后，隐匿继承财产的全部或者部分，私自消费或者恶意不将其记载于继承财产目录时。放弃继承后又成为继承人的人承认继承的情况除外。⑦

（4）瑞士立法例。关于自愿的无限清偿责任，在法定期限内，继承人可以放弃继承，也可以申请官方清算，还可以根据公示的遗产清单或者毫无保留地接受继承。⑧

关于强制的无限清偿责任，继承人未声明的，视为按照公示

---

① 参见《德国民法典》第 1975 条。
② 参见《德国民法典》第 1994 条第 1 款。
③ 参见《德国民法典》第 2005 条第 1 款。
④ 参见《德国民法典》第 2006 条。
⑤ 参见《日本民法典》第 920 条。
⑥ 参见《日本民法典》第 921 条。
⑦ 参见《日本民法典》第 921 条。
⑧ Swiss Civil Code（last amended in 2020），a. 588（1）.

的遗产清单接受继承。① 按公示的遗产清单接受继承的继承人以遗产和其本人的财产对遗产清单中所列的债务承担清偿责任。②

（5）荷兰立法例。关于自愿的无限清偿责任，继承人可以选择无条件地接受继承。③ 继承人作出无条件继承的选择，须在死者最后地址的地方法院书记官处作出声明，声明须记入死者遗产登记册。④

关于强制的无限清偿责任，其一，在下列情形下，继承人被视为无条件接受继承：①继承人如果订立、处分遗产财产或者以其他方式从被继承人账户中提取财产的；⑤ ②如果继承人尚未作出选择，区法院可应任何利害关系人的请求为其设定一个期限，该期限应从利害关系人向继承人发出命令通知并在被继承人遗产登记册上登记该命令的次日开始。应继承人的要求，区法院可以在期限届满前批准一次或多次延期；延期应在被继承人遗产登记册上登记。期限届满，继承人仍未作出选择的。⑥ 其二，在下列情形下，继承人以其固有的财产偿还遗产债务：①阻止偿还债务并可能被指控；②故意使死者遗产的资产丢失，隐匿遗产或以其他方式处分清偿遗产债务的资产的；③继承人作为清算人，严重不履行其职责，并可能会为此受到指控的。

（6）埃塞俄比亚立法例。《埃塞俄比亚民法典》中未规定强制的无限清偿责任，也未明确自愿的无限清偿责任。

（7）加拿大魁北克省立法例。关于自愿的无限清偿责任，在经过继承人的同意后，遗产清算人可以免除制作遗产清单。但是，

---

① Swiss Civil Code（last amended in 2020），a. 588（2）.

② Swiss Civil Code（last amended in 2020），a. 589.

③ The Civil Code of the Netherlands（amended in 2012），Book 4，a. 190（1）.

④ The Civil Code of the Netherlands（amended in 2012），Book 4，a. 191（1）.

⑤ The Civil Code of the Netherlands（amended in 2012），Book 4，a. 192（1）.

⑥ The Civil Code of the Netherlands（amended in 2012），Book 4，a. 192（2）（3）.

继承人应当对遗产债务承担无限清偿责任。[1]

关于强制的无限清偿责任，在下列情形下，继承人对遗产债务承担无限清偿责任：其一，继承人明知清算人拒绝或者怠于制作遗产清单，在6个月的审议期限届满后60日内怠于制作遗产清单，或者申请法院更换清算人，或者请求法院裁定其制作遗产清单的，其应当对超过其继承财产价值的遗产承担责任。[2] 其二，继承人在制作遗产清单以前将遗产与其个人财产混合，在被继承人死亡之前因同居等情况财产已经混合的，继承人要对超过其所继承财产价值的遗产债务承担责任。如果是在遗产清单制作后遗产清算结束前将财产进行混合的，则继承人应当对混合财产价值以下的债务承担个人责任。[3]

2. 域外遗产债务之无限清偿责任立法之评析

关于遗产债务无限清偿责任，域外立法相同点是：除埃塞俄比亚无规定外，其他六个国家和地区立法将遗产债务无限清偿责任分为两种，即自愿的无限清偿责任和强制的无限清偿责任。

关于遗产债务无限清偿责任，域外立法不同点是：其一，除埃塞俄比亚无规定外，瑞士继承人未申请官方清算的，即对遗产债务承担无限清偿责任。另外，若继承人向主管机关申请制作遗产清单的，则其只对遗产清单上记载的债务承担无限清偿责任。这是瑞士与其他国家立法的不同之处。其二，除埃塞俄比亚外，其他域外立法规定的继承人承担强制无限清偿责任的法定情形有：（1）继承人未在法定期限内作出限定继承或放弃继承选择的，如法国、日本、瑞士、荷兰；（2）继承人制作虚假遗产清单的，如法国、德国、日本；（3）继承人未在法定期限内制作或提交遗产清单的，如法国、德国、加拿大魁北克省；（4）继承人处分遗产

① Civil Code of Québec(last amendedin 2020), a. 799.

② Civil Code of Québec (last amended in 2020), a. 800.

③ Civil Code of Québec (last amended in 2020), a. 801.

的，如法国、日本、荷兰；（5）继承人拒绝宣誓的，如德国；（6）隐匿遗产等对遗产造成损害的，如法国、日本、荷兰；（7）阻止偿还债务，损害遗产债权人利益的，如荷兰；（8）继承人作为清算人严重不履行职责的，如荷兰；（9）将个人财产与遗产混合，造成遗产债权人损害的，如加拿大魁北克省。

笔者认为，我国《民法典》只规定了自愿的无限清偿责任，在前述域外立法中，遗产债务无限清偿责任包括自愿的无限清偿责任与强制的无限清偿责任。与之相比，我国立法缺少强制的无限清偿责任。关于继承人承担强制无限清偿责任的法定情形，首先，继承人未在法定期限内作出限定继承或放弃继承选择的情形不适合我国，原因是我国实行当然的限定继承制度，即使以遗产清单为前提条件，也无须继承人在法定期限内作出选择。其次，继承人拒绝宣誓的法定情形不符合我国国情，因为德国有宗教信仰，继承人宣誓是为保证遗产清单的准确性、真实性，而我国有自己的国情，进行宣誓无法起到应有的作用，也不会被民众所接受。最后，荷兰规定继承人作为清算人严重不履行职责的，要承担无限清偿责任，这与该法域规定的以遗产清算作为继承人承担有限清偿责任的前提条件有关。但是，此种情形对于我国而言，后果过于严重。综上所述，前述三种法定情形不宜借鉴。除此之外的其他六种情形，可供我国立法参考。

（三）域外遗产债务之共同清偿责任立法考察与评析

1. 域外遗产债务之共同清偿责任立法考察

法国规定，在有一名或数名继承人无条件接受继承，另一名或数名继承人仅以净资产为限接受继承的情况下，后一种选择所适用的规则对全体继承人均有强制力，直至遗产分割之日。① 共同继承人按照各自从遗产中受领的财产数额比例，分担清偿遗产的

---

① 参见《法国民法典》第792-2条第1款。

债务与负担。① 全体继承人对遗产的债务与负担，各自按照"应继份"的比例负清偿义务，并且在涉及对遗产享有抵押权的债务与负担时，应负全部清偿义务；但在清偿之后，对其他共同继承人或者概括受遗赠人，按照他们各自应当分担的份额，享有求偿权。② 特定财产的受遗赠人在清偿其受遗赠的不动产所负担的债务后，对"诸继承人"代位行使债权人的权利。③

德国规定，继承人对于共同继承债务，应负连带债务责任。④ 各共同继承人于遗产分割前，得拒绝以遗产应继份以外的财产清偿遗产债务。共同继承人对遗产债务负无限责任者，就债务中与其应继份相当部分，不得享有该权利。遗产债权人向全体共同继承人请求从未分割的遗产中清偿的权利，不受影响。⑤ 在下列情形下，各共同继承人的连带债务在遗产分割后转为按份债务：（1）在遗产分割前的遗产债权公示催告程序中，债权人未申报债权。（2）继承开始后 5 年才主张的债权。（3）因遗产分配完毕而导致遗产破产程序已经结束。⑥

日本规定，各共同继承人按照其所继承的份额承担遗产债务。⑦ 继承人有数人时，只能由全体共同继承人共同作出限定继承的意思表示。⑧

瑞士规定，即使遗产分割后，继承人仍以其全部财产对立遗嘱人债权人的债务承担连带责任，但债权人明示或者默许同意分割或者转让该债务的除外。共同继承人之连带责任，从分割后或

---

① 参见《法国民法典》第 870 条。
② 参见《法国民法典》第 873 条。
③ 参见《法国民法典》第 874 条。
④ 参见《德国民法典》第 2058 条。
⑤ 参见《德国民法典》第 2059 条。
⑥ 参见《德国民法典》第 2060 条。
⑦ 参见《日本民法典》第 899 条。
⑧ 参见《日本民法典》第 937 条。

者债权到期日后为准起算 5 年。① 继承人清偿的遗产债务的数额超过其应继份的,有权向其他共同继承人追偿。追偿权首先针对在遗产分割时承担此类债务的人。除另有约定外,继承人必须按其在遗产中的份额承担债务。②

荷兰规定,遗产分割前,继承人对遗产债务承担连带责任。如果债务的履行是可分割的,则每个人都应按其在死者遗产中所占份额的比例承担责任,除非他们是共同和各自受约束的。③ 未作出选择的继承人,其共同继承人中有一人或者数人以声明限定接受继承时,视为限定接受,但在接受限定继承后 3 个月内仍无条件接受或者放弃遗产的,或者有条件的,仍然有效。④

埃塞俄比亚规定,在遗产分割后,债权人得根据每个继承人接受的份额的价值比例,在他们中分割请求权,对所欠的债务为不可分的除外。但是,债权人可以利用在遗产分割时达成的协议,据此把较大部分或所有债务课加于一个继承人或数个继承人。⑤ 共同继承人中任何人破产时,其债务份额得按比例在所有其他继承人中分摊。⑥ 在遗产分割后不得不支付遗产债务的继承人,当他支付了超出他最终要承担的份额的金额时,可以向其他共同继承人行使求偿权。⑦

加拿大魁北克省规定,遗产转移给若干继承人的,每一继承人对债务承担责任的比例仅限于他作为继承人所获得的份额,但须遵守不可分割债务的规定。⑧ 只有在移交给继承人的财产不足的

---

① Swiss Civil Code (last amended in 2020), a. 639.
② Swiss Civil Code (last amended in 2020), a. 640.
③ The Civil Code of the Netherlands (amended in 2012), Book 4, a. 182(2).
④ The Civil Code of the Netherlands (amended in 2012), Book 4, a. 192(4).
⑤ 参见《埃塞俄比亚民法典》第 1110 条。
⑥ 参见《埃塞俄比亚民法典》第 1111 条。
⑦ 参见《埃塞俄比亚民法典》第 1113 条。
⑧ Civil Code of Québec (last amended in 2020), a. 823.

情况下，特定受遗赠人方才有责任支付清算人未付的债务和遗赠。如果特定遗赠有数个共同受遗赠人，则每一受遗赠人仅按其在受遗赠财产中所占份额的比例承担债务和遗赠责任，但须遵守关于不可分割债务的规则。[①]

2. 域外遗产债务之共同清偿责任立法评析

（1）域外遗产债务之共同清偿责任立法的相同点。关于遗产债务共同继承人的清偿责任，域外立法的相同点是：法国、瑞士、埃塞俄比亚规定，继承人本身应承担的债务超过其应继份时，可以向其他共同继承人行使求偿权。德国、日本、加拿大魁北克省虽未明确规定，但是，根据债法原理，继承人在承担了超出自己应清偿债务份额的比例后，可以向其他共同继承人行使追偿权。

（2）域外遗产债务之共同清偿责任立法的不同点。其一，立法体例不同。对于共同继承人所承担的遗产债务清偿责任是否连带，前述七个域外国家和地区有三种立法例：①分割责任主义，无论遗产分割前后，继承人都承担按份责任。法国、日本、埃塞俄比亚、加拿大魁北克省采此种立法例。②连带责任主义，即对于遗产所负的全部债务，各共同继承人承担连带清偿责任。德国、瑞士采此种立法例。③在遗产分割前，遗产债权人可以就其债权的数额对继承的遗产请求清偿，即要求各继承人承担连带责任。但是，在遗产分割后，各共同继承人只承担按份责任。荷兰采此种立法例。

其二，对共同继承人连带责任的限制不同。德国、瑞士规定，无论债务是否可分，共同继承人对遗产债务承担连带清偿责任。此外，德国规定了排除连带责任的情形，瑞士明确规定了共同继承人承担连带清偿责任的期限为 5 年。法国、日本、埃塞俄比亚、加拿大魁北克省规定，各共同继承人应当按照各自继承的比例承担清偿责任。同时，加拿大魁北克省、埃塞俄比亚明确各共同继

---

① Civil Code of Québec（last amended in 2020），a. 827.

承人在分割债务时需要遵守不可分债务的规定。

其三，共同继承人中一人选择有限清偿责任的，对其他继承人是否产生效力不同。德国、瑞士等国规定，一般情况下共同继承人对遗产债务承担无限清偿责任。法国、荷兰规定，遗产分割前，继承人一人选择有限清偿责任的，对其他继承人产生效力，除非其他继承人作出无限继承的表示。日本规定在数人继承的情况下，必须由所有继承人作出单纯承认。加拿大魁北克省、埃塞俄比亚以有限清偿责任为原则，故一般都承担有限清偿责任。

笔者认为，首先，关于遗产债务是否连带，以法国为代表的大陆法系国家采分割责任主义，是基于遗产按份共有。有学者指出，此种立法例反映了法国、日本等立法中的个人主义倾向，但这不利于保护遗产债权人。① 德国、瑞士采连带责任主义，是基于遗产共同共有，并且继承开始后遗产应先清偿债务再分割遗产，若继承人未清偿债务就分割遗产，则必须要承担相应的后果。否则，在遗产分割后，若由继承人承担按份责任，对遗产债权人而言是不公平的。由此推之，采折中主义的荷兰认为遗产在分割前共同共有，分割后则成为按份共有。此种立法例也不利于保护遗产债权人的利益。故我国可借鉴德国、瑞士的连带责任主义。其次，关于对连带责任的限制，因我国实行当然的限定继承，故德国立法不适合我国国情，我国可借鉴瑞士立法，对连带责任进行一定的时间限制，既有利于保护遗产债权人的利益，也可以督促遗产债权人及时行使权利，以实现两者利益的平衡。最后，关于一人选择有限清偿责任，对其他继承人的效力。立法规定继承人对承担遗产债务清偿责任的选择权，是出于尊重继承人意思自治，若一人作出意思表示，在其他人未作出意思表示时，应作出对其他继承人最有利的推定，法国、荷兰立法值得借鉴。

---

① 参见张平华、刘耀东：《继承法原理》，中国法制出版社 2009 年版，第 433 页。

第三节 我国遗产债务清偿责任 制度立法完善思考

本节在前述域外立法经验的基础上，考察与评析我国部分学者观点，以前人研究成果为基础，结合我国立法的不足之处与实际情况，提出完善遗产债务清偿责任制度的构想。

一、我国遗产债务清偿责任立法学者观点考察与评析

在本部分，笔者主要考察学界刘春茂、梁慧星①、王利明②、张玉敏③、杨立新④、陈苇、陈甦⑤等学者观点，通过对诸位学者的观点进行考察与评析，指出可供我国立法借鉴之处。

（一）我国遗产债务清偿责任主体立法学者观点之考察与评析

1. 我国遗产债务清偿责任主体立法学者观点之考察

关于遗产债务清偿责任主体，我国立法学者观点分为：（1）继承人是唯一的清偿责任主体。梁慧星、王利明、张玉敏、杨立新、陈苇等学者持此观点。⑥ 他们认为，我国没有承认概括遗赠，受遗

---

① 参见梁慧星主编：《中国民法典草案建议稿附理由：继承编》，法律出版社2013年版。以下本章简称"梁稿"。

② 参见王利明主编：《中国民法典学者建议稿及立法理由·人格权编、婚姻家庭编、继承编》，法律出版社2005年版。以下本章简称"王稿"。

③ 参见张玉敏主编：《中国继承法立法建议稿及立法理由》，人民出版社2006年版。以下本章简称"张稿"。

④ 参见杨立新等：《〈中华人民共和国继承法〉修正草案建议稿》，载《河南财经政法大学学报》2012年第5期。以下本章简称"杨稿"。

⑤ 参见陈甦主编：《中国社会科学院民法典分则草案建议稿》，法律出版社2019年版。以下本章简称"陈甦稿"继承编。

⑥ 参见"梁稿"第2014条，"王稿"第650条，"张稿"第19条，"杨稿"第77条；陈苇主编：《中国遗产处理制度系统化构建研究》，中国人民公安大学出版社2019年版，第493页。

赠人只能继受遗产中的积极财产，而不负责清偿遗产债务。
（2）法定继承人与遗嘱继承人，遗嘱继承人包括概括受遗赠人。
持此观点的是陈甦等学者。[①] 他们认为，根据我国现行法律的规
定，受遗赠权的实现应以遗产债务全部清偿完毕为前提条件，并
且在受遗赠人受赠的遗产中，既包括积极财产也包括消极财产，
受遗赠人在受赠财产范围内对遗产债权承担清偿义务。因此，其
认为遗嘱继承人与遗赠没有区别，我国现行法的遗赠属于"概括
遗赠"。[②]

2. 我国遗产债务清偿责任主体立法学者观点之评析

前述诸学者观点的主要争议在于我国现行法的遗赠是否属于
概括遗赠，主张属于概括遗赠的学者将受遗赠人作为清偿责任的
主体。反之，清偿责任主体只包括继承人。笔者认为，我国现行
立法中的遗赠并不能解释为概括遗赠，并且我国受遗赠人的范围
与遗嘱继承人的范围是完全不同的。因为从我国现行立法看，我
国《民法典》继承编第 1133 条第 2 款规定，遗嘱继承人是法定继
承人中的一人或者数人。同时，该法第 1161 条规定，继承人在继
承的遗产范围内清偿被继承人的债务和税款。由此可知，我国的
遗嘱继承并不包括遗赠。此外，继承人接受遗赠并不以清偿遗产
债务作为条件，如果将受遗赠人也作为遗产债务的清偿责任主体，
很可能会导致民众认识的不一致。

（二）我国遗产债务清偿责任类型立法学者观点之考察与评析

1. 我国遗产债务之有限清偿责任立法学者观点之考察与评析

（1）我国遗产债务之有限清偿责任立法学者观点之考察。目
前，关于遗产债务有限清偿责任，从世界范围来看，主要分为两
种，即以德国、法国为代表的有条件的有限清偿责任和以我国为

---

① 参见"陈甦稿"继承编第 12 条。
② 参见陈甦主编：《中国社会科学院民法典分则草案建议稿》，法律出版社 2019
年版，第 396—397 页。

代表的无条件的有限清偿责任。我国诸学者对于遗产债务清偿责任也是持前述两种观点：

第一，有条件的有限清偿责任。关于承担有限清偿责任的条件分为：一是在法定期限内作出限定继承的声明，并提交遗产清单。如张玉敏等学者认为，继承人可以在继承开始后或者知道自己为应召继承人后2个月内，向法院声明以继承财产的价值为限，承担被继承人债务的责任，并提交忠实的遗产清单。如果2个月内不能完成遗产清单，继承人可以向法院申请延长该期限，但是，延长的期限最长不得超过4个月。继承人制作遗产清单时应延请公证人或其他见证人到场见证。① 二是制作遗产清单，并公示遗产债权人申报债权。王利明、陈甦等学者持此观点，他们认为继承人和遗产管理人应当在知道继承开始后3个月内向人民法院提交遗产清单，由人民法院依公示催告程序催告债权人申报债权。公告的期限不得少于3个月。② 三是制作遗产清单。杨立新等学者认为，继承人制作遗产清单并公证后，对被继承人的税款和遗产债务承担有限清偿责任。遗产管理人应当在担任遗产管理人后6个月内制作遗产清单并进行公证，没有遗产管理人的，由继承人在知道继承开始后6个月内制作遗产清单并进行公证。遗产利害关系人对遗产清单有合理异议的，可以要求专业机构进行复核。如果异议不成立的，由提出异议的利害关系人支付复核费用。③ 陈苇等学者认为，选择实行限定继承的继承人，在作出限定继承的声明后，应当在继承开始后的2个月内，在有公证人或者两个无利害关系的见证人在场的情况下制作忠实的遗产清单。如果在3个月内不能完成遗产清单，继承人可以向法院申请延长该期限，但延长的期限不得超过3个月。在遗产清单制作完成后，有关利害关系人可以凭借

---

① 参见"张稿"第16条。
② 参见"王稿"第652条，"陈甦稿"继承编第76条。
③ 参见"杨稿"第77、78、79条。

相关证明文件查阅遗产清单，对遗产清单可以提出异议，异议期为1个月。①

第二，无条件的有限清偿责任。梁慧星等学者认为，继承人以其所接受遗产的实际价值为限对遗产债务承担责任。②

（2）我国遗产债务之有限清偿责任立法学者观点之评析

关于是否建立有条件的限定继承制度，笔者认为，应建立有条件的限定继承制度。原因是无条件的限定继承制度存在以下弊端：其一，从限定继承制度的起源看，限定继承制度是为避免继承人承担过重的债务而产生的，其从产生之时起，便是以制作遗产清单为前提条件。其二，从无条件的有限清偿责任的结果看，无条件的限定继承制度不但不要求制作遗产清单，甚至在已经处分遗产、隐匿遗产的情况下继承人都不会丧失限定继承利益，此种规定是对遗产债权人利益的忽视，与公平、正义之理念相违背。③ 继承人无须承担相应的义务便享有限定继承利益，使法律在继承人利益和被继承人债权人利益的保护上失去平衡，与限定继承制度的初衷相违背。

关于有条件的限定继承制度，前述学者观点的相同点是都主张制作遗产清单。而主要争议是：

第一，遗产清单制度的具体内容不同。一是制作主体不同。关于遗产清单的制作主体，前述诸学者都认为应由继承人制作，此外，王利明、陈甦等学者主张遗产管理人也有义务制作遗产清单。笔者认为，从我国现行立法看，《民法典》继承编已经规定遗产管理人有制作遗产清单的职责，故遗产管理人为制作遗产清单的主体。二是制作期限不同。前述学者观点中，关于制作期限分

---

① 参见陈苇主编：《中国遗产处理制度系统化构建研究》，中国人民公安大学出版社2019年版，第493页。

② 参见"梁稿"第2014条。

③ 参见王丽萍：《债权人与继承人利益的协调与平衡》，载《法学家》2008年第6期。

为两种：其一，一般期限。张玉敏、陈苇等学者认为应在继承开始后2个月内；王利明、陈甦等学者认为应在继承开始后3个月内。其二，特殊期限。张玉敏、陈苇等学者主张，继承人无法在法定期限内完成遗产清单的，可以申请延长。前者认为延长的期限不能超过4个月，后者认为延长的期限不能超过3个月。笔者认为，除规定一般期限外，还应规定特殊期限。三是制作要求不同。其一，遗产清单必须进行公证，如王利明、杨立新等学者持此观点。其二，由公证人或者没有利害关系的人到场见证，如张玉敏、陈苇等学者持此观点。笔者认为，公证并非制作遗产清单的必经程序，因为公证需要一定的费用，而且程序复杂。虽然公证后的遗产清单更具有权威性，但是，我国是一个人口大国，公证遗产清单可能会增加民众的负担，同时使得遗产分配的效率降低。四是遗产利害关系人的查阅权与异议权。张玉敏、杨立新、陈苇等学者主张规定遗产利害关系人的查阅权与异议权。此外，陈苇等学者认为遗产利害关系人的异议权期限为1个月，杨立新等学者认为，如果异议不成立的，异议权人应承担相应的后果。笔者认为，赋予遗产利害关系人以查阅权，同时，赋予利害关系人以异议权，以为其查阅后提出的异议提供救济途径，有利于保障遗产清单的真实性与准确性。

第二，作出限定继承的声明或者公示催告遗产债权人申报债权不同。张玉敏等学者认为，应当作出限定继承的声明，王利明、陈甦等学者则认为向法院提交遗产清单后应公示催告申报债权。前述两种要求，实质上都是告知遗产债权人继承人对遗产债务承担限定继承责任。主张作出限定继承声明或者公示催告遗产债权人申报债权的学者与前述法国、日本立法规定一致。然而，如前所述，笔者认为，此种条件不适合我国国情。此外，若我国已经建立遗产债务申报通知与公告制度，就无须再要求继承人作出限定继承的声明。否则，会造成立法的重复。

综上所述，笔者认为，关于有条件的限定继承制度，我国可借鉴前述立法学者观点，以制作遗产清单作为继承人承担有限清偿责任的前提条件。关于遗产清单的制作主体、制作期限、制作要求以及查阅、异议权，前述学者观点可供我国立法参考。

2. 我国遗产债务之无限清偿责任立法学者观点考察与评析

（1）我国遗产债务之无限清偿责任立法学者观点考察。关于继承人对遗产债务承担的无限清偿责任，除梁慧星等学者认为只包括自愿的无限清偿责任外，其他学者都主张无限清偿责任分为自愿的无限清偿责任与强制的无限清偿责任。[①] 对于自愿的无限清偿责任，顾名思义，继承人自愿对遗产债务以其固有的财产承担清偿责任。诸学者所持观点也是一致的。

对于强制的无限清偿责任，即在法定情形下，继承人应当对遗产债务承担无限清偿责任。关于继承人对遗产债务承担无限清偿责任的法定情形，张玉敏[②]、王利明[③]、杨立新[④]、陈苇[⑤]、陈

① 参见"梁稿"第 2014 条。

② "张稿"第 23 条规定，有下列情形之一的，继承人对遗产债务承担无限清偿责任并且不得放弃继承：（1）在遗产清单中故意漏记重要遗产，或者记入不存在的债务的；（2）擅自处分属于遗产中的财产的。但是，为保存遗产所必需的处分除外。

③ "王稿"第 551 条规定，在下列情形下，继承人对遗产债务承担无限清偿责任：制作虚假的遗产清单或者未按照规定的方式制作遗产清单。

④ "杨稿"第 80 条规定，继承人有下列情形之一的，对全部遗产债务承担清偿责任：（1）隐匿重要遗产的；（2）在遗产清单中故意漏记重要遗产，或者记入不存在的债务的；（3）处分遗产损害遗产债权人权利的。

⑤ 陈苇等学者认为，有下列情形之一的，继承人应当对遗产债务承担无限清偿责任：（1）继承人已经全部或部分处分了遗产；（2）继承人未在法定期间内依法制作遗产清单；（3）继承人在法定期间内制作遗产清单或放弃继承后，将遗产全部处分或部分处分，或故意未将全部或部分遗产记载在遗产清单中的；（4）继承人转移、隐藏遗产等损坏其他遗产利害关系人的财产权益的。参见陈苇主编：《中国遗产处理制度系统化构建研究》，中国人民公安大学出版社 2019 年版，第 345 页。

甦[1]等诸位学者的观点可概括为以下五种情形：①制作虚假的遗产清单，如故意漏记重要遗产或者记入不存在的债务，张玉敏、杨立新、陈苇等学者持此观点；②隐匿重要遗产，杨立新等学者持此观点；③擅自处分遗产损害债权人利益，张玉敏、杨立新、陈苇等学者持此观点；④继承人未在法定期间内依法制作遗产清单，陈苇等学者持此观点；⑤继承人处分了全部或部分遗产，陈苇等学者持此观点。此外，还有学者认为对于特定遗产债务，继承人要承担无限清偿责任。特定遗产债务，是指被继承人为满足继承人的需要所欠的债务和因继承人未履行赡养扶助义务致使被继承人所欠的债务。[2] 对特定债务，继承人中的特定义务人应承担无限清偿责任，即在被继承人的遗产不足清偿债务时，应由继承人中的特定继承人以个人财产清偿，不得以遗产价值不足清偿债务为由，拒绝偿还因满足继承人的需要所负的债务。特定债务的类型包括：①被继承人生前为了继承人上学、结婚、经营个体企业等需要所欠的债务；②继承人有扶养能力而未尽扶养义务，导致被继承人因生活困难所欠的债务。如被继承人生前因年老丧失劳动能力或因病需要住院治疗所欠的生活费、医疗费等。持此种观点的有刘春茂、王歌雅等学者。[3]

（2）我国遗产债务无限清偿责任立法学者观点之评析。关于无限清偿责任的法定情形，前述学者观点主要分为两种：

一是违反法律规定的义务或存在欺诈行为的情形。此种无限

---

[1] "陈甦稿"继承编第81条规定，继承人有下列情形之一的，不得主张以所得遗产为限对被继承人债务承担清偿责任：（1）隐匿遗产，情节严重；（2）未依照本节规定提交遗产清册；（3）在遗产清册中作虚假记载，情节严重；（4）为损害被继承人的债权人的权利而处分遗产。

[2] 参见王歌雅：《婚姻家庭继承法学》（第二版），中国人民大学出版社2013年版，第235页。

[3] 参见刘春茂主编：《中国民法学·财产继承》（修订版），人民法院出版社2008年版，第426-428页；王歌雅：《婚姻家庭继承法学》（第二版），中国人民大学出版社2013年版，第235-236页。

清偿责任带有对继承人不当行为制裁的性质。在前述法定情形中，一方面，对于继承人制作虚假的遗产清单、逾期制作遗产清单，或擅自处分遗产、隐匿遗产的行为，将其纳入继承人承担强制无限清偿责任的法定情形，有利于督促继承人及时制作忠实、准确的遗产清单。另一方面，对于继承人处分被继承人遗产的情形，不宜将其纳入继承人承担无限清偿责任的法定情形。因为继承人可能是为管理遗产而处分被继承人的财产，故只有在继承人处分遗产造成遗产债权人或其他继承人利益受到损害的情况下，才能要求其承担无限清偿责任。一旦将此种行为纳入，则存在以偏概全的嫌疑。

二是因遗产债务的性质而要求继承人承担无限清偿责任。此种无限清偿责任是因遗产债务实质上是继承人不履行赡养义务或者被继承人因继承人的生活、学习需要所欠的债务。持此种观点的学者认为，特定债务是因为其具有特定的人身属性，如果以遗产不足以清偿为由，拒绝偿还因满足继承人的需要所负的债务，就会侵害债权人的利益；拒绝偿还因继承人未履行赡养、扶助义务而使被继承人所负的债务，就意味着继承人可以不尽赡养、扶助老人的义务，这与我国法律的有关规定和传统美德相背离。因此，对于特定债务，继承人中的特定义务人应承担无限清偿责任。[①] 笔者认为，强制的无限清偿责任应当是第一种法定事由，即继承人违反法律规定的义务或者存在欺诈行为时，对遗产债务承担无限清偿责任。而对于被继承人因继承人不履行扶养义务或者是因继承人的生产生活需要所欠下的债务，不宜由这些特定继承人承担无限清偿责任。理由是：第一，被继承人生前所欠债务的用途难以界定，除非遗产债权人起诉到法院，否则，在遗产清单中很难查明遗产债务的用途。如果要求继承人对特定债务承担无

---

① 参见王歌雅：《婚姻家庭继承法学》（第二版），中国人民大学出版社2013年版，第235-236页。

限清偿责任，则很可能会出现遗产债权人虚构债务用途，以保证自己的债权得到清偿的现象。这不仅会导致部分遗产债权人的利益受到损害，也会导致整个继承秩序的混乱。第二，即使是被继承人因继承人的生产生活或者不履行扶养义务所欠的债务，如果继承人没有尽到扶养义务，也可以按照规定不分或者少分遗产。此外，如果继承人未履行法定扶养义务，被继承人生前也可以通过诉讼维护自身的合法权益。

3. 我国遗产债务之共同清偿责任立法学者观点考察与评析

（1）我国遗产债务之共同清偿责任立法学者观点考察。关于遗产债务之共同清偿责任，诸学者的观点为：一是共同继承人的连带责任有期限限制。持此观点的有刘春茂[1]、张玉敏[2]、陈苇[3]、王利明[4]等学者。其中，张玉敏、陈苇等学者认为，继承人对遗产债务承担无限连带责任，但是选择限定继承的则以遗产为限承担连带清偿责任。对于期限的起算点与长短，诸学者的观点也不尽一致。刘春茂认为，连带清偿责任的期限为自遗产分割时起3年或5年，如果债权清偿期在遗产分割后届满，则自清偿期届满时起3年或5年。张玉敏认为，自遗产分割后5年期限届满而消灭。陈苇等学者认为，遗产分割后，各共同继承人的连带责任，自遗产分割结束时或自遗产的债权到期时起，超过3年，因时效而消灭。[5]王利明等学者认为，自遗产分割时起，如债权清偿期在遗产分割后的，自清偿期届满时起，经过5年而免除。二是共同继承人的连

---

[1]　参见刘春茂主编：《中国民法学·财产继承》（修订版），人民法院出版社2008年版，第430页。

[2]　参见"张稿"第66条。

[3]　参见陈苇主编：《中国遗产处理制度系统化构建研究》，中国人民公安大学出版社2019年版，第345页。

[4]　参见"王稿"第656条。

[5]　参见陈苇主编：《中国遗产处理制度系统化构建研究》，中国人民公安大学出版社2019年版，第345页。

带责任没有期限限制。持此观点的有梁慧星[①]、杨立新[②]、陈甦[③]等。同时，梁慧星、杨立新等学者认为，遗产债权人同意的，可以免除共同继承人的连带清偿责任。

（2）我国遗产债务之共同清偿责任立法学者观点评析。前述诸学者观点中，主张应当对共同继承人的连带清偿责任进行时间限制，其理由是：其一，无限连带责任有力地保护了债权人的债权，但是，让继承人长期承担无限连带责任对继承人过于苛刻。[④]其二，遗产的分割意味着共同共有关系的结束，因此，不应当永远约束共同继承人，使其负连带责任。[⑤]其三，共同继承人对遗产债务承担连带清偿责任，即为了保护遗产债权人的利益而设立。如果债权人在债权已经到期而不请求清偿，此时债权人显然怠于行使其权利，法律也没有保护的必要。笔者认为，共同继承人对于遗产债务应承担连带清偿责任。但是，继承人的连带清偿责任应当限制在一定期间内。

关于限制时间的起算点，前述学者观点主要有两种：一是根据债权的到期时间起算，即债权在遗产分割前到期的，自遗产分割结束时起算；债权在遗产分割后到期的，自债权到期时起算。二是无论遗产债权何时到期，都从遗产分割时起算。笔者认为，根据债权到期的期限确定起算点更为适宜。原因是如果继承人承担连带清偿责任的期间起算点一律为遗产分割结束后，对于遗产分割后期限届满债权的债权人而言是不公平的。关于限制时间的长短，笔者认为，我国《民法典》规定的诉讼时效为 3 年，故可

---

① 参见"梁稿"第 2013 条。

② 参见"杨稿"第 90 条。

③ 参见"陈甦稿"继承编第 80 条。

④ 参见张玉敏主编：《中国继承法立法建议稿及立法理由》，人民出版社 2006 年版，第 178 页。

⑤ 参见刘春茂主编：《中国民法学·财产继承》（修订版），人民法院出版社 2008 年版，第 430 页。

将债权人的连带责任规定为 3 年，以保持立法的一致性，进而督促债权人及时行使权利。

二、我国遗产债务清偿责任制度立法完善构想

本部分针对我国立法不足之处，汲取域外立法有益经验与学者观点，结合我国民众观念与民间习惯以及司法实践经验，在前人研究的基础上，提出完善我国遗产债务清偿责任制度的立法构想。

（一）我国遗产债务清偿责任主体立法完善构想

1. 对《民法典》继承编规定的遗产债务清偿责任主体规定作体系解释

针对遗产债务清偿责任主体，我国现行立法是合理的，同前述域外国家和地区相比，我国所采用的遗赠与遗嘱继承模式不同，因此，我国规定只有继承人才承担遗产债务，这是合理的。并且"采取此种立法例对于继承法律关系的清晰化以及增强遗产执行中的可操作性都具有一定的现实意义"。① 但是，为了避免司法实践中所出现的主体混乱，将受遗赠人与遗赠扶养协议中的扶养人作为清偿主体，所采取的进路之一则是将《民法典》第 1159、1163 条作体系解释，结合第 1133 条遗嘱继承和遗赠的区别与第 1161 条规定的遗产债务的清偿主体，明确受遗赠人、遗赠扶养协议中的扶养人并非遗产债务的清偿主体，第 1163 条只是对遗产债务的清偿顺序予以明确。

2. 明确受遗赠人非遗产债务清偿责任主体

针对当前我国司法实践和理论界对遗产债务清偿责任主体认识不一的现象，除了对现行立法采取体系解释外，第二种解决对策是改变现行规定，将遗嘱继承与遗赠置于不同顺位，在立法中

---

① 郭明瑞、房绍坤、关涛：《继承法研究》，中国人民大学出版社 2003 年版，第 136 页。

明确只有继承人对遗产债务承担清偿责任。

（二）我国遗产债务清偿责任类型立法完善构想

1. 完善有限清偿责任制度

我国《民法典》仍然采无条件限定继承之立法模式，虽然有学者提出我国的限定继承简单易行，没有采取法国、德国、日本等国的模式，将制作遗产清单、呈报法院作为限定继承的一个必经程序，免去了域外民法中所规定的开具遗产清单、呈报法院的程序。①无条件限定继承制度提高了遗产债务清偿的效率，然而，我们不能为了追求效益而损害遗产债权人和部分继承人的利益。有条件的限定继承制度可能程序较为烦琐，而以制作遗产清单为前提条件，督促继承人将其所知的被继承人的遗产与债务记载于遗产清单之上，若遗产管理人非继承人，则免去了其查询遗产的程序，在一定程度上反而会加快遗产处理的进程，提高遗产分配的效率。况且，也无须像法国、德国、日本等那样规定烦琐的程序，我国当前已经将制作遗产清单作为管理人的职责之一，而且选任遗产管理人是遗产处理的必经程序，这其实已经是间接地规定了继承人制作遗产清单的责任。但是，为保障遗产清单的真实性、准确性，立法应将遗产清单制度细化。

（1）补充继承人协助遗产管理人制作遗产清单之义务。目前，《民法典》已经颁布，短时间内修改继承人承担限定继承责任的条件已不现实，笔者认为，可以通过在司法解释中补充继承人对遗产管理人制作遗产清单的协助义务，间接赋予继承人制作遗产清单的义务，以提高在遗产管理人非继承人的情况下制作遗产清单的效率，实现法的效益价值。另外，也会使遗产债权人的利益得到维护。

---

① 参见刘春茂主编：《中国民法学·财产继承》（修订版），人民法院出版社2008年版，第428页。

（2）细化遗产清单制度。我国可借鉴前述域外立法经验，参考学者观点，细化遗产清单制度。

关于遗产清单的制作要求，可借鉴日本立法和张玉敏等学者观点，遗产管理人在制作遗产清单时，应当有两名公证人或见证人在场见证。

关于遗产清单的制作时间，可借鉴德国立法和张玉敏、陈苇等学者观点，明确遗产清单的最长与最短期限。关于延长期限，在遗产管理人有正当理由时，可以允许其延长。

关于遗产清单的内容要求及补正，一方面，对于遗产清单的内容要求，我国可借鉴法国、德国、埃塞俄比亚、加拿大魁北克省立法，明确遗产清单中应当包括遗产与债务的种类、价值、数量等内容。另一方面，关于遗产清单内容的补正，可借鉴德国立法，遗产清单制作主体在短时间内全面搜索到被继承人的全部遗产存在一定的困难，故在制作主体不是恶意的情况下，应允许其补正遗产清单的内容。在遗产清单制作完成后，后续发现被继承人的遗产或债务的，在非故意的情况下，应当允许遗产管理人对遗产清单进行补正。

关于继承人的协助义务，可借鉴德国、埃塞俄比亚立法，若遗产管理人非继承人，在遗产管理人制作遗产清单时，继承人负有协助的义务，将自己所知的遗产状况如实告知遗产管理人。继承人未按规定履行协助义务或者作出隐瞒的，应当丧失限定继承利益。

关于遗产清单的提交对象与查阅对象，一方面，对于提交对象，可借鉴法国、德国、日本立法，明确遗产清单制作完成后，遗产管理人应将副本提交给继承人。另一方面，对于查阅对象，可借鉴德国、埃塞俄比亚、加拿大魁北克省立法，规定经过证明对遗产享有权利的利害关系人可以查阅遗产清单。

关于赋予查阅人提出异议的权利及救济途径，可借鉴埃塞俄比亚、加拿大魁北克省立法，如果对遗产清单有异议，可以向遗产管理人提出。在查阅人提出异议后，遗产管理人应当进行核实，如果遗产清单的制作存在错误，应当予以改正。遗产管理人不予改正或者经过改正后仍然有错误的，查阅人可以向法院提出申请。

关于制作不实遗产清单的后果，可借鉴前述域外立法和王利明、陈苇等学者观点，明确遗产管理人制作不实遗产清单的，如果遗产管理人是继承人，则丧失限定继承的权利；如果遗产管理人非继承人，则承担相应的损害赔偿责任。

2. 增设强制的无限清偿责任制度

限定继承责任使继承人从原来无限责任的深渊中得到解救，这体现了现代法治的基本精神，但是，却给遗产债权人的利益带来了挑战。[①] 尤其是我国采取的是无条件的限定继承责任制度，使得继承人的保护与遗产债权人利益的保障出现了严重失衡。从司法实践看，我国没有设立强制的无限清偿责任制度，导致继承人隐匿、侵吞、转移遗产的现象时有发生。从民众观念与民间习惯看，三成至五成半的被调查民众主张实行强制的无限清偿责任，并且在被调查地区，对于继承人侵害遗产的处理方式中，让继承人承担无限清偿责任的处理方式较为普遍（见表5-1、表5-2）。从域外立法看，除埃塞俄比亚外，其他六个国家和地区都建立了强制的无限清偿责任制度。从学者观点看，大部分学者也主张建立此种责任类型。故笔者认为，我国有必要增设强制的无限清偿责任制度。

另外，关于继承人承担无限清偿责任的法定情形，笔者认为，可借鉴法国、德国、日本、荷兰、加拿大魁北克省等立法的规定以及前述张玉敏、王利明、杨立新、陈苇、陈甦等学者观点，在继承人不如实告知、隐匿遗产时，要对遗产债务承担无限清偿责任。遗产管理人制作虚假的遗产清单，如果遗产管理人是继承人，

---

① 参见陈英：《遗产继承与遗产债务清偿法律关系之考察》，载《政法论丛》2015年第6期。

则对遗产债务承担无限清偿责任。如果遗产管理人是继承人以外的人，则让其对为此受到损害的遗产债权或其他遗产利害关系人承担损害赔偿责任。

3. 增补共同继承人对遗产债务承担连带责任

数人继承遗产是继承中的重要组成部分。共同继承人对遗产债务需要承担何种责任，我国《民法典》仍没有明确规定。虽然有学者提出，继承人共同继承遗产时应当采按份责任原则，原因是共有继承遗产视为共同共有的立法将与共同继承遗产视为按份共有的立法具有一致性，我国长期在司法实践中已经形成了共同继承人按继承遗产份额比例分担未清偿被继承人债务的责任形式。[①] 此外，连带责任与按份责任虽然只是共同所有的不同制度安排，但是，两种制度仍然存在一定的差异。"民法设立连带责任的目的是确保债权人实现其债权。"[②] 从我国司法实践看，虽然大部分法院将共同继承人对遗产债务的责任认定为按份责任，但不能因为我国司法实践中形成了按份共有的责任形式，立法就因此而规定共同继承人对遗产债务承担按份责任，这对遗产债权人而言是不公平的。笔者认为，可借鉴前述瑞士的立法和我国张玉敏、王利明、杨立新、陈苇、陈甦学者的观点，结合我国现行立法，将连带责任的时间规定为 3 年。

---

① 参见冯乐坤：《共同继承遗产的定性反思与制度重构》，载《法商研究》2011年第 2 期。

② 尹田：《论民事连带责任》，载《法学杂志》1986 年第 4 期。

第六章　遗产债务清偿顺序制度研究

清偿，是指依据债务的本旨通过给付实现债务的内容。[①] 完全满足债权人的给付利益是债之关系自始至终的目的。[②] 换言之，债务内容一经实现，债权即因达到其目的而获得满足。遗产债务清偿制度的目的亦是使遗产债权人受偿，以消解遗产上的债务与负担。根据债的基本原理，若债务人财产不足以实现全部债权，享有担保物权的债权可以优先受偿，而其他普通债权原则上应当按照债权比例公平受偿。[③] 但遗产债务制度涉及部分遗产债权人的生存权益，为保障特殊主体的生存权益，需法律进行引导，以打破债的平等性。此时就涉及法律价值的取舍，故有学者提出，遗产债务清偿顺序是客观价值判断与政策衡量的结果。[④] 本章通过考察我国遗产债务清偿顺序的民众观念与民间习惯，以及司法实践中有关遗产债务清偿顺序的裁判规则，评析我国 2020 年《民法典》继承编涉及遗产债务清偿顺序立法的进步与不足之处，比较分析可供借鉴的域外立法有益经验，参考立法学者观点，根据实际情况，提出完善我国遗产债务清偿顺序制度的构想。

---

①　孙森焱：《民法债编总论》（下册），法律出版社 2006 年版，第 832 页。

②　参见崔建远、陈进：《债法总论》，法律出版社 2021 年版，第 7 页。

③　参见王利明：《债法总则研究》（第二版），中国人民大学出版社 2018 年版，第 12 页。

④　参见王利明主编：《中国民法典学者建议稿及立法理由·人格权编、婚姻家庭编、继承编》，法律出版社 2005 年版，第 624 页。

第一节 我国遗产债务清偿顺序制度的现状检视

本节主要分析涉及遗产债务清偿顺序的我国民众观念与民间习惯的实证调查数据，考察司法实践中的典型案例与裁判规则，分析司法实践中存在的问题，进而评析我国《民法典》有关遗产债务清偿顺序立法的进步与不足之处。

一、我国遗产债务清偿顺序的民众观念与民间习惯

本部分主要对有关遗产债务清偿顺序的我国民众观念与民间习惯的实证调查数据进行考察，分析该数据的特点与原因，以为我国现行立法的评析与完善构想奠定基础。

（一）我国遗产债务清偿顺序的民众观念

1. 我国遗产债务清偿顺序的民众观念实证调查情况

表 6-1 遗产债务清偿顺序民众观念调查数据统计情况[①]

项目 地区	第一顺序 （%）	第二顺序 （%）	第三顺序 （%）	第四顺序 （%）	第五顺序 （%）	第六顺序 （%）	第七顺序 （%）
重庆市	丧葬费用 （51.42） 税款 （13.72）	遗产管理 等费用 （22.56） 欠付的 工资 （24.76）	欠债 （29.34）	受扶养人 的生活费 （16.40）	遗赠扶养 协议 之债[②] （18.45）	遗产酌给 之债[③] （23.97）	

---

① 参见陈苇主编：《当代中国民众财产继承观念与遗产处理习惯实证调查研究》（上、下卷），中国人民公安大学出版社 2019 年版，第 46、156、251、341-342、536、637、745、831、920 页。需要说明的是，在被调查的十省市中，湖北省没有关于民众观念的统计数据。

② 遗赠扶养协议之债即为遗赠扶养协议写明的遗赠的遗产，简称为"遗赠扶养协议之债"。

③ 需要说明的是，此处的遗产酌给之债仅指对被继承人尽扶养义务较多的人。

续表

项目 地区	第一顺序 （%）	第二顺序 （%）	第三顺序 （%）	第四顺序 （%）	第五顺序 （%）	第六顺序 （%）	第七顺序 （%）
吉林省	丧葬费用 （51.33） 遗赠扶养 协议之债 （14.00）	欠债 （20.00） 遗产 酌给之债 （19.17）	欠付的 工资 （18.33）	受扶养人 的生活费 （17.00）	税款 （13.33）	遗产管理 等费用 （24.00）	
上海市	丧葬费用 （78.87）	遗产管理 等费用 （25.27） 欠付的 工资 （25.71）	欠债 （35.95）	税款 （15.25）	受扶养人 的生活费 （16.56）	遗产酌给 之债 （24.00）	遗赠扶养 协议之债 （18.74）
河北省	丧葬费用 （52.10）	遗产管理 等费用 （26.50）	欠债 （21.20） 欠付的 工资 （13.40）	受扶养人 的生活费 （14.40）	遗产酌给 之债 （14.70）	遗赠扶养 协议之债 （10.50） 税款 （10.00）	
江西省	丧葬费用 （47.52）	遗产管理 等费用 （17.21） 欠付的 工资 （23.17）	欠债 （21.29） 税款 （10.22）	受扶养人 的生活费 （13.12）	遗产酌给 之债 （13.80）	遗赠扶养 协议之债 （12.44）	
四川省	丧葬费用 （60.63）	遗产管理 等费用 （29.97）	欠债 （28.92） 欠付的 工资 （24.74） 税款 （15.16）	受扶养人 的生活费 （20.73）	遗产酌给 之债 （33.10）	遗赠扶养 协议之债 （24.22）	

续表

项目 地区	第一顺序 （%）	第二顺序 （%）	第三顺序 （%）	第四顺序 （%）	第五顺序 （%）	第六顺序 （%）	第七顺序 （%）
广东省	丧葬费用 （77.91）	遗产管理 等费用 （18.76） 遗产酌给 之债 （34.92）	受扶养人 的生活费 （44.18）	欠债 （36.82） 欠付的 工资 （34.20）	税款 （8.55）	遗赠扶养 协议之债 （29.25）	
海南省	丧葬费用 （54.60）	遗产管理 等费用 （21.60） 欠付的 工资 （22.60）	欠债 （22.10） 税款 （13.30）	受扶养人 的生活费 （18.50）	遗产酌给 之债 （13.30） 遗赠扶养 协议之债 （13.30）		
福建省 （民营企 业主）	丧葬费用 （45.86）	遗产管理 等费用 （14.29） 欠债 （21.05）	欠付的 工资 （23.31）	税款 （10.53）	受扶养人 的生活费 （14.29） 遗产酌给 之债 （19.55）	遗赠扶养 协议之债 （17.29）	
川渝等 地（民营 企业主）	丧葬费用 （67.60）	遗产管理 等费用 （30.17）	欠债 （29.61）	欠付的 工资 （24.02%）	受扶养人 的生活费 （15.64） 税款 （13.41）	遗产酌 给之债 （21.79）	遗赠扶养 协议之债 （18.44）

关于遗产债务清偿顺序的民众观念，在十省市被调查地区，调查统计数据如下：（1）主张第一顺序清偿的遗产债务有：①丧葬费用［重庆市为 51.42%，吉林省为 51.33%，上海市为 78.87%，河北省为 52.10%，江西省为 47.52%，四川省为 60.63%，广东省为 77.91%，海南省为 54.60%，福建省（民营企业主）为 45.86%，川渝等地（民营企业主）为 67.60%］；②税款

（重庆市为 13.72%）；③遗赠扶养协议写明遗赠的财产（吉林省为 14.00%）。（2）主张第二顺序清偿的遗产债务有：①遗产管理等费用［重庆市为 22.56%，上海市为 25.27%，河北省为 26.50%，江西省为 17.21%，四川省为 29.97%，广东省为 18.76%，海南省为 21.60%，福建（民营企业主）为 14.29%，川渝等地（民营企业主）为 30.17%］；②被继承人的欠债［吉林省为 20.00%，福建（民营企业主）为 21.05%］；③对被继承人扶养较多的人之遗产酌给份（吉林省为 19.17%，广东省为 34.92%）；④欠付的工资（重庆市为 24.76%，江西省为 23.17%，海南省为 22.60%）；⑤欠债［吉林省为 20.00%，福建省（民营企业主）为 21.05%］。（3）主张第三顺序清偿的遗产债务有：①欠债［重庆为 29.34%、上海市为 35.95%，河北省为 21.20%，江西省为 21.29%，四川省为 28.92%，海南省为 22.10%，川渝等地（民营企业主）为 29.61%］；②欠付的工资［吉林省为 18.33%，河北省为 13.40%，四川省为 24.74%，福建（民营企业主）为 23.31%］；③税款（江西省为 10.22%，四川省为 15.16%，海南省为 13.30%）、受扶养人的生活费（广东省为 44.18%）。（4）主张第四顺序清偿的遗产债务有：①受扶养人的生活费（重庆市为 16.40%，吉林省为 17.00%，河北省为 14.40%，江西省为 13.12%，四川省为 20.73%，海南省为 18.50%）；②税款［上海市为 15.25%，福建（民营企业主）为 10.53%］、欠债（广东省为 36.82%）；③欠付的工资［广东省为 34.20%、川渝等地（民营企业主）为 24.02%］。（5）主张第五顺序清偿的遗产债务有：遗赠扶养协议之债（重庆市为 18.45%，海南省为 13.30%）、税款（吉林省为 13.33%，广东省为 8.55%）、受扶养人的生活费［上海市 16.56%，福建（民营企业主）为 14.29%，川渝等地（民营企业主）为 15.64%］、遗产酌给之债［河北省为 14.70%，江西省为 13.80%，四川省为 33.10%，海南省为 13.30%，福建省（民营企业主）为 19.55%］。（6）主张第六顺序清偿的遗产债务有：①遗

产酌给之债［重庆市为 23.97%，上海市为 24.00%，川渝等地
（民营企业主）为 21.79%］；②遗产管理等费用（吉林省为
24.00%）；③遗赠扶养协议之债［河北省为 10.50%，江西省为
12.44%，四川省为 24.22%，广东省为 29.25%，福建（民营企业
主）为 17.29%］；税款（河北省为 10.00%）。（7）主张第七顺序
清偿的遗产债务有：遗赠扶养协议之债［上海市为 18.74%，川渝
等地（民营企业主）为 18.44%］。

2. 我国遗产债务清偿顺序民众观念之特点与原因分析

关于遗产债务清偿顺序民众观念，在我国十省市被调查民众
中，前述数据显示的特点是：（1）都认为丧葬费用应第一顺序受
清偿；（2）除吉林省、广东省外，其他省市被调查民众认为第二
顺序为遗产管理费用和欠付的工资；（3）除吉林省、海南省外，
其他省市被调查民众都认为第三顺序为欠债；（4）除上海、广东
省、福建省（民营企业主）外，其他七省市被调查民众都认为第
四顺位为受扶养人生活费；（5）除重庆、吉林省、上海市、广东
省外，其他六省市被调查民众都认为第五顺序为遗产酌给之债
（对被继承人尽扶养义务较多的人的遗产酌给份额）；（6）除重庆
市、吉林省、上海市、海南省、川渝等地（民营企业主）外，其
他省市被调查民众都认为第六顺序为遗赠扶养协议之债。此外，
民众观念分歧最大的是税款，重庆被调查民众认为是第一顺序清
偿，吉林省、广东省等地区被调查民众认为是第五顺序清偿，上
海市被调查民众、福建省（民营企业主）认为是第四顺序清偿，
河北省被调查民众认为是第六顺序清偿，江西省、四川省、海南
省等地区被调查民众、川渝等地（民营企业主）认为是第三顺序
清偿。被调查民众对遗产债务清偿顺序的认识不一致，原因之一
是 1985 年《继承法》及司法解释对此无具体规定。

（二）我国遗产债务清偿顺序的民间习惯

1. 我国遗产债务清偿顺序的民间习惯实证调查情况

表6-2　遗产债务清偿顺序民间习惯调查数据统计情况①

项目 地区	第一顺序 （%）	第二顺序 （%）	第三顺序 （%）	第四顺序 （%）	第五顺序 （%）	第六顺序 （%）	第七顺序 （%）
重庆市	丧葬费用 （60.88）	遗产管理 等费用 （24.13） 欠付的 工资 （21.29）	欠债 （30.13） 税款 （12.15）	受扶养人 的生活费 （18.30）	遗产酌给 之债 （20.98）	遗赠扶养 协议之债 （17.51）	
吉林省	丧葬费用 （63.17）	遗产管理 等费用 （23.33） 欠债 （27.17）	欠付的 工资 （24.83）	受扶养人 的生活费 （21.17）	税款 （11.50） 遗产酌给 之债 （15.83）	遗赠扶养 协议之债 （17.50）	
上海市	丧葬费用 （65.36）	遗产管理 等费用 （23.31） 欠付的 工资 （22.00）	欠债 （30.50）	受扶养人 的生活费 （15.03）	税款 （10.46）	遗产酌给 之债 （17.65）	遗赠扶养 协议之债 （13.29）

① 参见陈苇主编：《当代中国民众财产继承观念与遗产处理习惯实证调查研究》（上、下卷），中国人民公安大学出版社2019年版，第45-46、155、251、341、439、536、636-637、744-745、830-831、919-920页。

项目 地区	第一顺序 （%）	第二顺序 （%）	第三顺序 （%）	第四顺序 （%）	第五顺序 （%）	第六顺序 （%）	第七顺序 （%）
河北省	丧葬费用 （57.80）	遗产管理 等费用 （26.60） 欠债 （23.80）	欠付的 工资 （15.20）	税款 （9.40）	受扶养人 的生活费 （12.80）	遗产酌给 之债 （13.80）	遗赠扶养 协议之债 （11.20）
湖北省	丧葬费用 （55.83）	遗产管理 等费用 （21.01） 欠付的 工资 （22.24）	欠债 （25.77）	受扶养人 的生活费 （13.80） 税款 （9.97）	遗产酌给 之债 （17.02） 遗赠扶养 协议之债 （15.49）		
江西省	丧葬费用 （67.46）	遗产管理 等费用 （27.77） 欠付的 工资 （26.92）	欠债 （30.32）	受扶养人 的生活费 （16.87）	税款 （11.07）	遗产酌给 之债 （15.33）	遗赠扶养 协议之债 （15.84）
四川省	丧葬费用 （69.34）	遗产管理 等费用 （34.15）	欠债 （32.58） 税款 （18.64）	欠付的 工资 （25.96）	受扶养人 的生活费 （22.30）	遗产酌给 之债 （23.34）	遗赠扶养 协议之债 （17.77）
广东省	丧葬费用 （82.90）	欠债 （47.03）	欠付的 工资 （39.43） 遗赠扶养 协议之债 （42.76）	受扶养人 的生活费 （44.66）	税款 （38.95）	遗产酌给 之债 （47.51）	遗产管理 等费用 （28.03）

续表

项目 地区	第一顺序 (%)	第二顺序 (%)	第三顺序 (%)	第四顺序 (%)	第五顺序 (%)	第六顺序 (%)	第七顺序 (%)
海南省	丧葬费用 (63.40)	遗产管理等费用 (22.30) 欠付的工资 (22.60)	欠债 (21.60)	税款 (7.40)	受扶养人的生活费 (7.80)	遗赠扶养协议之债 (6.20)	遗产酌给之债 (7.60)
福建省 (民营企业主)	丧葬费用 (51.88)	遗产管理等费用 (23.31)	欠债 (26.32) 受扶养人的生活费 (18.80)	欠付的工资 (18.80)	税款 (18.05) 遗产酌给之债 (21.05)	遗赠扶养协议之债 (22.56)	
川渝等地(民营企业主)	丧葬费用 (50.28)	遗产管理等费用 (24.02)	欠债 (22.35)	欠付的工资 (22.35)	受扶养人的生活费 (26.25) 税款 (14.53)	遗赠扶养协议之债 (22.91)	遗产酌给之债 (26.82)

关于遗产债务的清偿顺序的民间习惯，在我国十省市被调查者所在地区，统计数据如下：（1）第一顺序清偿的遗产债务是丧葬费用［重庆市为 60.88%，吉林省为 63.17%，上海市为 65.36%，河北省为 57.80%，湖北省为 55.83%，江西省为 67.46%，四川省为 69.34%，广东省为 82.90%，海南省为 63.40%，福建省（民营企业主）为 51.88%，川渝等地（民营企业主）为 50.28%］。（2）第二顺序清偿的遗产债务有：①遗产管理等费用［重庆市为 24.13%，吉林省为 23.33%，上海市为 23.31%，河北省为 26.60%，湖北省为 21.01%，江西省为 27.77%，四川省为 34.15%，海南省为 22.30%，福建省（民营企

业主）为23.31%，川渝等地（民营企业主）为24.02%）；②欠付的工资（重庆市为21.29%，上海市为22.00%，湖北省为22.24%，江西省为26.92%，海南省为22.60%）、欠债（吉林省为27.17%，河北省为23.80%，广东省为47.03%）。（3）第三顺序清偿的遗产债务有：①欠债［重庆市为30.13%，上海市为30.50%，湖北省为25.77%，四川省为32.58%，海南省为21.60%，福建省（民营企业主）为26.32%，川渝等地（民营企业主）为22.35%］；②税款（重庆市为12.15%，四川省为18.64%）；③欠付的工资（吉林省为24.83%，河北省为15.20%，广东省为39.43%）；④遗赠扶养协议之债（广东省为42.76%）；⑤受扶养人的生活费［福建省（民营企业主）为18.80%］。（4）第四顺序清偿的遗产债务有：①受扶养人的生活费（重庆市为18.30%，吉林省为21.17%，上海市为15.03%，湖北省为13.80%，江西省为16.87%，广东省为44.66%）；②税款（河北省为9.40%，湖北省为9.97%，海南省为7.40%）；③欠付的工资［四川省为25.96%，福建省（民营企业主）为18.80%、川渝等地（民营企业主）为22.35%］。（5）第五顺序清偿的遗产债务有：①对被继承人扶养较多的人之遗产酌给份［重庆市为20.98%，吉林省为15.83%，湖北省为17.02%，福建省（民营企业主）为21.05%］；②税款［吉林省为11.50%，上海市为10.46%，江西省为11.07%，广东省为38.95%，福建省（民营企业主）为18.05%，川渝等地（民营企业主）为14.53%］；③受扶养人的生活费［河北省为12.80%，四川省为22.30%，海南省为7.80%，川渝等地（民营企业主）为26.25%］。（6）第六顺序清偿的遗产债务有：①遗赠扶养协议之债［重庆市为17.51%，吉林省为17.50%，海南省为6.20%，福建省（民营企业主）为22.56%，川渝等地（民营企业主）为22.91%］；②对被继承人扶养较多的人之遗产酌给份（上海市为17.65%、河北省为13.80%，江西省为15.33%，四川省为23.34%，广东省为47.51%）。（7）第七顺序清偿的遗产债务有：①遗赠扶养协议之债（上海市为 13.29%，河北省为 11.20%，江西省为 15.84%，四川省为 17.77%）；②对被继承人扶养较多的人之遗产酌给份〔海南省为 7.60%，川渝等地（民营企业主）为 26.82%〕；③遗产管理等费用（广东省为 28.30%）。

2. 我国遗产债务清偿顺序的民间习惯之特点与原因分析

关于遗产债务清偿顺序的民间习惯，在我国十省市被调查地区，前述数据显示的特点是：（1）丧葬费用第一顺序清偿；（2）除广东省外，其他地区都是第二顺序清偿遗产管理费用；（3）除吉林省、河北省外，其他地区第三顺序清偿的债务都包括被继承人的欠款；（4）除河北省、四川省、海南省、福建省（民营企业主）、川渝等地（民营企业主）外，其他地区第四顺序清偿的债务都包括受扶养人的生活费；（5）除重庆市、河北省、湖北省、四川省外，其他地区第五顺序清偿的债务都包括税款；（6）重庆市、吉林省、海南省、福建省（民营企业主）第六顺序清偿的是遗赠扶养协议之债，上海市、河北省、川渝等地（民营企业主）第六顺序清偿的是遗产酌给之债（对被继承人尽扶养义务较多的人的遗产酌给份额）；（7）上海市、河北省、江西省、四川省第七顺序清偿的是遗赠扶养协议之债，广东省第七顺序清偿的是遗产管理费用，海南省第七顺序清偿的是遗产酌给之债。在我国十省市被调查地区，民众对遗产债务的清偿顺序处理习惯不一致，主要原因是我国 1985 年《继承法》及司法解释无规定。

二、我国遗产债务清偿顺序的司法现状

（一）我国遗产债务清偿顺序的司法现状之考察

1. 涉及遗产债务清偿顺序的司法案例之考察

笔者以"遗产债务"作为关键字在无讼网检索到的 390 件案例中，涉及遗产债务清偿顺序的只有 1 件，即"杨某平、杨某龙、杨某梅、张某才、祝兴某诉祝寿某、李成某、李增某被继承人债务清偿纠纷一案"①。在本案中，原被告是亲戚关系，张某慧是原告的亲属，其因乘坐被告的亲属李某昌的车发生交通事故死亡。后原告诉至法院，要求被告赔偿丧葬费、死亡赔偿金、被抚养人生活费、精神损害抚慰金等，李某昌也因交通事故死亡，但其留有遗产，被告同意在遗产范围内承担侵权责任。因法院查明李某昌尚有一位80多岁的母亲，但还有其他赡养人，故酌情扣除了3000元赡养费给李某昌的母亲，剩余的遗产清偿李某昌的侵权债务。

由此可见，法院在判决继承人以遗产承担侵权债务之前，首先扣除了受其扶养人的部分赡养费。但是，在该案中，虽然在被继承人李某昌的遗产范围内清偿侵权债务得到原告方的认可，但是，法院扣除被继承人母亲的部分赡养费，则可能会使被侵权人张某慧的被扶养人利益受损。而受被继承人扶养的人与受被侵权人扶养的人法律地区是平等的，两者处于同一位阶，因此，不能有先后之分。

2. 涉及遗产债务清偿顺序的裁判规则之考察

因目前我国没有明确规定遗产债务的清偿顺序，在以往司法实务中，多是根据以下清偿顺序进行：（1）工资、生活费。被继承人生前如果是个人经营或者从事承包经营，则对于雇用职工所欠的工资和生活费，应当从遗产中优先支付。（2）税款。（3）优先债权。所谓优先债权，是指债权人在遗产上有抵押权、质权、留置权等担保债权，享有这些权利的人为优先权人。（4）普通债权。（5）交付遗赠。② 据此可知，在我国，必留份之债、遗产酌给之债、侵权之债中的医疗费、误工费以及死亡赔偿金、被扶养人的生活费等涉及生存权益的债务都是作为普通债权进行清偿。

---

① 参见（2018）甘3021民初137号一审民事判决书。
② 参见中国审判理论研究会民事审判理论专业委员会编著：《民法典继承编条文理解与司法适用》，法律出版社2020年版，第247页。

（二）我国遗产债务清偿顺序的司法现状之评析

通过前述有关遗产债务清偿顺序的司法案例以及司法实践中的裁判规则可知，因我国1985年《继承法》及司法解释没有规定遗产债务清偿顺序，导致法院无法可依。但是，除工资、生活费等涉及基本生存权益的债务外，必留份份额、受被继承人扶养人的遗产酌给请求权、人身侵权之债等也关系到特定主体的基本生活保障。故在《民法典》施行以前，司法实践中存在以下问题：

1. 遗产债务清偿顺序案件裁判规则不一致，且与现行立法规定相违背

一方面，在笔者考察的案例中，法院进行裁判时首先保障被继承人母亲的生活，这与司法实务人员所指出的裁判规则一致。然而，在后者所指出的大部分法院的裁判规则中，法院指定的清偿顺序并未将侵权之债中涉及生存权益的债务置于普通债权之前。此种情况下，后者只考虑到劳动者的工资以及生活费，若前述法院按照后面指出的裁判规则进行判决，则就无法保障受被继承人扶养人的权益。由此观之，关于遗产债务清偿顺序，我国1985年《继承法》及司法解释无规定，导致司法实践中出现"同案不同判"的现象。

另一方面，在前述司法人员所提出的裁判规则中，存在以下问题：其一，根据债法原理，担保物权享有优先受偿权，故司法实践中，将劳动者的工资、生活费优先于担保之债受偿是不合理的。其二，税款与优先债权的先后顺序，根据《税收征收管理法》的规定，如果担保之债发生在税收之前，则担保之债优先受偿。因此，忽视税款与优先债权发生的先后时间，直接将税款置于优先债权之前，会损害其遗产债权人的利益，也不利于市场交易安全的维护。

2. 部分遗产债权人的利益受到损害

前述关于遗产债务清偿顺序的裁判规则，法院仅考虑劳动者的工资、生活费、税款、担保之债以及普通债权、遗赠等，并未

涉及遗产酌给权利、人身侵权之债等其他涉及特定主体生存权益的债务。若按照通常的裁判规则进行判决，在清偿遗产债务时，无法保障受被继承人扶养人以及受被侵权人扶养人的基本生活。因此，关于遗产债务清偿顺序，立法需要予以具体化。

三、我国遗产债务清偿顺序制度的立法沿革

（一）我国遗产债务清偿顺序制度之考察

1. 1985 年《继承法》及司法解释之规定

根据我国 1985 年《继承法》及《执行继承法意见》的规定，遗产债务的清偿顺序为：（1）必留份份额；（2）被继承人生前应当缴纳的税款和所欠的债务；（3）遗赠扶养协议中扶养人的遗赠标的请求权；（4）遗赠之债。[1] 但是，对于遗产酌给份额、遗嘱执行费用，1985 年的继承立法无规定，且把拖欠的国家税款放在清偿顺序的首位，对被继承人的债权人的债权受清偿构成巨大威胁。[2]

2. 2007 年《企业破产法》之规定

根据《企业破产法》第 113 条的规定，破产费用和共益债务优先支付，随时清偿。其他破产债权的清偿顺序是：（1）第一顺序为劳动债权，包括破产人所欠职工的工资和医疗、伤残补助、抚恤费用、应划入职工个人账户的基本养老保险、基本医疗保险费用，以及法律、行政法规规定应当支付给职工的补偿金。（2）第二顺序为未列入第一顺序的其他社会保险费用和破产人所欠交的税款。其他社会保险费用，是指按照我国《社会保险法》和其他相关规定，债务人应当向社会保险基金缴纳的基本养老保险费、基本医疗保险费、工伤保险费、失业保险费和生育保险费

---

① 参见 1985 年《继承法》第 19、33、34 条，《执行继承法意见》第 61、62 条。

② 参见杨立新：《我国继承法修订入典的障碍与期待》，载《河南财经政法大学学报》2016 年第 5 期。

等。①（3）普通破产债权。破产财产不足以清偿全部普通债权的，按照各普通债权的比例清偿。关于担保债权与税款的清偿顺序，《企业破产法》第 109 条规定，在破产财产上设定担保物权的债权人可以直接从担保财产中优先受偿，无须参与破产财产的分配。②因此，担保财产并不属于破产财产的范畴，抵押权人、质押权人、留置权人实际上无条件优先于税收，即使税款发生在担保债权之前。③

3. 2015 年《税收征收管理法》之规定

根据我国现行《税收征收管理法》第 45 条规定，一方面，一般情况下，税收优先于无担保债权。另一方面，税收与有担保债权的顺序，若纳税人欠缴的税款发生在其设置担保物权之前，税收优先于担保债权。反之，则担保债权优先。④同时，该法第 42 条规定，税务机关采取税收保全措施、强制执行措施，必须以保障个人及其所扶养家属的基本生活为原则，不得查封、扣押其生活必需品。⑤

①　参见王卫国：《破产法精义》（第二版），法律出版社 2020 年版，第 362-363 页。

②　《企业破产法》第 109 条规定："对破产人的特定财产享有担保权的权利人，对该特定财产享有优先受偿的权利。"

③　参见熊伟、王宗涛：《中国税收优先权制度的存废之辩》，载《法学评论》2013 年第 2 期。

④　2015 年《税收征收管理法》第 45 条规定："税务机关征收税款，税收优先于无担保债权，法律另有规定的除外；纳税人欠缴的税款发生在纳税人以其财产设定抵押、质押或者纳税人的财产被留置之前的，税收应当先于抵押权、质权、留置权执行。纳税人欠缴税款，同时又被行政机关决定处以罚款、没收违法所得的，税收优先于罚款、没收违法所得。"

⑤　2015 年《税收征收管理法》第 42 条规定："税务机关采取税收保全措施和强制执行措施必须依照法定权限和法定程序，不得查封、扣押纳税人个人及其所扶养家属维持生活必需的住房和用品。"

4. 2017 年《民事诉讼法》之规定

根据我国现行《民事诉讼法》第 243 条第 1 款①、第 244 条②的规定，法院采取强制执行措施时，必须为被执行人及其所扶养的家属保留生活必需品。

5. 2020 年《民法典》之规定

根据《民法典》第 1159、1161-1163 条的规定，遗产债务的清偿顺序为：（1）必留份；（2）被继承人依法应当缴纳的税款；（3）被继承人生前所欠债务；（4）遗赠扶养协议；（5）遗赠。对于继承费用、遗产酌给请求权等遗产债务，《民法典》及司法解释仍无规定。有学者认为，根据《民法典》继承编的规定，遗产债务的清偿顺序为：（1）必留份；（2）遗产管理费，包括遗产管理、清算、分割等费用的支出；（3）被继承人依法应当缴纳的税款；（4）被继承人生前所欠债务。为保护继承人与遗产债权人的利益，故遗产管理费用应优先清偿。③

（二）我国遗产债务清偿顺序制度立法之反思

1. 我国遗产债务清偿顺序立法之进步

（1）将必留份之债列于遗产债务的优先受偿顺位。《民法典》第 1159 条的前部分是在 1985 年《继承法》第 33 条的基础上进行的修改，后一部分"应当为缺乏劳动能力又没有生活来源的继承人保留必要的遗产"是对《执行继承法意见》第 61 条的修改，并

---

① 2017 年修正的《民事诉讼法》第 243 条第 1 款规定："被执行人未按执行通知履行法律文书确定的义务，人民法院有权扣留、提取被执行人应当履行义务部分的收入。但应当保留被执行人及其所扶养家属的生活必需费用。"

② 2017 年修正的《民事诉讼法》第 244 条规定："被执行人未按执行通知履行法律文书确定的义务，人民法院有权查封、扣押、冻结、拍卖、变卖被执行人应当履行义务部分的财产。但应当保留被执行人及其所扶养家属的生活必需品。采取前款措施，人民法院应当作出裁定。"

③ 参见杨立新主编：《〈中华人民共和国民法典〉条文精释与实案全析》（下册），中国人民大学出版社 2020 年版，第 1885 页；江必新主编：《民法典重点修改及新条文解读》（下册），中国法制出版社 2020 年版，第 951 页。

上升为立法。家庭是社会的细胞，担负着养老育幼的职能。而目前社会保障的覆盖范围与标准无法完全取代家庭负担养老育幼的职责。① 自然人生前负担的扶养义务，在其死亡后应该用遗产来继续履行，为"双无"人员保留必要的份额，并赋予这一债权在遗产债务清偿中的优先顺位，是对此类继承人的生活保障，也是对个人利益和公共利益的有益协调，更是中华民族养老育幼美德的实践，也是为国家、社会排忧解难的体现。②

（2）将法定继承、遗嘱继承和遗赠多种方式并存时遗产债务清偿顺位的司法解释上升为立法。《民法典》第1163条为多种继承方式并存时的遗产债务清偿规则，是对《执行继承法意见》第62条的修改，并将该司法解释上升为立法。该条明确了多种继承方式并存时遗产债务清偿的先后顺序，③ 有利于指导司法，也便于民众知法。

2. 我国遗产债务清偿顺序立法之不足

当代社会，民众间经济往来密切、遗产债权债务关系日益复杂，但司法实践中涉及遗产债务清偿顺序的问题在《民法典》继承编中并未得到完全解决。在遗产不足以清偿债务时，遗产债务的清偿顺位问题至关重要。④ 结合我国民众观念与民间习惯以及司法实践中存在的问题，《民法典》继承编关于遗产债务清偿顺序立法的不足之处为：

（1）被继承人生前所欠债务的顺序有待具体化。如前所述，在司法实践中，被继承人生前所欠的债务包括劳动债务、人身侵

---

① 参见江必新主编：《民法典重点修改及新条文解读》（下册），中国法制出版社2020年版，第950页。

② 参见中国审判理论研究会民事审判理论专业委员会编著：《民法典继承编条文理解与司法适用》，法律出版社2020年版，第235页。

③ 参见江必新主编：《民法典重点修改及新条文解读》（下册），中国法制出版社2020年版，第953页。

④ 参见李昊：《民法典继承编草案的反思与重构》，载《当代法学》2019年第4期。

权之债，如死亡赔偿金、被扶养人生活费、医疗费等以及所欠的其子女的抚养费、学费。这些债务与债权人及其家庭成员的基本生存权益密不可分。故若将这些债务与其他普通债务置于同一顺位清偿，则可能导致特殊主体的基本生活无法得到保障。其中人身损害请求权大部分都关涉到被侵权人的生存权问题，尤其对生命权、健康权、身体权损害的救济，更是关系到平复伤害、恢复健康等重要利益。[①] 而遗产具有扶养职能，在遗产不足以清偿债务时，维护特定人员的基本生存权益，这是遗产债务清偿制度应遵循的首要价值。[②] 但我国《民法典》继承编并未将这些涉及生存权益的特殊债务置于优先受偿顺序，这不利于保护他们的生存权益。

（2）继承开始时及开始后产生的遗产债务之清偿顺序仍有欠缺。我国《民法典》规定了遗赠之债、必留份之债的清偿顺序，但对于遗产酌给之债、遗赠扶养协议之债以及继承费用的清偿顺序无规定。从前述司法实践看，因立法对遗产债务清偿顺序无规定，导致司法实践中裁判不一，出现同案不同判的现象。同时，有人提出，"遗产债务清偿顺序的主要争议在于继承费用和设有担保的债权谁可以优先受偿；必留份之债、遗产酌给之债和普通债务何者优先受偿。以上较大的分歧也使得遗产债务清偿顺序成为我国司法的难点之一"[③]。被调查民众对遗产酌给之债、遗赠扶养协议之债清偿顺序的认识和处理习惯存在很大分歧。我国《民法典》继承编对此仍无规定，原来司法实践中的问题依然没有解决，也无法让民众对遗产债务清偿顺序有清楚的认识。

（3）遗嘱继承不属于遗产债务，将遗嘱继承与遗赠置于同一受偿顺位不科学。如前所述，在我国，遗嘱继承与遗赠是有区别的。《民法典》第1163条虽然在1985年《执行继承法意见》的基础上有

[①] 参见杨立新：《论侵权请求权的优先权保障》，载《法学家》2010年第2期。

[②] 参见张力：《遗产债务清偿的顺序》，载《广西社会科学》2003年第1期。

[③] 中国审判理论研究会民事审判理论专业委员会编著：《民法典继承编条文理解与司法适用》，法律出版社2020年版，第246页。

所发展，但是，其仍然将遗嘱继承与遗赠置于同一清偿顺位，这是不科学的。遗嘱继承人的有限继承区别于受遗赠人仅承受遗产中的积极财产，故立法中确立遗嘱继承人和受遗赠人在遗产债务清偿中的平等地位是不合适的。实际上，受遗赠人是不负担遗产债务的清偿责任的，其仅是在遗产管理人或继承人清偿遗产债务后取得受遗赠的财产。而继承人接受继承的同时要承受遗产和遗产债务，只不过其对遗产债务的清偿责任仅限于接受的积极遗产的范围。[①]

第二节　域外遗产债务清偿顺序制度立法之镜鉴

本节从两方面考察域外遗产债务清偿顺序之立法：一是民法典继承编中的遗产债务清偿顺序；二是遗产破产立法中的遗产债务清偿顺序。此外，关于遗产破产立法中的清偿顺序，笔者只对法国、德国、日本、瑞士、加拿大魁北克省的立法进行研究。[②]

一、域外遗产债务清偿顺序立法之考察

（一）法国民法典与遗产破产立法中的遗产债务清偿顺序

1. 继承人未申请司法清算时的遗产债务清偿顺序

《法国民法典》规定，遗产债务清偿顺序为[③]：

---

①　参见郭明瑞、房绍坤、关涛：《继承法研究》，中国人民大学出版社 2003 年版，第 136-137 页。

②　需要说明的是，《荷兰破产法》目前笔者所搜索到的只有荷兰语版，没有英文版或者其他译文，因语言的限制，笔者没有对荷兰破产法予以考察。而关于埃塞俄比亚的遗产破产制度，其规定在《民事诉讼法》中，然而，因现有资源的限制，笔者利用现掌握的资源无法进入该国的网站，故不能收集到该国的《民事诉讼法》。

③　《法国民法典》第 796 条规定，继承人按照债权人的债权所享有的担保的顺位，清偿登录了担保的债权人的债权。报明了债权的其他债权人按照报明债权的顺序接受清偿。钱款的遗赠在债权人获得清偿后再支付。

第一顺序为有优先权之债。担保之债包括动产优先权与不动产优先权，动产优先权分为一般动产优先权与特殊动产优先权。①不动产优先权亦分为一般不动产优先权与特殊不动产优先权。② 一般情况下，特殊优先权优于一般优先权。③

一般动产优先权按下列顺序行使：（1）因从事诉讼活动支出的费用；（2）丧葬费用；（3）被继承人死亡前的最后一笔医疗费；（4）受雇人员在过去一年和当年的报酬以及其他相关的工资；

---

① 《法国民法典》第2332条规定，特殊动产优先权，是指债权人对债务人的某些特定动产享有的优先权。根据《法国民法典》第2332条的规定，特殊优先权包括：（1）承租人没有按照约定支付租金时，出租人对其防止在承租的不动产在内或者其上的所有动产享有优先权；（2）债权人对其占有的动产质物的债权；（3）为物的报酬而支出的费用；（4）购买动产物品尚未支付的家具，出卖人对该动产物品享有优先权；（5）旅馆经营人就其提供的服务，对旅行者带入其旅馆的物品有优先权；（6）因公务员在履行职责中滥用权力或渎职而产生的债权，就公务员保证基金及该基金可得的利息有优先权；（7）因事故产生的利于受到事故损害的第三人或其权利继受人的债权，对民事责任保险人承认由其负担的赔偿金或者依保险契约经法院裁判民事责任保险人作为债务人给予的赔偿金有优先权。

② 《法国民法典》第2374条规定，对不动产享有优先权的债权人是：（1）出卖人就价金的支付，对其出卖的不动产享有优先权。（2）即使没有代位权，为取得某些不动产而提供资金（贷款）的人，只要经过公证认定，从借贷契约来看，其借出的款项是用于取得该项不动产，并且出卖人的收据也可以确认价款的支付是用于该项借款所为，对该不动产有优先权。（3）共同继承人为担保他们之间进行的遗产分割，担保分配尚欠的差额或者归还多分配的份额，对遗产中的不动产有优先权。（4）建筑师、承包人、建筑工人与其他受雇建筑、重建或者修理楼房、管道或其他任何工程施工的工人的优先权。（5）出借钱款用于支付或者偿还上述工人费用的人，只要公证确认从借贷文书与工人出具的收据来看，其他出借的款项确实被用作此种用途，即如同上述为取得不动产提供借贷的人一样，享有相同的优先权。（6）死者的债权人和金钱款项的受遗赠人以及继承人的个人债权人，为保证他们依第878条的规定而产生的权利，分别对遗产中的不动产或继承人本人的不动产享有优先权。（7）持有关于通过租赁方式取得不动产所有权的"租赁-取得不动产合同"的人，为担保其依此合同产生的权利，对作为合同标的的不动产有优先权。（8）国家或者市镇行政区，为担保法律规定之事项而产生的债权，在此种债权涉及如不执行"以禁止居住或使用场所或最终关闭机构论处"的措施时，享有优先权。

③ 参见《法国民法典》第2332-1条。

（5）农产品的供应商在最后一年供应给债务人或者债务人家庭的农产品；（6）劳动事故发生后，支付给劳动者的补偿，如医疗费用、药品费用、丧葬费用的债权，以及由于暂时丧失劳动能力而应当取得的补偿金债权；（7）由补偿金管理处和其他认可的家庭补贴管理机构拖欠的工人与雇员的补贴费，或者根据法律规定免予加入此种机构的雇主所欠的工人与雇员的补贴费；（8）补偿金管理处和其他经认可的家庭补贴金管理机构对其参加成员为享受家庭补贴的支付以及由此种给付的支付所引起的费用而应当承担义务交纳份额款所产生的债权。①

一般不动产优先权按下列顺位受偿：（1）诉讼费；（2）受雇人过去一年以及当年的报酬，但可享受劳动法典相关权利的除外；（3）健在配偶的债权；（4）薪金雇员与学徒最近 6 个月的工资报酬以及按照《劳动法典》的规定由雇主对开始职业生活实习的青年人的补贴；（5）终止劳动合同的补偿金以及因工作不稳定而应给予的劳动者的补偿金；（6）应当给予的劳动者的补偿性赔偿金；（7）带薪休假应当给予的补偿金；（8）应当给予的薪金雇员的补偿金。② 此外，死者的债权人和金钱款项的受遗赠人对遗产中的不动产享有优先权。遗产管理费、出卖遗产的费用等继承费用产生一般动产优先权与一般不动产优先权。③

第二顺序为普通债权。普通债权按照债权人报明债权的顺序清偿。

第三顺序为钱款的遗赠债权。

2. 司法清算时的遗产债务清偿顺序

在遗产不足以清偿债务时，被继承人的继承人可以申请司法

---

① 参见《法国民法典》第 2331 条。

② 参见《法国民法典》第 2375、2376 条。

③ 参见《法国民法典》第 810-11 条。

清算，即遗产破产。① 在遗产破产的情况下，在遗产破产程序中，劳动者的工资债权、共益债务随时受偿，在清算程序终结后，担保之债优先受偿，而其他普通债权按照比例平等受偿。②

（二）德国遗产破产立法中的遗产债务清偿顺序

根据德国立法的规定，继承人承担限定继承责任，或者遗产不足时，必须申请遗产破产。故德国的遗产债务清偿顺序只是规定在德国破产法中，在民法典中未规定。根据《德国破产法》的规定，遗产债务的清偿顺序为：

1. 第一顺序

破产管理人应当按照下列顺序清偿破产财产所承担的债务，并按照债务数额的比例等额清偿债务：③（1）破产程序的费用，包括破产程序的诉讼费用、临时破产管理人、破产管理人、债权人委员会成员的报酬费用。④（2）其他管理费用，包括：①从遗产中偿还继承人的费用；⑤ ②死者葬礼的费用；③宣布死者死亡的诉讼所产生的费用；④开示遗嘱费用、遗产保全、遗产保佐、催告遗产债权人制作遗产清单等费用；⑤遗产保护人或遗嘱执行人所为法律行为而产生的债务；⑥因遗产保护人、遗嘱执行人或放弃继承的继承人执行业务而对其承担的债务，但以在所称的诸人为遗

---

① 参见《法国商法典》第 L640-1 条、第 L640-3 条规定，任何从事商业、手工业活动的自然人，任何农业生产者以及其他所有从事独立执业活动，其中包括从事受法律与条例特别规范、名称受到保护之自由执业的自然人停止支付状态下死亡时，自该人死亡之日起 1 年期限内，根据某一债权人提出的起诉状，不问该债权人的债权性质如何，法院均可受理诉讼，或者应检察院的申请受理申请。在相同期限内，法院可以应债务人的任何继承人的申请受理诉讼，进行司法清算，且无期限条件的限制。

② 参见《法国商法典》第 L642-13 条、第 L643-4 条，《法国商法典》司法解释，《法国商法典》（中册），罗结珍译，北京大学出版社 2015 年版，第 912 页。

③ Insolvency Statute（amended in 2011），s. 209（1）.

④ Insolvency Statute（amended in 2011），s. 54.

⑤ 《德国民法典》第 1978、1979 条。

产债权人处理事务时，遗产债权人将负有义务为限。[①]

2. 第二顺序

第二顺序为后顺位遗产债务，包括：[②]（1）破产程序启动后破产债权所产生的逾期付款利息和罚款；（2）在程序启动后，因参与破产程序而产生的费用；（3）因罚金、罚款等以及基于强制金产生的债权；（4）债务人无偿给付产生的债权；（5）基于返还股东贷款而产生的债权或具有相同地位的债权；（6）约定的后顺位债权。

3. 第三顺序

在清偿了后顺位债务后，才能按比例清偿下列遗产债务：（1）特留份之债；（2）被继承人在遗嘱中的遗赠和负担。被继承人在遗嘱中约定先清偿遗产或者遗赠的，以该遗赠为准。[③]

（三）日本民法典与破产法中的遗产债务清偿顺序

1. 未申请遗产破产的清偿顺序

根据《日本民法典》规定，在公告期间届满后，对在法定期限内申报遗产债权以及已知的遗产债权人，限定继承人应分别按照债权额的比例在其所继承的遗产范围内清偿。但是，不得损害享有优先权的债权人的权利。[④] 在没有按照规定向遗产债权人清偿

---

① Insolvency Statute（amended in 2011），s. 324；参见《德国支付不能程序法》第324条，《德国支付不能法》，杜景林、卢谌译，法律出版社2002年版，第157-158页。

② Insolvency Statute（amended in 2011），s. 39；参见［德］乌尔里希·福尔斯特：《德国破产法》（第七版），张宇晖译，中国法制出版社2020年版，第41页。

③ Insolvency Statute（amended in 2011），s. 327. 以遗赠排除受遗赠人对《民法典》第2307条的特留份的权利的，以其不超出特留份为限，其在顺序上视同特留份权利。被继承人通过死因处分指示一项遗赠或一项负担应当在另一项遗赠或另一项负担之前履行的，该项遗赠或该项负担具有优先顺序。一项债务的债权人以公示催告程序被排除，或依《民法典》第1974条视同被排除的债权人的，此项债务在第39条所称的债务之后始受清偿，在其属于第1款所称的债务时，其在自己不受限制时将与之具有同一顺序的债务之后始受清偿。在此之外，顺序不因限制而受任何变更。参见《德国支付不能法》，杜景林、卢谌译，法律出版社2002年版，第159-160页。

④ 参见《日本民法典》第929条。

后，限定继承人不得向受遗赠人清偿。^① 由此可见，遗产债务的清
偿顺序是：（1）第一顺序为享有优先权的债务。日本的优先权为
先取特权，包括一般先取特权、动产先取特权^②和不动产先取特
权。^③ 共益费用、雇用关系、丧葬费用享有一般先取特权，其清偿
顺位是：共益费用的先取特权、雇用关系的先取特权、葬礼费用
的先取特权、日常用品供给的先取特权。^④ 特别先取特权优先于一
般先取特权。但共益费用的先取特权具有优先于受其利益的所有
债权人的效力。^⑤ 同一标的物上同一顺位的先取特权人有数人时，
各先取特权人按其债权额的比例受偿。^⑥（2）第二顺序为其他普通
债权，按照债权额的比例清偿。

2. 遗产破产时的清偿顺序

当发现不可能用继承财产全额偿还对继承权利人和被继承人
的债务时，可以申请遗产破产。^⑦《日本破产法》规定了清算分配

---

① 参见《日本民法典》第931条。

② 《日本民法典》第330条规定，同一动产上的特别先取特权发生竞合时，其优
先权的顺位是：（1）不动产的租赁、旅馆住宿及运输的先取特权；（2）动产保存的先
取特权；（3）动产买卖、种苗或者肥料供给、农业劳务及工业劳务的先取特权。第二
项所列的动产保存的先取特权，保存人有数人时，后保存人优先于前保存人。在前面的
情形下，第一顺位的先取特权人取得其债权时已知有第二顺位或第三顺位的先取特权
时，不能对此行使优先权。为第一顺位人保存物的人，亦同。对于孳息，第一顺位为从
事农业劳动的人，第二顺位为种苗或者肥料的提供人，第三顺位为土地的出租人。

③ 《日本民法典》第303条，先取特权人，依法律规定，就自己的债权，对其债
务人的财产享有优先于其他债权人受偿的权利。《日本民法典》第325、331条规定，同
一不动产上的特别先取特权发生竞合时，其优先权的顺位是：（1）不动产保存的先取
特权；（2）不动产工程的先取特权；（3）不动产买卖的先取特权。同一不动产被依次
买卖时，出卖人相互间的不动产买卖先取特权的优先权的顺位，按买卖的先后。

④ 《日本民法典》第306条、第329条第1款。

⑤ 《日本民法典》第329条第2款。

⑥ 《日本民法典》第332条。

⑦ Bankruptcy Act（amended in 2012），a. 223，http://www.japaneselawtranslation.go.
jp/law/detail/？id=2304&vm=04&re=02&new=1，最后访问日期：2020年11月5日。

的顺序，破产债权应当按照下列顺序清偿：①

（1）第一顺序为优先破产债权。担保债权优先按照法律规定的顺序受偿。②

（2）第二顺序为除优先破产债权和劣后破产债权外的债权。如果破产程序开始时，合同尚未完全履行义务的，破产管理人可以解除合同，相对人得作为破产债权人行使损害赔偿权。

（3）第三顺序为劣后破产债权。下列请求权后于其他破产债权：③①破产程序启动后的利息请求权；②对破产程序启动后出现的违约行为提出损害赔偿要求或违约金；③就破产程序开始后产生的欠缴税款、利息税或欠缴费用提出的请求权等；④根据《国家税收征收法》的规定可以征收的税款等；⑤附加税款，如未按时申报的税款等；⑥罚金、罚款、刑事诉讼费用等；⑦申请参加破产程序的费用。

（四）瑞士债务执行法与破产法中的遗产债务清偿顺序

瑞士采用与德国类似的立法，遗产不足以清偿债务时，需要申请遗产破产。主管机关应将下列情况通知破产法院：（1）所有继承人都明确放弃继承或被推定放弃继承；（2）被要求或下令进行正式清算的遗产证明不足以清偿债务。在这种情况下，法官根据破产规则下令清算。债权人或继承人也可要求按照破产规则进行清算。④

根据《瑞士债务执行法与破产法》的规定，遗产债务清偿顺序为：

---

① Bankruptcy Act（amended in 2012），a.193.

② Bankruptcy Act（amended in 2012），a.98.

③ Bankruptcy Act（amended in 2012），a.99,98.

④ 参见《瑞士债务执行法与破产法》（2020年修改），第193条，载 https://www.admin.ch/opc/fr/classified-compilation/18890002/202010200000/281.1.pdf，最后访问日期：2020年11月4日；参见《瑞士联邦债务执行与破产法》，刘汉富译，王保树主编：《商事法论文集》（第5卷），法律出版社2000年版，第496页。

其一，担保之债优先受偿。担保债权首先从担保物变价收益中直接支付。如果一项债权有多重担保，收益按比例清偿债务。抵押担保债权人的分配顺序及利息和其他附属债权的担保范围依有关抵押的规定确定。[①]

其二，关于无担保债权和未得到清偿的有担保债权，按下列顺序以破产财产的剩余资产的收益偿还：[②]

1. 第一顺序

（1）雇员根据劳动合同提出的，在破产前或破产后6个月内产生或到期的债权请求权，总额不超过强制事故保险的最高年度利润额；劳动者在返还担保权时可以提出请求权；劳动者根据社会计划可以提出的债权，这些债权是在破产前6个月内或之后产生或到期的。（2）被保险人根据联邦事故保险法和非强制性职业养老金安排享有的债权及养老基金对雇主的债权。（3）在破产前6个月内产生的须以金钱支付履行的扶养费和扶助债权，如家庭成员1个月的生活费。[③]

2. 第二顺序

（1）将财产委托给行使父母监护权的债务人的人所享有的该债务人以此种身份欠付的债权。此优先权仅当破产宣告是在父母监护管理期间或其结束后1年内发生时方为有效；（2）有关养老保险、伤残保险、事故保险以及失业保险立法中规定的缴款债权；[④]（3）参加社会保险费用应当缴纳的保费债权；（4）家庭补偿基金应当支付的款项；（5）1934年11月8日《银行法》第37a

---

①　《瑞士债务执行法与破产法》（2020年修改），第219条第1款、第2款、第3款；参见《瑞士联邦债务执行与破产法》，刘汉富译，王保树主编：《商事法论文集》（第5卷），法律出版社2000年版，第502页。

②　《瑞士债务执行法与破产法》（2020年修改），第219条第4款。

③　Swiss Civil Code（last amended in 2020），a.474.

④　根据《联邦养老及生存者保险法》、1959年6月19日《联邦伤残保险法》、1981年3月20日《联邦事故保险法》、1952年9月25日关于军人、公务员或民防人员收入损失补助金制度的联邦法和1982年6月25日关于失业保险的法律。

条所指的存款，即以存款人名义计值的存款，包括以存款人名义存入银行的现金债券，每名债权人最多可获 10 万法郎。①

3. 第三顺序

所有其他债权，包括特定家庭成员的补偿金、特留份之债、继承合同之债、遗赠之债等。② 此外，根据该法的规定，被继承人的债权人的请求权，优先于受遗赠人的请求权。③ 因此，应当先清偿被继承人的债务、丧葬费用、遗产的封存费、财产目录的编制费，然后再执行遗赠。④

同一顺序的债权人所享有的权利相同。前一顺序债权人得到充分偿付之前，下一顺序债权人得不到任何清偿。⑤

（五）荷兰民法典继承编中的遗产债务清偿顺序

根据《荷兰民法典》的规定，以死者遗产清偿债务时，应按下列顺序清偿：⑥

1. 第一顺序

未因死者死亡而消灭的死者的法律责任和义务，但是不包括遗赠所产生的义务；合理的丧葬费用；遗产清算所产生的费用，包括清算人所产生的报酬；遗产代理人的费用，包括遗产代理人的报酬；因转移遗产而征收的税项。

2. 第二顺序

被继承人的生存配偶以及在被继承人死亡前长时间与其共同生活的家庭成员所享有被继承人死亡时起 6 个月的居住权、家庭财

---

① 《瑞士联邦银行和储蓄银行法》（2019 年修改）第 37a 条第 1 款，载 https://www.admin.ch/opc/fr/classified-compilation/19340083/index.html，最后访问日期：2020年 11 月 5 日。

② Swiss Civil Code (last amended in 2020), a. 470, 484, 494, 603.

③ Swiss Civil Code (last amended in 2020), a. 564.

④ Swiss Civil Code (last amended in 2020), a. 474.

⑤ 《瑞士债务执行法与破产法》（2020 年修改），第 220 条。

⑥ The Civil Code of the Netherlands (amended in 2012), Book 4, a. 7(2).

产的使用权。① 被继承人的子女的照顾及养育费、抚养费、教育费等一次性费用。② 但只有在死者的配偶或者继承人在法律上没有义务支付这些费用的情况下，才能行使此项权利。③ 子女、继子女、养子女、女婿或孙子女，如已成年，对被继承人的家庭或事业有贡献时，没有获得适当的报酬，可要求给予一笔相当于公平补偿的款项。④

3. 第三顺序

特留份继承人的金钱请求权。

4. 第四顺序

遗赠所引起的死者遗产的法律责任和义务，只有在遗产的所有其他债务和义务能够全部清偿的情况下，才能从死者的遗产中清偿。⑤

但是，在没有第二顺序遗产债务的情况下，应优先清偿未因死者死亡而消灭的死者的法律责任和义务，但是不包括遗赠所产生的义务；合理的丧葬费用；遗产清算所产生的费用，包括清算人所产生的报酬。然后再清偿遗产代理人的费用、因转移遗产而征收的税收以及特留份之债。

---

① The Civil Code of the Netherlands（amended in 2012），Book 4，a. 29.

② 第35条规定，死者的子女，可在要求的范围内要求一次性付款：（a）照顾及养育该儿童，直至该儿童年满18岁；而且（b）抚养和教育直到孩子年满20岁为止。在法律上或合同上有义务规定死者的配偶或继承人的义务的范围内，儿童无权获得照料和抚养费。如果死者的配偶必须根据规定支付其费用，则子女无权获得抚养费和教育费。凡根据继承法或死者的资本性财产保险单应从死者那里得到的应享权利者，均应从这笔一次性收入中扣除。Seethe Civil Code of the Netherlands（amended in 2012），Book 4，a. 35.

③ See B. E. Reinhartz，"Recent Changes in the Law of Succession in the Netherlands：On the Road towards a European Law of Succession?"，*Electronic Journal of Comparative Law*，Vol. 11. 1，May 2007，p. 5.

④ The Civil Code of the Netherlands（amended in 2012），Book 4，a. 36.

⑤ The Civil Code of the Netherlands（amended in 2012），Book 4，a. 120(1).

（六）埃塞俄比亚民法典中的遗产债务清偿顺序

《埃塞俄比亚民法典》明确规定了遗产债务的清偿顺序，第一顺序为死者的丧葬费；第二顺序为遗产的管理和清算费用；第三顺序为死者的债务；第四顺序为生活保持方面的债务；第五顺序为死者命令作出的单一遗赠物。[①]

（七）加拿大魁北克省民法典继承编与破产法中的遗产债务清偿顺序

1. 未申请遗产破产时的清偿顺序

若遗产中的财产不足，清算人应针对遗产债务和特定遗赠起草完整的说明，通知遗产利害关系人，对包括为清偿未来判决确定的债务而采取保留财产的措施的清偿方案获得法院的认可，其才能清偿遗产债务和特定遗赠。[②] 如果遗产中的财产不足以清偿债务，清算人应当根据清偿方案按下列顺序清偿：[③]

（1）享有优先权或者抵押权的遗产债务。优先受偿权是法律赋予债权人优先于其他债权人，甚至抵押权债权人的权利，根据其债权的来源而定。债权的优先权是不可分割的。[④] 以下有优先权的债权，尽管有任何相反的协议，但在所有情况下都是按照以下顺序排列的：①诉讼费用和共益费用。在继承事务中，通常认为公证人、会计师或律师费应被视为共益费用。[⑤] ②出卖人对不经营企业的自然人就出售的动产之未偿付的价金享有的债权。③有权保留动产的人的债权。④国家对财政法规定的到期金额的债权。⑤市政当局和学校委员会对应税不动产征收财产税的债权，以及市的债权，对不动产和应缴税款的不动产和动产征收财产税以外

[①] 参见《埃塞俄比亚民法典》第1014条。

[②] Civil Code of Québec（last amended in 2020），a. 811；参见《魁北克民法典》，孙建江、郭站红、朱亚芬译，中国人民大学出版社2005年版，第10页。

[③] Civil Code of Québec（last amended in 2020），a. 812.

[④] Civil Code of Québec（last amended in 2020），a. 2650.

[⑤] See Estate of J. H. v. Q. J. No. R. H.，[2018] 6325，para. 122.

的其他税种，由适用于它们的附例特别规定。① 为诉讼费用和共益费用的优先债权，可在动产或不动产上强制执行。②

（2）扶养费债务以外的其他遗产债务。如果遗产财产不能全部清偿此类遗产债务，则应按照比例清偿。

（3）扶养费债务。在清偿完其他遗产债务外，如果有剩余遗产，则应清偿扶养权利人，若不能完全清偿，则根据其扶养权利人的请求权按比例支付。

（4）特定遗赠之债。在清偿完其他遗产债务后，如果有剩余遗产，则清偿特定遗赠的受遗赠人。在不足以清偿全部特定遗赠时，首先清偿根据遗嘱享有优先权的受遗赠人，然后清偿特定物的受遗赠人，最后其他受遗赠人的遗产按比例减少，剩下的遗产按每一遗产的价值在他们之间按比例分配。③

2. 申请遗产破产时的清偿顺序

如果申请遗产破产，则按照《破产法》的规定清偿遗产债务。

（1）享有优先权的债务。在有担保债权人享有权利的前提下，破产人财产所取得的收益应适用于下列付款优先权：①在破产人死亡的情况下，遗产管理人（遗嘱执行人）或在魁北克省破产人的继承人或受遗赠人所支付的合理丧葬费和遗嘱费用；②按下列顺序的遗产管理费用：遗产管理费用和酬金；④ 受托人的费用和酬金；诉讼费用；③应征收的税款（或罚款）；⑤ ④在破产开始前六个月尚未支付的任何职员、佣人、推销员或劳动者的工资、薪金、佣金、补偿或服务报酬；⑥ ⑤在破产前两年内对破产人评估或征收的市政税，这些税收对破产人的不动产可以优先受偿，但其价值

---

① Civil Code of Québec（last amended in 2020），a. 2651.
② Civil Code of Québec（last amended in 2020），a. 2652.
③ Civil Code of Québec（last amended in 2020），a. 814.
④ Bankruptcy and Insolvency Act（last amended in 2020），s. 14. 03(1)(a).
⑤ Bankruptcy and Insolvency Act（last amended in 2020），s. 147.
⑥ Bankruptcy and Insolvency Act（last amended in 2020），ss. 81. 3, 81. 4.

不得超过应纳税额；⑥破产前三个月的拖欠租金和破产后三个月的加速租金的出租人，如有权根据租约获得提前到期的租金，但应支付的总额不得超过该租赁房屋内财产的变现额；⑦律师的酬金和费用；⑧在破产人在规定日期前破产时，破产人根据关于工人赔偿的任何法律、根据关于失业保险的任何法律或根据《所得税法》规定的债务，及由此而产生的应向国家缴纳的比例已经扣除或者代扣款的义务①；⑨破产人雇员因受伤而提出的损害赔偿；⑩在破产人在规定日期前破产的情况下，前述未提及的加拿大王国政府在加拿大或任何省份的权利上的要求，尽管法律上有相反的优先权规定。

（2）无担保债权。无担保债权人有权就其到期债权的任何余额行使请求权。②

二、域外遗产债务清偿顺序立法之启示

关于遗产债务清偿顺序，前述域外立法分为两种立法模式：一是集中式立法，如荷兰、埃塞俄比亚，其都在民法典继承编中用一个条文专门规定遗产债务的清偿顺序。二是分散式立法，如法国、德国、日本、瑞士。在前述七个域外国家和地区的立法中，我国与法国、德国、日本、瑞士的模式相同，即都未在《民法典》继承编中明确规定遗产债务的清偿顺序。但是，德国、瑞士在遗产不足以清偿债务时，必须申请遗产破产，故其适用的是遗产破产的顺序。笔者认为，集中规定遗产债务的清偿顺序，更有利于增强民众对法律的认识，也避免由此产生分歧，有利于指导法官理解并适用法律，避免在司法实践中出现同案不同判的现象。

---

① 参见刘艺工主编：《加拿大民商法》，民族出版社2002年版，第220页。
② Bankruptcy and Insolvency Act(last amended in 2020) ,s.136(2).

关于遗产债务的清偿顺序，前述域外立法内容异同之处体现在以下几个方面：

（一）担保之债的清偿顺序

前述域外七个国家和地区的立法，法国、日本、瑞士、加拿大魁北克省，都明确规定有担保的债务为第一顺位，未设立担保物权的普通债务在其后受清偿。其他国家立法即使未明确规定，但是，根据债法原理，担保之债也应当优先受偿。

（二）丧葬费、继承费用的清偿顺序

首先，关于丧葬费的清偿顺序，除瑞士外，前述域外立法分两种：一是赋予丧葬费优先权，如法国、日本、加拿大魁北克省；二是将丧葬费用列为第一清偿顺序，如德国、荷兰、埃塞俄比亚。三是将丧葬费置于第三顺序清偿，如瑞士。此外，德国、日本规定，丧葬费用一般由继承人承担，只有在继承人放弃继承或没有继承人的情况下，才由遗产负担。笔者认为，丧葬费用属于被继承人死亡后必须支出的费用，应优先清偿。但目前我国立法并未赋予丧葬费用优先权的地位，故德国、日本立法可值借鉴。其次，关于继承费用的清偿顺序，有四种立法例：一是赋予优先权，如法国、日本、加拿大魁北克省；二是第一顺序清偿，如德国、荷兰；三是第二顺序清偿，如埃塞俄比亚；四是第三顺序清偿，如瑞士。遗产管理费、遗嘱执行费等继承费用，此类债务有利于全体遗产债权人与继承人，故应优先受偿。笔者认为，法国、日本、德国、荷兰立法可值借鉴。最后，关于丧葬费用与继承费用的先后顺序，分为两种：一是丧葬费用先于继承费用清偿，如日本、埃塞俄比亚；二是丧葬费用与继承费用置于同一清偿顺序，如德国、瑞士、荷兰、加拿大魁北克省。法国民法典中没有明确丧葬费用与继承费用的先后顺序。前者是因为被继承人死亡后必须要处理后事，故丧葬费用是被继承人死亡后必须要支出的费用。后者可能是认为丧葬费用与继承费用处于同一价值位阶。笔者认为，我国无人支付的丧葬费用纳入遗产债务范围，其应与人身侵权之债中的丧葬费用处于同一清偿顺序。

（三）与生存权益有关的遗产债务的清偿顺序

1. 与劳动者有关的遗产债务之清偿顺序

前述七个域外国家和地区立法中，除埃塞俄比亚外，其他域外立法都规定了劳动者报酬的优先受偿权。在这些国家和地区，劳动债务的清偿顺序分为两种立法例：一是将劳动债务作为优先权，赋予其法定担保物权的效力，如法国、日本、加拿大魁北克省。二是将劳动工资报酬置于担保之债后的第一顺位清偿，如瑞士。此外，德国没有在破产法中规定职工工资、社会保险的优先顺位，原因是德国《社会保险法》对此提供了保护措施。① 德国1999 年取消了原《破产法》中劳动债权的优先权，主要是因为《社会保险法》使得劳动债权优先权已经形同虚设。瑞士劳动债权也被作为普通债务来看待，这并不代表这些国家不重视职工的权利，而是采取了新的保护劳动债权的模式。② 将劳动者的债权置于担保物权之后或者将其作为优先债务予以清偿，原因是劳动者债权与其生活密切相关，而且劳动者一般处于弱势地位，工资等收入基本上是被用于劳动者及其家庭成员的日常生活消费，保障劳动者的工资、社会保险等优先受偿权，可以满足劳动者及其家庭成员生存与发展之需要。③ 我国破产法与前述域外立法都明确劳动债务的优先受偿权。不同之处是，我国采取与瑞士立法相同的模式，将劳动债务置于较前顺位清偿。然而，所不同的是，我国在继承立法中对劳动债务的清偿顺序无规定，将其作为普通债务，而瑞士立法中，若遗产不足以清偿债务，遗产破产是必经程序。故我国现行继承立法没有起到保护劳动者权益的作用。笔者认为，

① 参见［德］乌尔里希·福尔斯特:《德国破产法》（第七版），张宇晖译，中国法制出版社 2020 年版，译者说明第 1 页。

② 参见许德风:《破产法论——解释与功能比较的视角》，北京大学出版社 2015年版，第 177 页。

③ 参见陈苇:《我国遗产债务清偿顺序的立法构建》，载《法学》2012 年第 8 期。

无论采取哪种方式，最终的目的都是保障劳动者的债权优先受偿，以体现立法保障弱者的精神。但我国也应在继承立法中规定劳动债务的清偿顺序，以保障劳动者的合法权益。

2. 人身侵权之债的清偿顺序

前述域外国家和地区的立法中，只有法国明确规定事故受害人或者其权利继受人有关医疗费、药费、丧葬费的债权，以及由于他们暂时丧失劳动能力而应取得的补偿金的债权，就动产享有一般优先权。同时，法国和加拿大魁北克省也明确了劳动者因事故受伤享有的赔偿请求权属于优先权，其他国家和地区对此并未予以明确规定。有学者认为，一些国家尚未普遍赋予人身侵权债权优先权，是因为近代民法体系是以财产权为基础而建立的，这在一定程度上忽视了人格权的固有价值，限制了以人为中心的体系在法典中的展开，进而使人格利益不能作为一种独立于财产利益的法益全面地受到侵权法的保护。[1] 笔者认为，人身侵权损害赔偿请求权应当优先受偿。但有的国家建立了较为完善的社会保险制度，故无须再赋予人身侵权之债的优先权。我国与前述域外大部分国家的立法模式相同，即将人身侵权之债作为普通债务予以清偿。笔者认为，这是不合理的。因为对侵害人身权益的救济应当体现法对人的终极关怀和立法的人本主义精神，而且生命权、身体权和健康权等物质性人格权是不得克减的基本人权。[2] 人身侵权之债被作为无担保之债，换言之，其只能在担保债权、享有优先权的无担保债权得到偿付后才能被清偿。即使侵权之债被偿付，

---

　　① 参见王欣新、乔博娟：《食品安全领域大规模人身侵权债权在破产程序中的清偿顺位》，载《法治研究》2013年第11期。
　　② 参见王欣新、乔博娟：《食品安全领域大规模人身侵权债权在破产程序中的清偿顺位》，载《法治研究》2013年第11期。

也只是按比例支付一小部分。① 因此，为保障被侵权人及其所扶养人的基本生存权益，即使将此类债务作为普通债务，也应置于第一顺序清偿。

3. 特定主体的扶养费之债的清偿顺序

关于受扶养人的扶养费请求权，前述域外立法有四种清偿顺序：一是在担保债务后第一顺序清偿，如瑞士以金钱支付的扶养费和扶助债权；二是赋予优先权，如法国规定配偶的债权有一般动产优先权，日本规定日常生活用品的先取特权；三是在继承费用后第二顺序清偿，如荷兰；四是在遗赠之前、其他债务之后清偿，如加拿大魁北克省、埃塞俄比亚。虽然扶养费请求权也关系到受扶养人的生存权利，但是，加拿大的法定扶养费请求权条件并非是为保障受扶养人的基本生活，而埃塞俄比亚则是相反。

在我国，《民法典》明确规定必须为缺乏劳动能力又没有生活来源的双无人员保留足够的遗产份额，这体现了我国立法中保障弱者利益、人权至上的原则。笔者认为，前述域外国家和地区未将此置于较前的清偿顺位，原因可能有两个：（1）这些国家的社会保障制度较为完善，足以保障这些人的基本生活；（2）受扶养人请求扶养费的条件较为宽松，一旦将其置于普通债务之前，很可能会导致普通债权人的利益受到损害。然而我国只是明确了必留份之债的清偿顺序，并未规定受被继承人所扶养之人的遗产酌给之债的清偿顺序。笔者认为，鉴于目前我国的社会保障制度仍然尚未特别完善，因此，需要发挥遗产的扶养功能，将受被继承人扶养的人的遗产酌给份额置于较前顺位，以保障他们的生存权益。

---

① Charles M. Elson & Robert K. Rasmussen, "Switching priorities: Elevating the status of tort claims in bankruptcy in pursuit of optimal deterrence," *Harvard Law Review*, Vol. 116, No. 8, June 2005, p. 2549.

（四）税收债务的清偿顺序

关于税收债务的清偿顺序，除埃塞俄比亚民法典无明确规定外，其他六个法域有三种立法例：一是作为优先权优先清偿，如加拿大魁北克省；二是作为劣后债务，如日本；三是与普通私法债务置于同一顺序清偿，如法国、德国、瑞士、荷兰。笔者认为，税收不宜优先受偿。虽然缴纳税款是被继承人的义务，但是税务机关信息获取途径广、权力保障手段多、应对风险能力强。[①] 因此，较之于普通债务人而言，税收机关具有一定的优势，远远强于没有国家强制力作为后盾的普通债权人。如果赋予税收优先权，则使税收债务在本就具有优势的地位之上，强之又强。然而，在国家利益与个人利益发生冲突时，我们应进行适当取舍。但不能因此过于保护个人利益，故也不宜将税收作为劣后债权。为此，法国、德国、瑞士将税收债务与普通私法债务置于同一顺序可值借鉴。

（五）除涉及生存权益外的其他普通私法债务之清偿顺序

首先，关于遗赠之债，前述域外立法都明确将遗赠置于最后清偿顺位。笔者认为，遗赠（概括遗赠除外）作为一种无负担的赠与，应位于最后顺位予以清偿。其次，关于特留份之债，将特留份之债列入遗产债务的国家，此类债务后于有偿性的遗产债务清偿，如德国、荷兰立法。最后，关于其他普通债务的清偿规则，前述域外立法分为两种原则，一是按照报明债权的顺序清偿，如法国继承编之规定；二是按照债权比例受偿，如德国、日本、瑞士、加拿大魁北克省。笔者认为，按照报明债权的顺序受偿，虽有利于督促遗产债权人及时申报债权，但是，这会导致部分债权人的利益受损。而按照债权比例受偿则有利于公平保障普通债权人的利益。

[①]　参见张钦昱：《破产优先权之限制理论研究》，法律出版社2016年版，第215-217页。

（六）被继承人生前所欠的罚款、罚金等其他公法债务之清偿顺序

前述域外立法中，德国、日本破产法都明确规定行政罚款与刑事罚金属于劣后债权，其他国家都未作出明确规定。笔者认为，行政罚款与刑事罚金是对被继承人的惩罚，具有一定的人身专属性。在遗产不足以清偿债务的情况下，此类债务应当劣后清偿。否则，就会损害其他普通债权人的利益，故德国、日本立法可值借鉴。

第三节　我国遗产债务清偿顺序制度立法完善之思考

本节针对我国遗产债务清偿顺序立法之不足，吸收域外立法有益经验，结合我国遗产债务清偿顺序的民众观念与民间习惯，参考学者观点，在前人研究成果的基础上，提出完善我国遗产债务清偿顺序的构想。

一、我国遗产债务清偿顺序立法学者观点考察与评析

关于遗产债务清偿顺序，学者观点不一，目前学界主要有"四顺序说"①

---

① "四顺序说"有两种：（1）张玉敏等学者主张的四顺序为：①遗产管理费用；②被继承人生前扶养的、无劳动能力的人的必要的生活费用；③被继承人生前所负债务；④遗赠。参见张玉敏主编：《中国继承法立法建议稿及立法理由》，人民出版社2006年版，第7页；参见张玉敏：《继承法律制度研究》，华中科技大学出版社2016年版，第92页。（2）房绍坤主张的四顺序为：①合理的丧葬费用；②遗产管理费、遗嘱执行费等继承费用；③被继承人的生前债务及家庭债务中应当由遗产承担的债务；④被继承人生前欠缴的税款。参见房绍坤：《继承制度的立法完善——以〈民法典继承编草案〉为分析对象》，载《东方法学》2019年第6期。

"五顺序说"① "六顺序说"② "八顺序说"③ "九顺序

---

① "五顺序说"有四种：（1）王利明等学者主张的五顺序为：①继承费用，但是因继承人和遗产管理人过失而支出的费用不属于继承费用，由负有过失的继承人和遗产管理人承担；②遗产税；③被继承人生前所欠的债务；④遗产酌给债务；⑤因特留份扣减权、遗赠等产生的债务。对遗产享有担保物权的债权人可申请就担保物优先受偿。参见王利明主编：《中国民法典学者建议稿及立法理由·人格权编、婚姻家庭编、继承编》，法律出版社2005年版，第624页。（2）杨立新主张的五顺序为：①必留份之债；②合理的丧葬费用；③遗产管理费或遗嘱执行费等继承费用；④被继承人的生前债务及家庭债务中应当由遗产承担的债务、有证据证明遗赠扶养协议的受遗赠人履行了扶养义务的遗赠扶养协议之债、被继承人生前欠缴的税款。参见杨立新：《民法典继承编草案修改要点》，载《中国法律评论》2019年第1期。（3）王歌雅主张的五顺序为：①合理的丧葬费用、遗产管理费用、遗嘱执行费用等继承费用；②被继承人生前欠缴的税款；③被继承人生前所负债务；④遗赠扶养协议与继承扶养协议之债；⑤遗赠之债。即使遗产不足以清偿债务和税款，也应当为既无劳动能力又没有生活来源的继承人保留必要的份额。遗产不足以清偿全部遗产债务时，同一顺序的债权按比例受偿。参见王歌雅：《〈继承法〉修正：体系建构与制度选择》，载《求是学刊》2013年第2期。（4）陈甦主张的五顺序为：①合理的丧葬费用、遗产管理费用、遗产执行费用等继承费用；②被继承人生前所欠的劳务工资，以及为维持生活所需的酌给遗产之债；③被继承人生前所欠税款及社会保险费用；④被继承人生前所负的其他个人债务，以及根据遗赠扶养协议应向受遗赠人给付的财产；⑤根据遗嘱应向受遗赠人给付的财产。遗产不足以清偿全部遗产债务时，同一顺序的债权按比例受偿。遗嘱中指定特定财产为遗赠物的，非为偿还在先顺序的遗产债务的必要，不得进行处分。有缺乏劳动能力又没有生活来源的继承人的，即使遗产不足以清偿债务，也必须为其保留必要的遗产份额。参见陈甦主编：《中国社会科学院民法典分则草案建议稿》，法律出版社2019年版，第425页。

② "六顺序说"有两种：（1）汪洋主张的六顺序为：①继承费用和共益债务，在遗产不足以清偿时，优先清偿继承费用。②必留份、遗产酌给之债、人身损害赔偿、劳动报酬、社会保险费与经济补偿金等保障基本生存权益的债务。在遗产不足以清偿时，按照比例清偿。③有担保债权的债务。④税收债务、其他劳动债务、合同债务、财产侵权债务、无因管理和不当得利债务、遗赠扶养协议之债、对被继承人生前抚养较多的遗产酌给份等有偿性的债务等普通债务。⑤为侵权性惩罚赔偿金、行政罚款、刑事罚金等惩罚性债务。⑥遗赠与遗嘱继承。参见汪洋：《遗产债务的类型与清偿顺序》，载《法学》2018年第12期。（2）杜江涌主张的六顺序为：①共益费用。②确为维持生存所需要的特留份、酌给遗产之债。③遗赠扶养协议之债。④劳动债权。⑤死者生前所欠的第三、第四顺序以外的债务。⑥遗赠。参见杜江涌：《遗产债务法律制度研究》，群众出版社2013年版，第229页。

③ 安宗林等学者主张的八顺序为：（1）继承费用；（2）必留份之债；（3）有物权担保的债权；（4）职工工资、医疗、伤残补助、抚恤费用，以及应当划入职工个人账户的基本养老保险费用、基本医疗保险费用等；（5）税款等公法债务、被继承人生前所欠的其他普通债务；（6）遗赠扶养协议之债；（7）遗产酌给之债；（8）遗赠之债。参见安宗林等：《继承法修订难点问题研究》，山东人民出版社2017年版，第169－170页。

说"① "十顺序说"② 等观点。对于每个清偿顺位的具体债务类型，主要异同体现在以下五个方面：

（一）担保之债、继承费用以及与生存权益相关的债务之清偿顺序

关于与生存权益相关的债务与担保之债的清偿顺序，学者观点的分歧是：（1）先于继承费用与共益债务以及担保之债，应当作为第一顺位，持此种观点的学者有张力、陈甦等学者。（2）在继承费用与共益债务之后，担保债务之前，即作为两者的中间顺位，持此种观点的有汪洋、安宗林等学者。安宗林等学者认为，必留份应当在继承费用后受偿，而劳动债权、伤残补助等人身侵权之债则在担保之债后受偿。另外，张玉敏、王歌雅、杜江涌认为必留份之债应当在继承费用与共益债务之后清偿。（3）在继承费用、共益债务及担保之债后第三顺位清偿，持此种观点的有陈苇。

前述学者之观点的差异，首先，基于生存权益是否可以打破担保之债的优先效力。前述有学者将必留份之债、人身损害赔偿

---

① 张力主张的九顺序为：（1）酌分遗产之债、为维护生存所需的特留份之债、被继承人生前的人身侵权之债、工资等劳动报酬之债；（2）继承费用，但是丧葬费用除外；（3）被继承人生前所欠的医疗费、无因管理债务、遗赠扶养协议之债等因护理、扶助、赡养而形成的有对价的债务；（4）附特殊优先权即其他附担保物权的生前债务；（5）被继承人生前所欠国家的税、费、罚款等；（6）其他有对价的生前债务；（7）征收遗产税，则作为普通债权；（8）生前赠与及其他生前成立的没有对价的债务；（9）遗赠债务。参见张力：《遗产债务的清偿顺序》，载《广西社会科学》2003年第1期。

② 陈苇主张的十顺序为：（1）继承费用与共益费用；（2）在税款之前发生的有担保的债务；（3）必留份之债、工资和劳保费用以及为维持生活所必需的遗产酌给之债等；（4）应当缴纳的税款；（5）在税款之后发生的有担保的债务；（6）普通债权；（7）遗赠扶养协议之债；（8）对被继承人尽了较多扶养义务之人的遗产酌给之债；（9）特留份之债（前提是我国法律增设了特留份制度）；（10）遗赠之债。如果同一顺序不足清偿的，按照比例进行清偿。参见陈苇：《我国遗产债务清偿顺序的立法构建》，载《法学》2012年第8期。

之债、劳动债权、维持生存所需的遗产酌给之债置于不同的清偿顺位。笔者认为，这些债务都关系到债权人的生存权益，不应当有先后之分，人的生存权益都是相同的。因此，涉及生存权益的此类债权应当位于同一清偿顺序。此外，物的担保是指以债务人或第三人的特定财产确保债权实现，享有财产担保的债权人较之其他债权人，其对特定财产具有排他性的优先受偿权。并且，债的担保具有独立性，担保合同属于一个独立的法律行为。[①] 换言之，在物的担保中，无论是抵押权还是质押权，享有此权利的是被继承人的债权人，而且担保是被继承人已经完成的财产处分，如果打破担保物权的优先性，不但不利于维护交易安全，也会导致物权法与继承法的不一致。更何况，实现担保的权利在债权人一方，故实际上担保之债的标的物已经从遗产中分离，因此，在担保物权人没有实现其担保物权之前，其他遗产债权人只能就遗产的其他财产受偿。因而，笔者认为，担保之债优先受偿是债法的基本原理，其不会与继承费用、前述与生存权益相关的债权产生矛盾。

其次，与生存权益有关的遗产债务与继承费用的清偿顺序，主要有：（1）优先于继承费用清偿。其一，只是必留份之债优先于继承费用、丧葬费，杨立新、王歌雅、陈甦等学者持此观点；其二，所有与生存权益相关的遗产债务都优先于继承费用受偿，汪洋、张力等学者持此观点。（2）后于继承费用清偿。陈苇、安宗林等学者持此观点。笔者认为，继承费用是为全体继承人与遗产债权人的利益而支出的费用，是继承人死亡后管理遗产必不可少的。故继承费用应随时偿付，优先于其他债务，担保债权除外。

最后，与生存权益相关的债务包括必留份之债、维持生存所需的遗产酌给之债、劳动债务、人身侵权之债等内部之间的清偿

---

① 参见沈幼伦：《债法原理》，格致出版社、上海人民出版社2010年版，第118-119页。

顺序，对此学者观点分为三种：（1）只将必留份之债置于第一顺序清偿，其他涉及生存权益的债务作为普通债务。持此观点的有杨立新、王歌雅等学者。（2）将所有涉及生存权益的债务置于同一顺位清偿，持此观点的有张力、汪洋、陈苇等学者。张力主张优先于继承费用，汪洋主张优先于担保之债。（3）必留份之债、劳动债务、为维持生存需要的遗产酌给之债不位于同一顺序清偿。此种观点存在以下主张：其一，安宗林等学者认为，必留份应当在继承费用后，担保债权之前受偿，而劳动债权、伤残补助等人身侵权之债则在担保之债后受偿。陈甦等学者认为必留份优先于继承费用，劳动债务以及维持生存所需的酌给遗产之债位于继承费用之后清偿。笔者认为，前述劳动者的工资、社会保险费用、必留份以及维持生存所需的遗产酌给之债都涉及特定主体的生存权益，生命是等价的，故此类债务不宜有先后之分。

（二）担保之债与税款债务的清偿顺序

关于担保之债与税款债务的清偿顺序，前述学者观点的主要争议是：（1）税款后于担保之债受偿。持此观点的有房绍坤、王利明、杨立新、王歌雅、杜江涌、安宗林、张力等学者。（2）根据税款发生的时间，先于担保之债发生的，在担保之债前受偿，反之，则担保之债优先受偿。持此观点的是陈苇。

笔者认为，关于担保之债与税收债务的清偿顺序，虽然我国2015年修正的《税收征收管理法》规定了纳税人欠缴的税款如果在其设定财产担保的顺序之前，其应当优先于担保物权执行。但若担保物权人是善意的，其对被继承人欠缴税款并不知情，此时就会损害善意的担保物权人的合法权益，况且在设定担保物权之前，让担保物权人去查询被继承人的所有财产，以确定自己的担保物权是否会因其欠缴税款而受到影响是不现实的。此外，即便立法规定税务机关对纳税人欠缴税款的情况定期予以公告，税收的发生也并没有与物权登记类似的公示制度，再加上纳税义务可能会因为纳税人的某种所得或行为的发生而发生。第三人无从知悉这种优先权所保障的债权数额。更何况如果纳税人希望促成自己与第三人的交易，其就不可能有意透露自己欠缴税款的情况。因此，不能为了保障税收的安全而以牺牲市场交易安全为代价，这是得不偿失的。① 故担保之债仍然应具有其本身的优先效力。

（三）国家税款与普通债务的清偿顺序

关于被继承人应当缴纳的税款的清偿顺位，前述学者观点主要的争议是：（1）税款优先于其他普通债务受偿，持此观点的有王歌雅、陈甦、张力、陈苇等学者，其中陈苇主张发生在担保之债前的税款优先于担保之债受偿。（2）税款作为普通债务，与其他普通债务的清偿顺序相同，持此观点的有张玉敏、安宗林、汪洋等学者。（3）税款的清偿顺序在普通债务之后，持此观点的有房绍坤、王利明、杨立新等学者。

笔者认为，税款应当作为普通债务。税收体现公共利益是毋庸置疑的，然而公益价值并非是绝对价值。税收机关优先得到受偿，也意味着其他债权人的损失，这很可能会导致其他私法债权人参与市场交易的积极性降低，影响市场经济的正常运行。② 正如博登海默所言："平等、自由、安全和公共利益都不应当被假设为绝对价值，因为它们都不能孤立地、单独地编写为终极和排他的法律理想。所有上述价值既相互结合又相互依赖，因此在建构一个成熟和发达的法律体系时，我们必须将它们置于适当的位置之上。"③ 所以，从利益衡量的角度进行考虑，国家税款不应享有优先权，而应与普通债务置于同一清偿顺序。

---

① 参见熊伟、王宗涛：《中国税收优先权制度的存废之辩》，载《法学评论》2013年第2期。

② 参见熊伟、王宗涛：《中国税收优先权制度的存废之辩》，载《法学评论》2013年第2期。

③ 参见［美］E. 博登海默：《法理学：法律哲学与法律方法》，中国政法大学出版社2004年版，第219页。

（四）除涉及生存权益外的其他普通债务的清偿顺序

继承开始时的遗产债务包括遗产酌给之债、特留份之债、遗赠之债等。此外，遗赠扶养协议虽然是在签订时生效，但是，扶养人的受遗赠权是在被继承人死亡后产生的。

关于遗赠扶养协议之债的清偿顺序，前述诸学者的观点主要争议是：（1）遗赠扶养协议之债作为普通债务，持此种观点的有张玉敏、王利明、杨立新、汪洋等学者。（2）遗赠扶养协议之债在其他有对价的普通债务之后清偿，持此种观点的有王歌雅、安宗林、陈苇等学者。（3）遗赠扶养协议之债在其他有对价的普通债务之前受偿，持此种观点的有杜江涌、张力等学者。笔者认为，虽然遗赠扶养协议是一种特殊的合同，但是，如果扶养人尽了生养死葬义务，则此债务应当与其他有对价的普通债务相同，置于同一顺序清偿。

关于尽扶养义务较多的遗产酌给之债的清偿顺序，主要存在以下争议：（1）与其他有对价的普通债务同一顺序清偿，持此种观点的有王利明、汪洋、陈甦等学者，其中王利明认为两种遗产酌给之债都应当在此顺序清偿；（2）在普通债务之后、遗赠债务之前受偿，持此种观点的有安宗林、陈苇，其中安宗林认为两种遗产酌给之债都应在此顺序清偿。在我国遗产酌给之债分为两种，一种是受被继承人扶养的人的遗产酌给份额，另一种则是对被继承人尽扶养义务较多的遗产酌给份额。这两种遗产酌给份额所体现的价值不同，第一种是为保障弱者之生存利益，第二种则是对被继承人扶养较多的人的一种鼓励，在一定程度上体现了权利与义务相一致原则。因此，遗产酌给之债不应统一都在同一顺位清偿。笔者认为，不宜将尽扶养义务较多的人的遗产酌给之债与普通债务置于同一清偿顺序，这会侵害被继承人债权人的合法权益，故此类债务置于普通债务之后清偿较为适宜。

关于特留份之债的清偿顺序，前述主张设立特留份制度的学者分为三种观点，第一种是特留份在遗赠之前清偿，持此种观点的有陈苇；第二种则是特留份与遗赠处于同一清偿顺序，持此种观点的有王利明；第三种则是为生存所需的特留份应当作为第一顺位清偿，持此种观点的有张力。笔者认为，特留份是法律强制规定必须为继承人所保留的份额，不应当与遗赠置于同一顺位，应当在遗赠之前受偿。

关于遗赠之债的清偿顺序，前述学者观点中，都主张将遗赠置于最后顺位清偿，因遗赠是立遗嘱人对受遗赠人进行的赠与，是一种无对价的债务，故应最后受偿。但汪洋认为，遗赠与遗嘱继承处于同一清偿顺序，而其他学者没有规定遗嘱继承，显然没有将遗嘱继承人作为遗产债务。笔者认为，遗赠与遗嘱继承是不同的，因为在我国，遗赠只能是赠与积极财产，而不能使受遗赠人负担债务，而遗嘱继承人为概括继承人，其既要继承积极遗产，也要承受消极遗产。[①] 故遗嘱继承不宜列入遗产债务的范畴，也不应与遗嘱继承处于同一清偿顺序。

（五）惩罚性债务的清偿顺序

关于惩罚性债务的清偿顺序，汪洋、张力等学者特别指出罚款等债务的清偿顺序，其中张力认为，税收、罚款置于同一顺位清偿。汪洋认为，惩罚性债务分为侵权惩罚性赔款、行政罚款和刑事罚金，并且此类债务应当在遗赠之前，普通债务之后受偿。在惩罚性债务中，民事责任优先于行政责任或刑事责任，这是我国法律之规定。而之所以惩罚性债务劣后，原因是惩罚性债务规范的目的已经超出填补损害的功能，如果将其与普通债务置于同一清偿顺位，在遗产不足时，实际上惩罚的是其他遗产债权人，不利于保护普通债权人的利益，而且侵权人已经死亡，无法达到惩戒和警告侵权人的目的。[②] 笔者认为，民事上的惩罚性赔偿、行

---

① 参见郭明瑞、房绍坤、关涛：《继承法研究》，中国人民大学出版社 2003 年版，第 162 页。

② 汪洋：《遗产债务的类型与清偿顺序》，载《法学》2018 年第 12 期。

政罚款和刑事罚金应劣后清偿。

二、我国遗产债务清偿顺序制度立法完善构想

（一）我国遗产债务清偿顺序的立法模式

关于遗产债务清偿顺序的立法模式，笔者认为，从域外立法看，我国可借鉴荷兰、埃塞俄比亚等国集中式的立法模式，使民众对遗产债务的清偿顺序一目了然，既可以避免民众对遗产债务清偿顺序的认识混淆，也能防止在司法实践中出现同案不同判的现象。

（二）确定遗产债务清偿顺序的原则

正如有学者所言，"整个债法体系以及包括侵权之债在内的债务清偿制度，是建立在债务人具有清偿能力之一假定之上。因此，民法关于债务清偿的规范，除了争议较大的优先权制度外，大多不考虑债务人缺乏清偿能力之情形，不考虑在这种情形下如何合理配置不同类型债权人之间破产财产的受偿顺位问题，这个问题留给了破产法"[1]。2018年《全国法院破产审判工作会议纪要》第28条规定，对于法律没有明确规定清偿顺序的债权，人民法院可以按照人身损害赔偿债权优先于财产性债权、私法债权优先于公法债权、补偿性债权优先于惩罚性债权的原则合理确定清偿顺序。当前，在继承法领域，遗产不足以清偿全部债务时，则面临同样的问题。故在确立遗产债务清偿顺序时，也应遵循同样的原则。此外，在继承领域，遗产具有家庭扶养的职能，因此，在遗产不足以清偿全部债务时，还要考量家庭中的弱势群体利益的保障问题。

1. 继承费用优先支付

继承开始后，遗产清算过程中产生继承费用是必然的，从其

---

[1] 韩长印、韩永强：《债权受偿顺位省思——基于破产法的考量》，载《中国社会科学》2010年第4期。

性质看，这些费用可能是遗产本身的耗费，也可能是公益费用，目的是保障遗产债务清偿程序顺利进行，维护全体遗产债权人和继承人的利益。[①] 从域外立法看，除瑞士外，其他国家都明确规定继承费用与共益债务优先受偿。从我国民众观念与继承习惯看，在十省市被调查地区，有二成至三成的被调查民众认为遗产管理费用应优先于其他债务清偿，并且二成以上的被调查民众所在地区存在此种处理习惯（见表6-1、表6-2）。从学者观点看，张玉敏、王利明、杨立新、王歌雅、汪洋等学者都主张继承费用应优先支付。从我国现行立法看，遗产债务清偿程序中的继承费用、共益费用与破产程序中的破产费用、共益债务类似，我国现行《企业破产法》明确规定了应在破产债权之前予以清偿。因此，在遗产债务清偿中产生的继承费用也应当坚持优先支付、随时清偿的原则。反之，如果继承费用不随时支付，可能不利于遗产的管理，会降低遗产债务清偿过程中的效率，在管理费用无法得到偿付的情况下，更不利于提高相关人员工作的积极性。

此外，关于丧葬费用的清偿顺序，如前所述丧葬费用有条件地纳入遗产债务的范围，在出现无继承人的情况下，丧葬费用才由遗产负担。对于由遗产负担时丧葬费用的清偿顺序，从民众观念与民间习惯看，五成至八成的被调查者都认为丧葬费用应第一顺序清偿，并且五成至八成的被调查民众所在地区中存在第一顺序清偿丧葬费用的习惯（见表6-1、表6-2）。从我国学者观点看，杨立新、王歌雅等都主张丧葬费用应优先于其他债务清偿。笔者认为，若丧葬费用从遗产中支付，应首先支付丧葬费用，这也是伦理性的要求。

2. 保护生存权益

"长期以来，家庭一直被视为公民社会的基石，因此，法律机

---

① 参见姜大伟：《我国遗产债务清偿顺序探析》，载《湖北社会科学》2012年第10期。

构，包括我们的继承制度，都在努力保护那些在遗产分配法和遗嘱法中有突出政策的人。"① 生存权是人维持或保存自身生命的权利，其中获得温饱权是维持生命的第一需要，是生存权的首要内容，解决温饱问题是人的最基本的要求，也是最低限度的要求。② 身体健康是人的基本需要，而生存是身体健康需要的底线。③ 换言之，人的基本生存权益在所有价值中处于优先地位。而财产是生存权实现的物质条件。④ 如前所述，在遗产债务中，与生存权益密切相关的有必留份之债，维持生存所需的遗产酌给之债，劳动者的报酬、社会保险费、补偿金等劳动债务以及人身侵权之债等四种。

首先，关于必留份之债与维持生存所需的遗产酌给之债，必留份之债是针对既缺乏劳动能力也没有生活来源的继承人，维持生存所需的遗产酌给之债是针对受被继承人扶养的人，这两者是被继承人扶养义务的延续。从域外立法看，日本规定日常用品的先取特权、瑞士将家庭成员间的扶养费和扶助请求权置于第一清偿顺序，这都体现了维护特定主体生存权益的原则。而其他国家对此无明确规定，原因之一是其社会保障制度较为完善。从我国实际情况看，鉴于我国当前的社会保障体系仍然不够健全，遗产需要发挥扶养职能，通过遗产延续被继承人的生前扶养行为，对维持这些人的生存利益具有紧迫性与现实意义。⑤ 此外，家庭作为社会的细胞，担负着养老育幼的职能。自然人生前所担负的扶养义务，在其死亡后应用遗产来继续履行。因此，将遗产遗留给

---

① Richard F. Storrow,"Family Protection in the Law of Succession:The Policy Puzzle," *Northeastern University Law Review*, Vol. 11, No. 1, 2019, p. 100.

② 参见卓泽渊：《法的价值论》（第三版），法律出版社 2018 年版，第 302-303 页。

③ 参见［英］莱恩·多亚尔、伊恩·高夫：《人的需要理论》，汪淳波、张宝莹译，商务印书馆 2008 年版，第 63、217 页。

④ 参见徐显明：《生存权论》，载《中国社会科学》1992 年第 5 期。

⑤ 参见汪洋：《遗产债务的类型与清偿顺序》，载《法学》2018 年第 12 期。

"双缺乏"人员，是对此类继承人生活的保障，也有效协调了个人利益与公共利益，是中华民族养老育幼传统美德的实践，也是为国家、社会排忧解难的体现。① 因此，必留份之债、为维持生存所需的遗产酌给之债应优先于其他普通债务清偿。

其次，关于劳动债务，从我国司法实践看，法院参照破产法的规定将劳动者的工资置于第一清偿顺序；从域外立法看，法国、日本、加拿大魁北克省将劳动债务列为优先权债务，瑞士将劳动债务置于第一清偿顺序。虽然德国等已经不再赋予劳动债权优先受偿顺位，但其建立了新的保护劳动者债权模式。笔者认为，当前我国尚未建立保护劳动者的相应机制，故在目前情况下，遗产不足以清偿债务时，被继承人生前所欠的与生存权益有关的劳动债务应当予以优先清偿，而不能与其他普通债务置于同一顺位清偿。对此，我国大部分学者也主张劳动债务应优先于其他普通债务受偿。

最后，人身侵权之债。人身侵权之债涉及被侵权人的医疗费、护理费、交通费、营养费、住院伙食补助费、误工费、残疾赔偿金、死亡赔偿金以及被扶养人生活费等内容。② 故有学者提出，"人身侵权的上述赔偿既因人身侵害而生，又是为维持受害人后续康复或者发展所必需。如果受害人不能及时充分地得到赔偿，则其人身利益必然会受到消极影响，甚至有致残危险，威胁到被害人的活动自由"③。此外，被侵权人所受伤害还可能关系到其所扶养人的生存权益。从域外立法看，法国将丧葬费用、劳动事故发生后的相关费用作为担保之债，可供我国立法借鉴。从我国学者观点看，张力、汪洋等学者主张人身侵权之债优先于其他普通债

---

① 参见王歌雅：《论继承法的修正》，载《中国法学》2013年第6期。

② 参见《民法典》第1179条；参见程啸：《侵权责任法教程》（第三版），中国人民大学出版社2017年版，第366页。

③ 参见韩长印、韩永强：《债权受偿顺位省思——基于破产法的考量》，载《中国社会科学》2010年第4期。

务受偿。因为当代民法所秉承的是人本主义理念和精神，应当将生存权益优先作为首要原则。而且与合同之债、财产侵权之债相比，此类债权对人的生存更重要。①

综上所述，在遗产债务清偿顺序中，与生存权益相关的遗产债务优先于其他普通债务清偿，可以保障弱者的生存权益，秉承继承伦理情怀，以实现其功用价值。因为"《民法典·继承编》需要引导民众确立并保持私益与公益兼顾的价值取向，以达至对相关继承规范的践履。继承法文化的本质是一种精神，是一种公平公正的秩序，是一种'底线伦理'"。②

3. 税收债务与普通私法债务应当平等受偿

被继承人生前所负的债务分为两种，一种是平等当事人之间的私法债务，另一种则是所欠的税款、罚款、罚金等债务。税收之债是典型的公法之债，在被继承人的遗产不足以清偿债务时，税收债务便与普通的私法债务发生冲突。从我国民间习惯看，除重庆、四川外，其他八省市有一成至四成的民众将税款受清偿的顺序列在第四、五、六顺序（见表6-2）。从域外立法看，日本将税收作为劣后债务，瑞士与普通债务置于同一清偿顺序，可供我国立法借鉴。从学者观点看，张玉敏、安宗林、汪洋、张力等主张税款与普通债务同一顺序清偿。笔者认为，税收债务应当与普通债务处于同一清偿顺位。因为若将税收优先于普通债务清偿，税收优先权的行使会对市场经济中的民事主体产生损害，尤其是对交易安全产生影响，也不利于提高经济运行的效率。③

4. 有偿之债优先于无偿之债

如前所述，遗产债务中的普通债务包括被继承人生前所欠的

---

① 参见冯辉：《破产债权受偿顺序的整体主义解释》，载《法学家》2013年第2期。

② 王歌雅：《〈民法典·继承编〉：编纂争议与制度抉择》，载《法学论坛》2020年第1期。

③ 参见张守文：《论税收的一般优先权》，载《中外法学》1997年第5期。

合同之债、财产侵权之债、不当得利之债、无因管理之债、遗赠扶养协议之债、尽扶养义务较多之人的遗产酌给之债等。这些债务都是有对价的，尤其是不能因遗赠扶养人的受遗赠请求权与遗产酌给请求权在继承开始后成立，就将这些置于被继承人生前所欠债务之后的顺位，这对于遗赠扶养人和尽扶养义务较多之人而言是不公平的。

首先，关于遗赠扶养协议之债，在遗产不足以清偿债务时，如果将遗赠扶养协议之债置于普通债务之后，遗赠扶养人很可能无法得到清偿，这不利于遗赠扶养协议制度功能的实现。此外，遗赠人在生前即对扶养人享有扶养请求权，扶养人在遗赠人死后才取得受遗赠的权利。扶养人在遗赠人生前对遗赠财产并没有权利，故扶养人和遗赠人权利的产生具有异时性，这本身就会导致扶养人和遗赠人利益关系的失衡。[1] 如果再因扶养人权利产生的滞后性而使其后于普通债务，对扶养人而言更加失衡。

其次，关于对被继承人扶养较多的人之遗产酌给之债，对被继承人扶养较多的人，实际上他们承担了国家扶养、社会扶养、宗教扶养、亲属扶养等没有覆盖到的义务，此扶养义务不是由雇用关系产生的，而是无偿的。家庭成员之间互相扶助虽然应得到鼓励，然而法定继承人的范围确定并且是有限的，对于为家庭付出较多的非法定继承人予以一定的报偿，才能使遗产分配更加公平合理，也才符合权利与义务相一致的原则。[2] 从民众观念与民间习惯看，被调查地区的民众都主张对被继承人尽扶养义务较多的人的遗产酌给份额的清偿顺序位于被继承人的欠债之后，并且民众在清偿遗产债务时也存在此种习惯（见表6-1、表6-2）。笔者认为，对被继承人扶养较多的人的遗产酌给之债应当是有对价的，

---

[1] 参见缪宇：《遗赠扶养协议中的利益失衡及其矫治》，载《环球法律评论》2020年第5期。

[2] 参见李佳伦：《民法典编纂中遗产酌给请求权的制度重构》，载《法学评论》2017年第3期。

但对遗产酌给份的给付是道义上的，故应后于普通债务清偿。

最后，关于遗赠之债，遗赠具有无偿的性质，是被继承人对受遗赠人的财产给予，因此与继承开始前成立的债务不同。[①] 与普通债务相比，若无偿性债务没有得到清偿，其产生的后果仅是权利人的财产没有获得预期增益，并没有损害固有财产的权益。[②] 因此，遗赠的清偿顺位应当劣后于有对价的普通债务。从域外立法看，前述域外立法都规定遗赠最后受偿。笔者认为，既然遗赠是立遗嘱人的无偿性赠与，就应在清偿其他遗产债务后，再从遗产中给付。

5. 惩罚性债务劣后于补偿性债务

从域外立法看，德国将罚款等惩罚性债务列于后顺位债务，日本将罚款等作为劣后债务清偿。从我国现行立法看，补偿性债权优先于惩罚性债权是 2018 年《全国法院破产审判工作会议纪要》中对于破产债权中法定顺序以外债权的一项清偿原则。该纪要第 28 条指出，因债务人侵权行为造成的人身损害赔偿可以参照《企业破产法》第 113 条所规定的职工债权顺序清偿，即为第一清偿顺序，但惩罚性赔偿除外。破产财产依照《企业破产法》第 113 条规定的顺序清偿后仍有剩余的，可依次用于清偿破产受理前产生的民事惩罚性赔偿金、行政罚款、刑事罚金等惩罚性债权。此外，《最高人民法院关于依法审理和执行被风险处置证券公司相关案件的通知》第 5 条明确规定，刑事判决中的罚金、没收财产等处罚，必须在破产程序中的债权人的债权全部受偿后才能执行。[③]

---

① 参见张玉敏：《继承法律制度研究》，华中科技大学出版社 2016 年版，第 93 页。

② 参见汪洋：《遗产债务的类型与清偿顺序》，载《法学》2018 年第 12 期。

③ 《最高人民法院关于依法审理和执行被风险处置证券公司相关案件的通知》规定："五、证券公司进入破产程序后，人民法院作出的刑事附带民事赔偿或者涉及追缴赃款赃物的判决应当中止执行，由相关权利人在破产程序中以申报债权等方式行使权利；刑事判决中罚金、没收财产等处罚，应当在破产程序债权人获得全额清偿后的剩余财产中执行。"

该规定肯定了惩罚性债务的劣后清偿地位。[1]

由此观之，惩罚性债务劣后清偿已经成为我国立法的一项原则。其原因有三：第一，侵权请求权等补偿性债权针对的是侵害民事权利的救济权，其担负着恢复私人权利、平复被侵权人损害的职责，国家应优先保障私人权利。[2] 第二，惩罚性债务具有特定的对象，是司法机关针对被继承人作出的民事、行政或刑事处罚措施，处罚对象是不可替代的。[3] 第三，惩罚性债务已经超出了填补损害的功能，若将惩罚性债务与普通债务置于同一清偿顺序，当遗产不足以清偿债务时，损害的则是被继承人债权人的利益，间接惩罚的是遗产债权人。[4] 这对遗产债权人而言是不公平的，不应让遗产债权人为被继承人的错误买单。

（三）我国遗产债务的具体清偿顺序

笔者认为，在遗产不足以清偿债务时，应当按照下列顺序清偿：

第一顺序：继承费用。

第二顺序：与生存权益密切相关的债务，包括必留份之债、维持生存所需的遗产酌给之债、劳动者的报酬、社会保险费等劳动债务以及人身侵权之债。

第三顺序：被继承人生前产生的合同之债、财产侵权之债、无因管理之债、非涉及生存权益的劳动债务、没有完全受偿的担保之债、不当得利之债与遗赠扶养协议之债等普通债务以及税收债务等。

第四顺序：惩罚性债务，包括民事上的惩罚性赔偿金、行政

---

① 参见王卫国：《破产法精义》（第二版），法律出版社 2020 年版，第 365-366 页。

② 参见杨立新：《论侵权请求权的优先权保障》，载《法学家》2010 年第 2 期。

③ 参见王欣新：《破产法》（第四版），中国人民大学出版社 2019 年版，第 236-237 页。

④ 参见汪洋：《遗产债务的类型与清偿顺序》，载《法学》2018 年第 12 期。

罚款与刑事罚金。

第五顺序：对被继承人尽扶养义务较多的遗产酌给之债。

第六顺序：遗赠之债。

若没有负担丧葬费用的继承人，丧葬费用与继承费用从遗产中优先支付。

遗产不足以清偿同一顺序的遗产债务的，按照债权的比例清偿。

结　　语

　　遗产债务清偿制度是我国《民法典》继承编的重要组成部分，在当前以个人信用为基础的社会中，被继承人所遗留的债务以及因遗产处理需要由遗产支付产生的债务必须进行清偿，才能维持社会秩序。"人死债消"不能成为继承人逃避债务的理由。对此，《民法典》继承编已经设立了相应的清偿规则。但是，现有规则仍存在不足，无法实现平等保护继承人与遗产债权人等利害关系人利益的目的，这有待于未来对相关立法进行补充完善。故针对我国遗产债务清偿制度之不足，提出如下立法完善建议条文。

　　第一，涉及遗产债务范围制度的立法完善建议。

　　遗产债务是指应当由遗产负担的债务。除被继承人生前所欠债务，包括医疗费用外，继承开始时产生的债务，如必留份、遗产酌给份、遗赠扶养协议中应给付扶养人的标的等应由遗产负担的款项，以及遗嘱执行费、遗产管理费等继承费用均属于遗产债务。

　　被继承人的丧葬费用由继承人负担，没有继承人时，从遗产中支付，但法律有特别规定另有支付人的除外。

　　第二，涉及遗产债务申报通知与公告制度的立法完善建议。

　　在继承开始后 7 日内，知道被继承人死亡的遗产管理人应当对已知的遗产债权人、受遗赠人等遗产利害关系人发出通知，告知被继承人死亡的事实，要求遗产债权人及其他遗产利害关系人在60 日内申报对遗产的权利。

对未知的遗产债权人，遗产管理人应当发出公告，公告可以采取在社区公告栏张贴的方式，也可以通过在报纸、网络等发布的方式，还可以向法院申请公示催告。公告的内容与前款相同，公告的期限不得少于 60 日。

申报期间届满前，遗产管理人应当拒绝清偿遗产债务。

前款申报期间届满后，遗产管理人应按照法律规定清偿遗产债务。未到期的或者附条件的遗产债务，应保留相应的遗产份额，由遗产管理人或其指定的继承人进行保管，待期间届满或条件成就后再进行清偿。

遗产管理人未履行通知义务，或未按时发出公告，或未向法院申请公示催告的，对于由此造成的损害，承担赔偿责任。受到损害的遗产债权人等遗产利害关系人，可以向恶意的受偿人请求返还财产。

未在法定期限内申报权利，且为继承人所不知的遗产债权人，仅能就剩余财产行使权利。

第三，涉及遗产债务清偿责任制度的立法完善建议。

继承人对遗产债务在遗产范围内承担清偿责任。

继承开始后，继承人应协助遗产管理人制作遗产清单，将已知的遗产状况如实告知遗产管理人。

在制作遗产清单时，应该有两名无利害关系的见证人或两名公证员在场见证。遗产清单的内容应当逐一登记写明被继承人的遗产和债务的种类、数量和价值。

继承开始时 3 个月内，遗产管理人应制作完成遗产清单。在特殊情况下，遗产管理人可以向法院申请延长期限，但延长的期限不得超过 3 个月。

遗产管理人应当将制作完成的遗产清单的副本交给继承人，以便继承人了解遗产的情况。遗产利害关系人可以凭证明遗产权利的文件查阅遗产清单。

遗产利害关系人在查阅后，可以对遗产清单提出异议。如核实确属制作有误，遗产清单的制作人对该异议应当在 1 个月内对遗产清单有误的内容进行修正，并给予答复；如其没有在法定期限内作出答复的，异议人可以向人民法院提起诉讼。

继承人故意制作不实遗产清单的，应当对被继承人的债务承担无限清偿责任，并且此种责任不得被放弃。

如果继承人以外的人制作不实遗产清单的，对继承人或遗产债权人造成损害的，应该承担损害赔偿责任。

对于非故意漏记重要遗产的，遗产清单制作人应当对遗产清单进行修正，如果对遗产或遗产债权人已造成损害的，应当承担赔偿责任。

有下列情形之一的，继承人对遗产债务承担无限清偿责任：

（一）隐匿、转移遗产的；

（二）在遗产清单中虚构遗产债务或者故意漏记重要遗产的；

（三）擅自处分，给其他继承人或遗产债权人造成损害的。

承担无限清偿责任的继承人，对于必留份权利、遗产酌给请求权、遗赠等无对价的遗产债务，仅在遗产范围内承担清偿责任。

共同继承人对遗产债务承担连带清偿责任，遗产分割后，若遗产债务在遗产分割前到期的，自遗产分割后开始；若遗产债务在遗产分割后到期的，自债权到期之日起，经过 3 年，各共同继承人的连带责任因时效而消灭。

第四，涉及遗产债务清偿顺序制度的立法完善建议。

遗产债务应按下列顺序进行清偿：

第一顺序：继承费用。

第二顺序：与生存权益密切相关的债务，包括必留份之债、维持生存所需的遗产酌给之债、劳动者的报酬、社会保险费等劳动债务以及人身侵权之债。

第三顺序：被继承人生前产生的合同之债、财产侵权之债、无因管理之债、非涉及生存权益的劳动债务、没有完全受偿的担保之债、不当得利之债与遗赠扶养协议之债等普通债务以及税收税务等。

第四顺序：惩罚性债务，包括民事上的惩罚性赔偿金、行政罚款与刑事罚金。

第五顺序：对被继承人尽扶养义务较多的遗产酌给之债。

第六顺序：遗赠之债。

没有负担丧葬费用的继承人，丧葬费用与继承费用从遗产中优先支付。

遗产不足以清偿同一顺序的遗产债务的，按照债权的比例清偿。

参考文献

一、中文类参考文献

（一）著作类

1. 王卫国主编：《荷兰经验与民法再法典化》，中国政法大学出版社 2007 年版。

2. 刘艺工编著：《当代加拿大法律制度研究》，民族出版社 2008 年版。

3. 梁慧星主编：《中国民法典草案建议稿附理由：继承编》，法律出版社 2013 年版。

4. 马忆南：《婚姻家庭继承法学》（第四版），北京大学出版社 2019 年版。

5. 夏吟兰主编：《婚姻家庭继承法学》（第二版），中国政法大学出版社 2017 年版。

6. 蒋月主编：《婚姻家庭与继承法》（第三版），厦门大学出版社 2014 年版。

7. 孙若军：《继承法》（第二版），中国人民大学出版社 2008 年版。

8. 李明舜主编：《婚姻家庭继承法学》，武汉大学出版社 2011 年版。

9. 张玉敏：《继承法律制度研究》，法律出版社 1999 年版。

10. 张玉敏：《继承法律制度研究》（第二版），华中科技大学出版社 2016 年版。

11. 杨立新:《家事法》,法律出版社 2013 年版。

12. 陈苇主编:《中国遗产处理制度系统化构建研究》,中国人民公安大学出版社 2019 年版。

13. 王利明主编:《中国民法典学者建议稿及立法理由·人格权编、婚姻家庭编、继承编》,法律出版社 2005 年版。

14. 张文显:《法理学》(第五版),高等教育出版社 2018 年版。

15. 雍琦:《法律逻辑学》,法律出版社 2004 年版。

16. 崔建远:《债法总论》,法律出版社 2021 年版。

17. 夏吟兰主编:《婚姻家庭与继承法学原理》,中国政法大学出版社 1999 年版。

18. 陈甦主编:《中国社会科学院民法典分则草案建议稿》,法律出版社 2019 年版。

19. 刘春茂主编:《中国民法学·财产继承》(修订版),人民法院出版社 2008 年版。

20. 王歌雅主编:《婚姻家庭继承法学》(第二版),中国人民大学出版社 2013 年版。

21. 陈苇、宋豫主编:《中国大陆与港、澳、台继承法比较研究》,群众出版社 2007 年版。

22. 陈甦、谢鸿飞主编:《民法典评注·继承编》,中国法制出版社 2020 年版。

23. 史尚宽:《债法总论》,中国政法大学出版社 2000 年版。

24. 郭明瑞、房绍坤、关涛:《继承法研究》,中国人民大学出版社 2003 年版。

25. 刘春茂主编:《中国民法学·财产继承》,中国人民公安大学出版社 1990 年版。

26. 张平华、刘耀东:《继承法原理》,中国法制出版社 2009 年版。

27. 史尚宽：《继承法论》，中国政法大学出版社 2000 年版。

28. 陈苇主编：《婚姻家庭继承法学》（第三版），群众出版社 2017 年版。

29. 林秀雄：《继承法讲义》，（我国台湾）元照出版社 2005 年版。

30. 王泽鉴：《债法原理》（第二版），北京大学出版社 2013 年版。

31. 陈苇主编：《外国继承法比较与中国民法典继承编制度研究》，北京大学出版社 2011 年版。

32. 王利明等：《民法学（下）》（第六版），法律出版社 2020 年版。

33. 王洪亮：《债法总论》，北京大学出版社 2016 年版。

34. 黄风：《罗马法》（第三版），中国人民大学出版社 2019 年版。

35. 刘素萍主编：《继承法》，中国人民大学出版社 1988 年版。

36. 王广辉主编：《人权法学》，清华大学出版社 2015 年版。

37. 张文显：《当代西方法哲学》，吉林大学出版社 1987 年版。

38. 付子堂主编：《法理学进阶》（第五版），法律出版社 2016 年版。

39. 卓泽渊：《法的价值论》（第三版），法律出版社 2018 年版。

40. 赵万一：《民法的伦理分析》（第二版），法律出版社 2012 年版。

41. 沈宗灵主编：《法理学》（第二版），北京大学出版社 2003 年版。

42. 程维荣：《中国继承制度史》，东方出版中心 2006 年版。

43. 李志敏：《中国古代民法》，法律出版社 1988 年版。

44. 张晋藩主编：《中国民法通史》，福建人民出版社 2003

年版。

45. 睡虎地秦墓竹简整理小组：《睡虎地秦墓竹简》，文物出版社 1978 年版。

46. 郭建：《中国财产法史》，复旦大学出版社 2018 年版。

47. 杨立新主编：《中国百年民法典汇编》，中国法制出版社 2011 年版。

48. 张晋藩主编：《中国法制史》（第五版），中国政法大学出版社 2016 年版。

49. 陈苇主编：《婚姻家庭继承法学》，法律出版社 2002 年版。

50. 瞿同祖：《中国法律与中国社会》，商务印书馆 2010 年版。

51. 郝洪斌：《民国时期继承制度的演进（1912～1949）》，中国政法大学出版社 2014 年版。

52. 王洪：《从身份到契约》，法律出版社 2009 年版。

53. 何勤华、魏琼主编：《西方民法史》，北京大学出版社 2006 年版。

54. 周枏：《罗马法提要》，法律出版社 1988 年版。

55. 周枏：《罗马法原论》（下册），商务印书馆 2017 年版。

56. 黄风：《罗马私法导论》，中国政法大学出版社 2003 年版。

57. 张新奎主编：《法理学初阶》，浙江大学出版社 2017 年版。

58. 李宜琛：《日耳曼法概说》，中国政法大学出版社 2003 年版。

59. 戴东雄：《中世纪意大利法学与德国的继受罗马法》，中国政法大学出版社 2003 年版。

60. 何勤华主编：《外国法制史》（第五版），法律出版社 2011 年版。

61. 陈棋炎、黄宗乐、郭振恭：《民法继承新论》（修订十版），（我国台湾）三民书局 2016 年版。

62. 何勤华等：《大陆法系》（上卷），商务印书馆 2015 年版。

63. 李彤：《加拿大法律制度的历史发展》，法律出版社 2017 年版。

64. 费安玲：《罗马继承法研究》，中国政法大学出版社 2000 年版。

65. 陈朝璧：《罗马法原理》，法律出版社 2006 年版。

66. 梅夏英：《财产权构造的基础分析》，人民法院出版社 2002 年版。

67. 刘剑文、杨汉平主编：《私有财产法律保护》，法律出版社 2000 年版。

68. 王利明等：《民法学（上）》（第六版），法律出版社 2020 年版。

69. 佟柔主编：《继承法教程》，法律出版社 1986 年版。

70. 国家统计局：《中国统计年鉴·2019》，中国统计出版社 2019 年版。

71. 中国审判理论研究会民事审判理论专业委员会编著：《民法典继承编条文理解与司法适用》，法律出版社 2020 年版。

72. 陈苇（项目负责人）：《当代中国民众继承习惯调查实证研究》，群众出版社 2008 年版。

73. 高其才主编：《当代中国的习惯法世界》，中国政法大学出版社 2018 年版。

74. 陈苇主编：《当代中国民众财产继承观念与遗产处理习惯实证调查研究》（上卷），中国人民公安大学出版社 2019 年版。

75. 王卫国：《破产法精义》（第二版），法律出版社 2020 年版。

76. 杨立新：《中国民法典释评·继承编》，中国人民大学出版社 2020 年版。

77. 江必新主编：《民法典重点修改及新条文解读》，中国法制出版社 2020 年版。

78. 李永军：《破产法：理论与规范研究》，中国政法大学出版社 2013 年版。

79. 高留志：《扶养制度研究》，法律出版社 2006 年版。

80. 史尚宽：《亲属法论》，中国政法大学出版社 2000 年版。

81. 杨大文主编：《婚姻家庭法》，中国人民大学出版社 2001 年版。

82. 黄薇主编：《中华人民共和国民法典继承编释义》，法律出版社 2020 年版。

83. 薛波主编：《元照英美法词典》（缩印版），北京大学出版社 2013 年版。

84. 张玉敏主编：《中国继承法立法建议稿及立法理由》，人民出版社 2006 年版。

85. 孙森焱：《民法债编总论》（下册），法律出版社 2006 年版。

86. 王利明：《债法总则研究》（第二版），中国人民大学出版社 2018 年版。

87. 杨立新主编：《〈中华人民共和国民法典〉条文精释与实案全析》（下册），中国人民大学出版社 2020 年版。

88. 刘艺工主编：《加拿大民商法》，民族出版社 2002 年版。

89. 许德风：《破产法论——解释与功能比较的视角》，北京大学出版社 2015 年版。

90. 最高人民法院民法典贯彻实施工作领导小组主编：《中华人民共和国民法典婚姻家庭编继承编理解与适用》，人民法院出版社 2020 年版。

91. 郭明瑞、仲相、司艳丽：《优先权制度研究》，北京大学出版社 2004 年版。

92. 张钦昱：《破产优先权之限制理论研究》，法律出版社

2016 年版。

93. 杜江涌：《遗产债务法律制度研究》，群众出版社 2013 年版。

94. 安宗林等：《继承法修订难点问题研究》，山东人民出版社 2017 年版。

95. 沈幼伦：《债法原理》，格致出版社、上海人民出版社 2010 年版。

96. 程啸：《侵权责任法教程》（第三版），中国人民大学出版社 2017 年版。

97. 王欣新：《破产法》（第四版），中国人民大学出版社 2019 年版。

（二）译著类

98.《马克思恩格斯全集》（第 3 卷），中共中央马克思恩格斯列宁斯大林著作编译局译，人民出版社 1960 年版。

99. ［德］茨威格特、克茨：《比较法总论》（上），潘汉典译，中国法制出版社 2017 年版。

100. 中共中央马克思恩格斯列宁斯大林著作编译局编译：《列宁全集》（第二版增订版）（第 37 卷），人民出版社 2017 年版。

101. ［美］H．W．埃尔曼：《比较法律文化》，贺卫方、高鸿钧译，清华大学出版社 2002 年版。

102. ［日］大木雅夫：《比较法》（修订译本），范愉译，法律出版社 2006 年版。

103. ［美］E．博登海默：《法理学：法律哲学与法律方法》，邓正来译，中国政法大学出版社 2004 年版。

104.《我妻荣民法讲义Ⅳ——新订债权总论》，王燚译，中国法制出版社 2008 年版。

105. ［古罗马］优士丁尼：《学说汇纂（第五卷）——遗产及其对物之诉保护》，吴鹏译，中国政法大学出版社 2018 年版。

106. ［英］H．L．A．哈特：《法律的概念》（第二版），许家馨、李冠宜译，法律出版社 2006 年版。

107. ［意］彼得罗·彭梵得：《罗马法教科书》，黄风译，中国政法大学出版社 1992 年版。

108. ［意］桑德罗·斯奇巴尼选编：《民法大全选译——遗产继承》，费安玲译，中国政法大学出版社 1995 年版。

109. ［意］桑德罗·斯奇巴尼选编：《婚姻、家庭和遗产继承》，费安玲译，中国政法大学出版社 2001 年版。

110. ［意］阿雷西奥·扎卡利亚：《债是法锁——债法要义》，陆青译，法律出版社 2017 年版。

111. ［美］迈克尔·D. 贝勒斯：《法律的原则——一个规范的分析》，张文显等译，中国大百科全书出版社 1995 年版。

112. ［英］洛克：《政府论》（下篇），叶启芳、瞿菊农译，商务印书馆 2017 年版。

113. ［英］雷蒙德·瓦克斯：《法哲学：价值与事实》，谭宇生译，译林出版社 2013 年版。

114. ［美］金勇义：《中国与西方的法律观念》，陈国平、韦向阳、李存捧译，辽宁人民出版社 1989 年版。

115. ［美］约翰·罗尔斯：《正义论》（修订版），何怀宏、何包钢、廖申白译，中国社会科学出版社 2009 年版。

116. ［美］彼得·斯坦、约翰·香德：《西方社会的法律价值》，王献平译，中国人民公安大学出版社 2004 年版。

117. ［苏］J. T. C. 雅维茨：《法的一般理论——哲学和社会问题》，朱景文译，辽宁人民出版社 1986 年版。

118. ［德］伯恩·魏德士：《法理学》，丁晓春、吴越译，法律出版社 2013 年版。

119. ［日］星野英一：《私法中的人》，王闯译，中国法制出版社 2004 年版。

120. ［德］Franz Wieacker：《近代私法史——以德意志的发展为观察重点》，陈爱娥、黄建辉译，五南图书出版公司 2004 年版。

121.［日］滋贺秀三：《中国家族法原理》，张建国、李力译，商务印书馆 2013 年版。

122.［德］马克斯·卡泽尔、罗尔夫·克努特尔：《罗马私法》，田士永译，法律出版社 2018 年版。

123.［英］巴里·尼古拉斯：《罗马法概论》，黄风译，法律出版社 2010 年版。

124.［美］哈罗德·J. 伯尔曼：《法律与革命——西方法律传统的形成》（第 1 卷），贺卫方等译，法律出版社 2018 年版。

125.［德］雷纳·弗兰克、托比亚斯·海尔姆斯：《德国继承法》，王葆莳、林佳业译，中国政法大学出版社 2015 年版。

126.［英］梅因：《古代法》，沈景一译，商务印书馆 1959 年版。

127.［美］罗斯科·庞德：《法律史解释》，邓正来译，商务印书馆 2017 年版。

128.［美］劳伦斯·M. 弗里德曼：《遗嘱、信托与继承法的社会史》，沈朝晖译，法律出版社 2016 年版。

129.［英］劳森、拉登：《财产法》，施天涛等译，中国大百科全书出版社 1998 年版。

130.［美］罗斯科·庞德：《通过法律的社会控制》，沈宗灵译，商务印书馆 2017 年版。

131.《马克思恩格斯文选（两卷集）》（第 2 卷），人民出版社 1961 年版。

132.［法］莱昂·狄骥：《〈拿破仑法典〉以来私法的普通变迁》，徐砥平译，中国政法大学出版社 2003 年版。

133.［美］摩尔根：《古代社会》，杨东莼、马雍、马巨译，中央编译出版社 2007 年版。

134.［美］德沃金：《法律帝国》，李常青译，中国大百科全书出版社 1996 年版。

135.［德］拉德布鲁赫：《法学导论》（修订译本），米健译，商务印书馆 2017 年版。

136.《列宁全集》（第 38 卷），中共中央马克思恩格斯列宁斯大林著作编译局译，人民出版社 1959 年版。

137.［德］马蒂亚斯·施默克尔：《德国继承法》（第五版），吴逸越译，中国人民大学出版社 2020 年版。

138.［德］乌尔里希·福尔斯特：《德国破产法》（第七版），张宇晖译，中国法制出版社 2020 年版。

139.［英］莱恩·多亚尔、伊恩·高夫：《人的需要理论》，汪淳波、张宝莹译，商务印书馆 2008 年版。

（三）论文类

140. 习近平：《充分认识颁布实施民法典重大意义 依法更好保障人民合法权益》，载《求是》2020 年第 12 期。

141. 张鸣起：《民法典分编的编纂》，载《中国法学》2020 年第 3 期。

142. 焦富民、盛敏：《论荷兰民法典的开放性、融和性与现代性——兼及对中国制定民法典的启示》，载《法学家》2005 年第 5 期。

143. 王轶：《民法价值判断问题的实体性论证规则——以中国民法学的学术实践为背景》，载《中国社会科学》2004 年第 6 期。

144. 王利明：《民法上的利益位阶及其考量》，载《法学家》2014 年第 1 期。

145. 杨立新：《民法总则规定网络虚拟财产的含义及重要价值》，载《东方法学》2017 年第 3 期。

146. 牛彬彬：《数字遗产：概念、比较法及制度建构》，载《华侨大学学报》（哲学社会科学版）2019 年第 5 期。

147. 和丽军：《虚拟财产及问题研究》，载《国家检察官学院学报》2017 年第 4 期。

148. 朱涛、张贞芳：《论社交性网络账号的"可继承性"》，载《重庆邮电大学学报》（社会科学版）2020 年第 2 期。

149. 麻昌华：《遗产范围的界定及其立法模式选择》，载《法学》2012 年第 8 期。

150. 杨立新等：《〈中华人民共和国继承法〉修正草案建议稿》，载《河南财经政法大学学报》2012 年第 5 期。

151. 陈苇、魏小军：《论我国遗产范围立法的完善》，载《河南财经政法大学学报》2013 年第 6 期。

152. 杜江涌：《遗产债务制度研究》，西南政法大学 2006 年博士学位论文。

153. 汪洋：《遗产债务的类型与清偿顺序》，载《法学》2018 年第 12 期。

154. 张力：《遗产债务清偿的顺序》，载《广西社会科学》2003 年第 1 期。

155. 陈苇、冉启玉：《现代继承法的基本原则研究》，载陈苇等：《中国继承法理论与实践研究》，中国人民公安大学出版社 2019 年版。

156. 汪洋：《中国法上基于遗赠发生的物权变动——论〈民法典〉第 239 条对〈物权法〉第 29 条之修改》，载《法学杂志》2020 年第 9 期。

157. 王巍：《民法典编纂视阈下遗产债务清偿顺序制度的理论评析与路径重塑》，载《河北法学》2019 年第 3 期。

158. 周旺生：《论法律的秩序价值》，载《法学家》2003 年第 5 期。

159. 黄忠：《论民法典后司法解释之命运》，载《中国法学》2020 年第 6 期。

160. 霍然：《父债子还的法文化分析》，东北师范大学 2019 年硕士学位论文。

161. ［美］罗斯科·庞德：《中国法律之基石：比较法和历史》，熊丙万等译，载《财经法学》2019 年第 1 期。

162. 俞江：《继承领域内冲突格局的形成——近代中国的分家习惯与继承法移植》，载《中国社会科学》2005 年第 5 期。

163. 李立如：《法不入家门？家事法演变的法律社会学分析》，载《中原财经法学》2003 年第 10 期。

164. 梁慧星：《从近代民法到现代民法——20 世纪民法回顾》，载《中外法学》1997 年第 2 期。

165. ［荷兰］亚瑟·S. 哈特坎普：《荷兰民法典的修订：1947－1992》，汤欣译，谢立新校，载《域外法译评》1998 年第 1 期。

166. 高仰光、邓欣：《〈荷兰民法典〉的前世与今生》，载《中国人大》2018 年第 10 期。

167. 刘艺工：《加拿大〈魁北克民法典〉的变迁及启示》，载《南开法律评论》2018 年第 12 辑。

168. 王艳慧：《西方继承法理念变迁的法哲学分析》，载《云南大学学报（法学版）》2013 年第 6 期。

169. 陈苇、秦志远、陈法：《论现代继承法的发展趋势及其对中国"民法典·继承编"的立法启示》，载陈苇等：《中国继承法理论与实践研究》，中国人民公安大学出版社 2019 年版。

170. 陈英：《遗产继承与遗产债务清偿法律关系之考察》，载《政法论丛》2015 年第 6 期。

171. 张斌：《现代立法中利益衡量基本理论初论》，载《国家检察官学院学报》2004 年第 6 期。

172. 杨立新：《我国继承制度的完善与规则适用》，载《中国法学》2020 年第 4 期。

173. 王歌雅：《〈民法典·继承编〉：制度补益与规范》，载《求是学刊》2020 年第 1 期。

174. 陈文文：《被继承人债务清偿纠纷审判实务若干问题探讨——兼论遗产债务清偿制度的完善》，载《东方法学》2013 年第 4 期。

175. 北京市第三中级人民法院民一庭课题组：《被继承人债务清偿纠纷审判之疑难问题研究》，载《人民司法（应用）》2018年第25期。

176. 李洪祥：《民众继承习惯与〈继承法〉的立法完善》，载《社会科学辑刊》2018年第3期。

177. 麻昌华：《论法的民族性与我国继承法的修改》，载《法学评论》2015年第1期。

178. 胡明玉、叶英萍：《海南省民众遗产债务清偿习惯调查及其立法启示》，载《私法研究》（第24卷）2019年第1期。

179. 任强：《司法方法在裁判中的运用——法条至上、原则裁判与后果权衡》，载《中国社会科学》2017年第6期。

180. 杨立新：《民法分则继承编立法研究》，载《中国法学》2017年第2期。

181. 刘耀东：《论基于继承与遗赠发生的不动产物权变动——以〈物权法〉第29条为中心》，载《现代法学》2015年第1期。

182. 夏吟兰：《特留份制度之伦理价值分析》，载《现代法学》2012年第5期。

183. 朱晔：《如何构建民法典继承编中的特留份制度——在家族主义理念与个人主义理念之间摇摆不定的制度走向》，载《苏州大学学报》（法学版）2018年第2期。

184. 付翠英、王晓宇：《遗产酌给制度的性质、确立基础及其适用》，载《中国政法大学学报》2014年第6期。

185. 李佳伦：《民法典编纂中遗产酌给请求权的制度重构》，载《法学评论》2017年第3期。

186. 和丽军：《对遗产酌给请求权的反思与重构》，载《法治研究》2013年第10期。

187. 徐洁、吴晓倩：《论遗赠扶养协议的法律构造》，载《西南民族大学学报》（人文社会科学版）2018年第8期。

188. 王歌雅：《〈民法典·继承编〉的编纂理念与制度构想》，

载《求是学刊》2018 年第 6 期。

189. 陈苇（项目负责人）：《〈中华人民共和国继承法〉修正案（学者建议稿）》，载陈苇主编：《中国继承法修改热点难点问题研究》，群众出版社 2013 年版。

190. 李建星：《法定加速到期的教义学构造》，载《法商研究》2019 年第 1 期。

191. 张平华：《〈民法典·继承编〉的创新与继承法之整理》，载《甘肃政法大学学报》2020 年第 6 期。

192. 陈苇、贺海燕：《论民法典继承编的立法理念与制度新规》，载《河北法学》2020 年第 11 期。

193. 陈苇、刘宇娇：《中国民法典继承编之遗产清单制度系统化构建研究》，载《现代法学》2019 年第 5 期。

194. 王歌雅：《〈民法典·继承编〉的人文观照与制度保障》，载《法学杂志》2020 年第 2 期。

195. 庄加园：《试论遗赠的债物两分效力》，载《法学家》2015 年第 5 期。

196. 王丽萍：《债权人与继承人利益的协调与平衡》，载《法学家》2008 年第 6 期。

197. 冯乐坤：《共同继承遗产的定性反思与制度重构》，载《法商研究》2011 年第 2 期。

198. 尹田：《论民事连带责任》，载《法学杂志》1986 年第 4 期。

199. 杨立新：《我国继承法修订入典的障碍与期待》，载《河南财经政法大学学报》2016 年第 5 期。

200. 熊伟、王宗涛：《中国税收优先权制度的存废之辩》，载《法学评论》2013 年第 2 期。

201. 李昊：《民法典继承编草案的反思与重构》，载《当代法学》2019 年第 4 期。

202. 杨立新：《论侵权请求权的优先权保障》，载《法学家》

2010 年第 2 期。

203. 陈苇：《我国遗产债务清偿顺序的立法构建》，载《法学》2012 年第 8 期。

204. 王欣新、乔博娟：《食品安全领域大规模人身侵权债权在破产程序中的清偿顺位》，载《法治研究》2013 年第 11 期。

205. 房绍坤：《继承制度的立法完善——以〈民法典继承编草案〉为分析对象》，载《东方法学》2019 年第 6 期。

206. 杨立新：《民法典继承编草案修改要点》，载《中国法律评论》2019 年第 1 期。

207. 王歌雅：《〈继承法〉修正：体系建构与制度选择》，载《求是学刊》2013 年第 2 期。

208. 韩长印、韩永强：《债权受偿顺位省思——基于破产法的考量》，载《中国社会科学》2010 年第 4 期。

209. 姜大伟：《我国遗产债务清偿顺序探析》，载《湖北社会科学》2012 年第 10 期。

210. 徐显明：《生存权论》，载《中国社会科学》1992 年第 5 期。

211. 王歌雅：《论继承法的修正》，载《中国法学》2013 年第 6 期。

212. 王歌雅：《〈民法典·继承编〉：编纂争议与制度抉择》，载《法学论坛》2020 年第 1 期。

213. 冯辉：《破产债权受偿顺序的整体主义解释》，载《法学家》2013 年第 2 期。

214. 张守文：《论税收的一般优先权》，载《中外法学》1997 年第 5 期。

215. 缪宇：《遗赠扶养协议中的利益失衡及其矫治》，载《环球法律评论》2020 年第 5 期。

（四）中国法律法规类

216. 1963 年颁布的《最高人民法院关于贯彻执行民事政策几

个问题的意见》

217. 1985 年颁布的《中华人民共和国继承法》

218. 1985 年颁布的《最高人民法院关于贯彻执行〈中华人民共和国继承法〉若干问题的意见》

219. 2020 年颁布的《中华人民共和国民法典》

220. 2020 年颁布的《最高人民法院关于适用〈中华人民共和国民法典〉婚姻家庭编的解释（一）》

221. 2018 年修正的《中华人民共和国老年人权益保障法》

222. 2017 年修正的《中华人民共和国民事诉讼法》

223. 2020 年颁布的《最高人民法院关于适用〈中华人民共和国民法典〉继承编的解释（一）》

224. 2007 年颁布的《中华人民共和国企业破产法》

225. 2015 年修正的《中华人民共和国税收征收管理法》

226. 2018 年修正的《中华人民共和国社会保险法》

227. 2010 年修订的《工伤保险条例》

（五）外国法典译文类

228.《瑞士联邦债务执行与破产法》，刘汉富译，载王保树主编：《商事法论文集》（第 5 卷），法律出版社 2000 年版。

229.《葡萄牙民法典》，唐晓晴等译，北京大学出版社 2009 年版。

230.《拿破仑民法典（法国民法典）》，李浩培、吴传颐、孙鸣岗译，商务印书馆 1983 年版。

231.《法国民法典》，罗结珍译，北京大学出版社 2023 年版。

232.《日本民法典》，王书江译，中国人民公安大学出版社 1999 年版。

233.《德国民法典》，陈卫佐译注，法律出版社 2015 年版。

234.《日本民法典》，刘仕国、牟宪魁、杨瑞贺，中国法制出版社 2018 年版。

235.《德国民法典》，台湾大学法律学院、台湾大学基金会编译，北京大学出版社 2017 年版。

236.《德国民法典——全条文注释》（下册），杜景林、卢谌译，中国政法大学出版社 2015 年版。

237.《埃塞俄比亚民法典》，薛军译，厦门大学出版社 2013 年版。

238.《魁北克民法典》，孙建江、郭站红、朱亚芬译，中国人民大学出版社 2005 年版。

239.《德国〈家事事件和非讼事件程序法〉》，王葆蒔、张桃荣、王婉婷译注，武汉大学出版社 2017 年版。

240.《法国商法典》（中册），罗结珍译，北京大学出版社 2015 年版。

241.《德国支付不能法》，杜景林、卢谌译，法律出版社 2002 年版。

（六）其他类

242. 国家统计局：https：//data. stats. gov. cn/easyquery. htm？cn＝C01，最后访问日期：2020 年 12 月 26 日。

243. 国家统计局：《中华人民共和国 2019 年国民经济和社会发展统计公报》，http：//www. stats. cn/tjsj/zxfb/202002/t20200228_1728913. html，发布日期：2020 年 2 月 28 日，最后访问日期：2020 年 12 月 25 日。

244. 国家统计局："城乡居民家庭人均收入及恩格尔系数（1990 年－2010 年）"，https：//data. stats. gov. cn/easyquery. htm？cn＝C01，最后访问日期：2020 年 12 月 27 日。

245. 中国裁判文书网，https：//wenshu. court. gov. cn/website/wenshu/181217BMTKHNT2W0/index. html？pageId＝5601bdb8366d81dce3e21efce8cdd970&s8＝03，最后访问日期：2020 年 12 月 25 日。

246. 中国新闻网："专家：未来 5－10 年中国对全球经济增长贡献有望保持在 25%－30%"，https：//baijiahao. baidu. com/s？id＝1684700126414330852&wfr＝spider&for＝pc，发布日期：2020 年 11

月 9 日，最后访问日期：2020 年 12 月 1 日。

247. 法信网：http://wenshu. faxin. cn/wenshu/page/detail. html？ uniqid = C1370302&backurl = http://www. faxin. cn/，最后访问日期：2020 年 10 月 23 日。

二、外文类参考文献

（一）著作类

248. ［日］堂薗干一郎、神吉康二编著：《继承法修改概说》（日本版），金融财政事情研究会 2019 年版。

249. ［日］潮见佳男：《详解继承法》（日本版），株式会社弘文堂 2018 年版。

250. Sidney Ross, Ross: *Inheritance Act Claims（Third Edition）*, London: Sweet & Maxwell, 2011.

251. Dieter Schwab and Peter Gottwald and Saskia Lettmaier, *Family and Succession Law in Germany（Third Edition）*, New York: Wolters Kluwer, 2017.

252. Mary A. Glendon and Michael W. Gordon and Paolo G. Carozza, *Comparative Legal Traditions（2nd Edition）*, Beijing: Law Press, 2004.

253. Satoshi Minamikata: *Family and Succession Law in Japan*, Alphen aan den Rijn: Wolter Kluwer, 2015.

254. Hayton, *European Succession Laws（Second Edition）*, Bristol: Jordan Publishing, 2002.

255. Ernest J. Schuster, *The Principles of German Civil Law*, Beijing: China University of Political Science and Law Press, 2019.

（二）论文类

256. Roscoe Pound, "Comparative Law and History As Bases for Chinese Law," *Harvard Law Review*, Vol. 61, No. 5, May 1948.

257. Charles M. Elson & Robert K. Rasmussen, "Switching prior-

ities:Elevating the status of tort claims in bankruptcy in pursuit of optimal deterrence,"*Harvard Law Review*,Vol. 116,No. 8,June 2005.

258. Richard F. Storrow,"Family Protection in the Law of Succession:The Policy Puzzle,"*Northeastern University Law Review*,Vol. 11,No. 1,2019.

259. Mariusz Zatucki,"Attempts to Harmonize the Inheritance Law in Europe:Past,Present,and Future,"*Iowa Law Review*,Vol. 103,No. 5,July 2018.

260. B. E. Reinhartz,"Recent Changes in the Law of Succession in the Netherlands:On the Road towards a European Law of Succession?",*Electronic Journal of Comparative Law*,Vol. 11. 1,May 2007.

（三）法律法规及法典类

261. Chung Hui Wang:*The German Civil Code*,China University of Political Science and Law Press,2019.

262. Insolvency Statute（amended in 2011）,Germany.

263.《日本民法典》（2020 年修改），日文版。

264.《日本破产法》（2019 年修改），日文版。

265. Swiss Civil Code（last amended in 2020），英文版。

266. Hans Warendorf and Richard Thomas and Ian Curry－Sumner,*The Civil Code of the Netherlands（Second Edition）*,Alphen aan den Rijn:Kluwer Law International,2013.

267.《荷兰民法典》（2018 年修改），荷兰语版。

268. Civil Code of Québec（last amended in 2020）,CCQ－1991,Canada.

269. Bankruptcy Act（amended in 2012）, Japan.

270.《瑞士债务执行法与破产法》（2020 年修改），法文版。

271.《瑞士联邦银行和储蓄银行法》（2019 年修改），法文版。

272. Bankruptcy and Insolvency Act,R. S. C. 1985（last amended

in 2020），Canada.

（四）外文案例

273. Estate of J. H. v. Q. J. No. R. H.，［2018］6325，Québec，Canada.

（五）其他类

274. 法国司法部网站：https：//www. legifrance. gouv. fr/codes/section_lc/LEGITEXT000006070721/LEGISCTA000006150534/2020 - 09 - 10/，最后访问日期：2020 年 11 月 26 日。

275. 荷兰司法部网站：https：//wetten. overheid. nl/BWBR0002761/2018 - 09 - 19#Opschrift，最后访问日期：2020 年 11 月 28 日。

276. 日本司法部网站：https：//elaws. e - gov. go. jp/search/elawsSearch/elaws _ search/lsg0500/detail/129AC0000000089 _ 20220401 _ 430AC0000000059/0？revIndex = 10&lawId = 129AC0000000089，最后访问日期：2020 年 10 月 15 日。

277. 瑞士司法部网站：https：//www. admin. ch/opc/en/classified - compilation/19070042/index. html，最后访问日期：2020 年 10 月 28 日。

278. 加拿大魁北克省网站：http：//legisquebec. gouv. qc. ca/en/ShowDoc/cs/CCQ - 1991，最后访问日期：2020 年 11 月 27 日。

279. 加拿大联邦司法部网站：http：//laws - lois. justice. gc. ca，最后访问日期：2020 年 11 月 23 日。

后 记

　　白驹过隙，时光荏苒。在博士毕业论文画上句点的那一刻，也意味着我的学生生涯即将结束。我在西南政法大学走过了硕士、博士的学习阶段，如今已经是第六个年头。2015 年初秋，我与西南政法大学相见，在 2021 年盛夏相别！

　　求学 20 余载，如今已工作快 3 年了。从小学、中学到大学，我体会过学习成绩优异时的喜悦，更有过跌落云端的沮丧。这一路上有着太多的艰难险阻，即使我复读了两年，仍然没有考入理想的大学，每一次高考都是以失败告终。在那一刻，总有一些声音，说因为我命不好，所以每次高考都发挥失常，让我认命……可就是这些声音，激励着我不断前进，因为我不能辜负父母对我的期望……所以，从我踏入大学校门的那一刻起，我就下定决心，我会努力，我要改变自己的命运……因为理想，因为对法学专业的喜爱，在填报志愿时，我毅然决然地选择了法学。在大学四年中，我一直保持着专业第一的成绩。努力中也带着几分幸运，终于我考入了西南政法大学……到现在我仍然记得拿到录取通知书时的那份欣喜……然而读博后，曾几何时，我也想过要放弃，可是因为心中的那个信念，我坚持下来了。

　　博士学位论文完成的那一刻，我回想过去三年酸、甜、苦、辣、咸的博士生活，不知道多少次一个人在宿舍放声大哭，甚至失眠已成为常态……曾经绝望过、崩溃过，但发泄过后，我还是要站起来继续前进。因为既然选择了读博，那我就没有退路，我必须要对得起自己曾经的努力……现在所有的困难都克服了，我挺过来了……读博期间的生活虽然不易，但换来的是自己的成长与进步。在那三年中，有着太多人的支持与帮助！在这里对曾经帮助支持过我的师长、家人、朋友表示深深的谢意！

感谢恩师陈苇教授。2015年年初入西南政法大学时，我有幸成为陈老师的硕士关门弟子。2018年博士入学后，我又再次幸运地成为陈老师的博士关门弟子。陈老师不仅悉心指导我的学业，更教会了我做人的道理与做事的方法。陈老师一直和我说"天道酬勤"，她告诉我，做学问是一件非常苦的事情，我们可能无法苦中作乐，但是可以苦中有乐。在科研方面，陈老师悉心指导我完成每一次稿件的修改。在毕业论文上，从开题到定稿，陈老师每一次都认真负责地指导我。她对学术的严谨态度让我终生受益！

感谢博士毕业论文答辩组的各位老师！谢谢李洪祥教授、宋豫教授、张力教授、徐洁教授、石慧荣教授、黄忠教授、黄家镇教授、范雪飞教授、周清林教授、徐银波教授在开题、预答辩和答辩时为学生的论文提出的宝贵修改意见！

感谢我大学本科时的罗杰老师、刘艳娜老师！在大学时，因为听了罗老师的婚姻法课程，下定决心要学习婚姻法专业。这一路上，罗老师也在不断地帮助、指导我！谢谢您！刘艳娜老师是大学本科时我的论文指导老师，在我考上研究生时，刘老师就鼓励我有机会还是要去读个博士，到现在仍然记得刘老师经常说的那句话"认真是一种能力"。刘老师对待学习的严谨态度一直激励着我。谢谢你们！

感谢我的家人，尤其是我的父母，是您们的支持让我可以无忧无虑地完成学业。即使家里再困难，父母仍然一如既往地支持我，让我没有后顾之忧地去追求我的梦想，没有你们，就不会有今天的我。谢谢你们！

感谢我的同门李艳师姐、陈钊师姐、董思远师兄在论文写作中给我的建议和帮助！更感谢师兄师姐在我无助时给我的鼓励！

感谢同门张文彩在日文翻译中给予我的帮助！感谢我的同学潘林青在我迷茫时给予我的支持！

　　感谢我大学时 2011 级法学 2 班的各位同学！我们的法学 2 班是一个和谐、团结的班级，和你们相处的时光是最美好的。即使已经毕业多年，可大学时的生活一直是最让我怀念的。谢谢你们一直以来对我的关心！与你们在大学成为同班同学是缘分，更是幸运！愿有一天我们还能再次相聚在小岛！

　　最后我还要感谢远在天堂的我的曾外祖母，虽然您已经离开了十多年，但您永远活在我心里。是您让我拥有了一个快乐且难忘的童年，不但为我提供富足的物质生活，还教会我如何做人，我能走到今天，离不开儿时您对我的谆谆教导，谢谢您！我经常想起和您一起生活时，每天早上醒来看到的那一缕阳光，那时我觉得自己好幸福。现在虽已物是人非，但我知道，在未来那一缕阳光会继续照耀着我……

　　以梦为马，不负韶华。学术之路漫漫而修远，我会带着那份初心继续前行……

刘宇娇

于杭州市钱塘江畔

2024 年 3 月 1 日

附 录

西南政法大学外国家庭法及妇女理论研究中心简介
（中英文对照）

学术顾问（以姓氏笔画为序）：万相兰、王中伟、王建华、李春茹、
陈 苇、谢晓曦
主 任：张 力
常务副主任：朱 凡
秘 书 长：石 婷

2003 年 12 月至 2004 年 12 月，西南政法大学民商法学院博士生导师陈苇教授受国家留学基金资助，由教育部公派出国留学，作为访问学者到澳大利亚悉尼大学法学院进修家庭法 1 年。她回国后于 2005 年 1 月向学校提出了建立"西南政法大学外国家庭法及妇女理论研究中心"的书面申请。2005 年 4 月 1 日，西南政法大学校长办公会议批准同意该研究中心成立。

本"研究中心"的工作宗旨是：通过整合本校婚姻家庭法及妇女理论方面的科研与教学资源，联合校内外其他单位与部门的相关人员，以西南政法大学为依托，开展中外学术交流，着力研究现阶段中外婚姻家庭继承法及妇女领域的重大理论和实践课题，为我国婚姻家庭继承法的完善及妇女理论的发展提供有益的借鉴经验，为我国立法机关提出相关建议，为司法部门提供法律咨询服务，争取多出科研成果，特别是精品科研成果，为创建国内一流、国际知名的西南政法大学而努力。

本"研究中心"的主要任务包括：1. 开展中外学术交流；2. 提供专业咨询服务；3. 进行学术前沿理论和司法实务问题研究；4. 培养婚姻家庭继承法及妇女理论的学术人才；5. 组织开展

学术讲座等，以期造就一批在本学科领域有一定影响力的学术骨干和后备学术带头人。

本"研究中心"的学术研究平台：为促进学术研究和学术交流，研究中心主任陈苇教授自2005年起先后创办、主编出版《家事法研究》学术论文集刊和《家事法研究学术文库》丛书，到2021年年底为止的17年期间，已出版《家事法研究》（2005年卷至2010年卷）学术论文集刊6卷和《家事法研究学术文库》丛书著作29部。这些论文集和著作，着力研究婚姻家庭继承法领域的前沿理论和司法实务的热点难点问题，在我国学术界和实务界已产生了良好的社会影响。需要说明的是，为进一步扩大《家事法研究》的学术影响，在2009年中国婚姻家庭法学研究会常务理事会上，经陈苇教授提出申请，研究会常务理事一致同意，夏吟兰会长宣布自2010年起《家事法研究》改由学会主办。但由于2010年学会将出版"2009年中国婚姻家庭法学研究会年会论文集"，故夏会长委托陈苇教授继续主编出版《家事法研究》（2010年卷），即从2011年起《家事法研究》改由中国婚姻家庭法学研究会主办，它成为该学会的会刊。为继续推进婚姻家庭继承法领域前沿理论和司法实务问题的研究，本"研究中心"决定打造新的学术研究和交流的平台。自2012年起，陈苇教授担任主编，负责遴选出版《家事法研究学术文库》丛书，每年计划出版1-3本，由国家级出版社出版。同时，本"研究中心"继续与杨晓林律师组建的家事法律师团队合作，在"西南政法大学外国家庭法及妇女理论研究中心"网页——学习园地之"学术前沿"栏，通过登载婚姻家庭法律资讯简报，发表婚姻家庭继承法领域的前沿理论和司法实务热点难点问题的最新研究成果，以期实现学术研究与立法、司法的良性互动，促进中外学术研究和学术交流。

本"研究中心"的团队成员：以西南政法大学民商法学院婚姻家庭继承法和妇女理论研究所的人员为主，并聘请校内外的专家、学者担任学术顾问和特邀研究员。

Appendix：

Introduction of the Research Center on Foreign Family Law and Women´s Theory of Southwest University of Political Science and Law，China

Academic Consultants：WAN Xianglan，WANG Zhongwei，WANG Jianhua，LI Chunru，CHEN Wei，XIE Xiaoxi

Director：ZHANG Li

Deputy Director：ZHU Fan

Academic Secretary：SHI Ting

Introduction

Professor CHEN Wei，the phD supervisor of the Civil and Commercial Law School of Southwest University of Political Science and Law，China [hereinafter refers to SWUPL]，studied family law in the Law School of Sydney University，Australia from Dec. 2003 to Dec. 2004 with the sustentation of "STATE SCHOLARSHIP FUND AWARD". In Jan. 2005，some days after came back to China，she presented the application for establishing "Research Center on Foreign Family Law and Women´s Theory of SWUPL，China". On Apr. 1st 2005，the President´s Working Office of SWUPL approved her application.

The aim of the Research Center is to develop academic exchange between China and foreign countries，put emphasis on grand important theory and practice problems of family law and women´s theory by associating the researching and teaching resources of SWUPL with relevant personnel of other units and departments. All of that we have done and will do have some important meaning：first of all，we may provide the valuable experiences for the perfection of the laws of family and succession in China and the development of women's theory; the second, we may provide relevant suggestions to Chinese legislature, and may provide legal advices to judicial practice departments. We hope that SWUPL will be top ranking internally and famous internationally with our efforts.

The assignments of the Research Center including: (1) developing academic exchange between China and foreign countries in relevant fields; (2) providing professional consultation service; (3) strengthen academic research; (4) training some academic adepts of family law and women's theory; (5) giving academic lectures. We hope that some adepts and reserve academic leaders with certain influence in family law field would be brought up.

The academic research platforms of the Research Center: In order to promote the academic research and exchanges, Professor CHEN Wei, director of the Research Center, has founded and edited the publication of the Periodical of Research on Family Law and the Works of Researches on Family Law early or late since 2005. By the end of 2021, 6 volumes of the Periodical of Research on Family Law (Volumes 2005 to 2010) and 29 Works of Researches on Family Law have been published during the seventeen years. These papers and books, focusing on the frontier theory research on Marriage, Family and Inheritance Law and the judicial practice issues, have had good social affluence in the academic circle and practice circle of China. It is noteworthy that, in order to further expand the academic influence of the Periodical, in the Executive Council of Society of Marriage and Family Law of China (SMFLC) in 2009, upon Professor CHEN Wei's proposal, the Executive Council agreed and President XIA Yinlan announced that the Periodical of Research on Family Law was edited by SMFLC after 2010. As SMFLC would publish the papers submitted to the Annual Meeting of SMFLC in

2009, President XIA Yinlan authorized Professor CHEN Wei to edit the publication of the Periodical of Research on Family Law (Volume 2010) in 2010. The Periodical was edited by SMFLC and became its Society Journal from 2011. In order to continue to advance the theoretical research and judicial practice in the field of Marriage, Family and Inheritance Law, the "Research Center" decided to build a new platform for academic research. 1 – 3 of the Works of Researches on Family Law which will be selected and edited by Professor CHEN Wei for publication each year by the national publishing press since 2012. At the same time, the "Research Center" continues to cooperate with the Family Law Lawyer Team built by Lawyer YANG Xiaolin. On the webpage of "Foreign Family Law and Women's Theory Research Center of SWUPL"——"Academic Frontier" of Study Column, by published the Information Briefing of Marriage and Family Law, the latest research achievements on the frontier theory of Marriage, Family and Inheritance Law and judicial practice issues are published to realize the benign interaction between academic research, legislation and justice and promote the academic research and exchanges between China and foreign countries.

The personnel of the Research Center is mainly composed of scholars from the Marriage, Family and Succession Law and Women's Theory Research Institute of the Civil and Commercial Law School of SWUPL, China. We also invite some famous experts and scholars around the whole country to be the consultants and special research fellows. They are the members of the Research Center too.

西南政法大学外国家庭法及妇女理论研究中心
2006～2012 年已出版书目

《外国婚姻家庭法比较研究》（2006 年出版）

《中国大陆与港、澳、台继承法比较研究》（2007 年出版）

《当代中国民众继承习惯调查实证研究》（2008 年出版）

《改革开放三十年（1978～2008）中国婚姻家庭继承法研究之回顾与展望》（2010 年出版）

《中国婚姻家庭法立法研究（第二版）》（2010 年出版）

《外国继承法比较与中国民法典继承编制定研究》（2011 年出版）

《当代中国内地与港、澳、台婚姻家庭法比较研究》（2012 年出版）

《加拿大家庭法汇编》（2006 年出版）

《澳大利亚家庭法（2008 年修正）》（2009 年出版）

《美国家庭法精要（第五版）》（2010 年出版）

《澳大利亚法律的传统与发展（第三版）》（2011 年出版）

《家事法研究》2005 年卷（2006 年出版）

《家事法研究》2006 年卷（2007 年出版）

《家事法研究》2007 年卷（2008 年出版）

《家事法研究》2008 年卷（2009 年出版）

《家事法研究》2009 年卷（2010 年出版）

《家事法研究》2010 年卷（2011 年出版）

西南政法大学家事法研究学术文库
2012~2014 年已出版书目

《婚姻家庭法之女性主义分析》

《基于性别的家庭暴力之民法规制——中国法与美国法之比较》

《亲属法的伦理性及其限度研究》

《人文主义视阈下的离婚法律制度研究》

《遗产债务法律制度研究》

《防治家庭暴力立法与实践研究》

《私法自治视域下的老年人监护制度研究》

《离婚扶养制度研究》

《中国继承法修改热点难点问题研究》

《我国防治家庭暴力情况实证调查研究——以我国六省市被抽样调查地区防治家庭暴力情况为对象》

《家事调解制度研究》